Die ökonomischen Bedingungen des sozialen Lebens.

Erster Teil:

Bedürfnis, Genuss und Wert.

Von

C. R. C. Herckenràth.

1912.

München und **Berlin**

J. Schweitzer Verlag (Arthur Sellier).

Die ökonomischen Bedingungen des sozialen Lebens.

Erster Teil:

Bedürfnis, Genuss und Wert.

Von

C. R. C. Herckenrath.

1912.

München und **Berlin**

J. Schweitzer Verlag (Arthur Sellier).

Druck von Dr. F. P. Datterer & Cie., München und Freising.

Inhalt.

Vorrede.[1]

In diesem Werke wird ein Versuch gemacht, die ökonomische Wissenschaft in nähere Beziehung zu bringen zur Psychologie und zur Soziologie. Bisher ist sie vorwiegend vom kommerziellen und industriellen Standpunkt aus behandelt worden: es war immer die Rede von den Gütern, selten von den Menschen. Dadurch erklärt es sich, daß die ökonomische Theorie in drei Abteilungen zerfiel: Erzeugung oder Produktion, Verteilung und Verbrauch. Es hatte den Anschein, als ob das eigentlich Interessante an der Sache wäre, die Laufbahn eines Artikels zu verfolgen, wie man oft die Geschichte eines Wassertropfens erzählt hat, vom Augenblick seiner Entstehung aus dem rohen Urstoff bis zum Augenblick wo er durch Konsumtion wieder verschwindet. Tatsächlich wurde dieser Prozeß aber nicht beschrieben, denn man war sich doch halb bewußt, daß dieses eigentlich in das Gebiet der Technik gehörte. Der Gegenstand der Untersuchung waren im Grunde die gesellschaftlichen Bedingungen, unter denen man ökonomisch erzeugen, verteilen und verbrauchen kann. Man weckte aber den Eindruck, daß eine reichliche Produktion von Gütern doch das Allerwichtigste sei; denn hier ist der Anfang des Prozesses; sind die Güter erst da, so werden sie schon von selbst verteilt und verbraucht werden. So wurden in der Theorie die Interessen der Produktion in den Vordergrund gerückt, und mit ihnen wurden in der Praxis die Interessen der Produzenten, speziell die der Unternehmer, identifiziert.[2]

---

[1]) Um die Fragen, welche in dieser Vorrede nur angerührt werden (Aufgabe, Methode und Einteilung der Sozialökonomik), gebührend zu erörtern, würde ein besonderes Werk erforderlich sein. Verfasser will hier nur seinen Standpunkt klarstellen.

[2]) So kam es z. B., daß das Einkommen einer großen Anzahl Produzenten, wie der Arbeitslohn, vielfach unter den Kosten der Produktion gerechnet wurde.

Man dachte gar nicht daran, man sprach es wenigstens nicht als ein Prinzip aus, daß der Verbrauch der eigentliche Endzweck und Ursache aller wirtschaftlichen Tätigkeit ist,[1]) und ein ausgiebiger Verbrauch (oder vielmehr Gebrauch) dasjenige was man Wohlstand nennt; ja, die Konsumtion wurde eigentlich nur der Vollständigkeit halber erwähnt, weil die Güter, nachdem sie produziert und verteilt worden, doch irgendwo bleiben müssen; so ist der Verbrauch der wenigst entwickelte Teil der ökonomischen Theorie geblieben, und von vielen Schriftstellern gänzlich vernachlässigt. Man sah auch nicht deutlich ein, daß die ganze Werttheorie eigentlich zu dieser Abteilung gehört, weil der Wert einer Sache ganz und gar abhängig ist von der Bedeutung, welche sie für unsern Gebrauch hat. Denn weil man die Produktion an den Anfang des ökonomischen Prozesses setzte, und doch zugleich das Gefühl hatte ohne den Wertbegriff nicht viel weiter zu kommen, wurde man in dem unseligen Irrtum bestärkt, daß der Wert abhängig sei von der Erzeugungsmühe, von den Produktionskosten, in letzter Linie von der verwendeten Arbeit.[2]) Vielfach wurden Wertlehre und Bevölkerungslehre in einer Einleitung oder einem gesonderten Abschnitt behandelt, eben weil sie sich nicht in dem geregelten Prozeß: Erzeugung, Verteilung, Verbrauch, unterbringen ließen. Das ist nun keine wissenschaftliche Behandlung, sondern ein Schwanken zwischen Praxis und Theorie, und dieses Sich-nur-halb-bewußt-sein ihres eigentlichen Charakters ist m. E. die Hauptursache des geringen Fortschrittes unserer Wissenschaft. Sie läuft Gefahr in baldiger Zeit von der Soziologie ganz und gar überflügelt zu werden. Die Wirtschaftslehre wird erst große Fortschritte machen können,

---

[1]) Denn man verbraucht nicht etwa, was zufällig erzeugt wurde, man produziert im Gegenteil, um einen Bedarf zu decken. Vermehrt sich die Nachfrage durch schnellere Konsumtion oder intensiveres Bedürfnis, so steigt der Preis, der Gewinn für die Produzenten wird größer und die Produktion nimmt zu.

[2]) Es ist bezeichnend, daß auch die modernen Sozialisten, in erster Reihe Karl Marx und seine Schule, die Ursache der sozialen Übelstände im kapitalistischen Produktionsprozeß, nicht im Verteilungsprozeß, gesucht haben.

wenn sie sich unverhohlen zu den psychischen und sozialen Wissenschaften („les sciences morales et sociales“) bekennt (nicht zu den Staatswissenschaften, denn mit der Staatsorganisation hat das Wirtschaftsleben nur zufällige Beziehungen) und als ihr eigentliches Gebiet eine Seite des menschlichen Lebens anerkennt, nämlich die wirtschaftliche Tätigkeit.

Worin besteht denn aber diese wirtschaftliche Tätigkeit?

Sie besteht in der größtmöglichen Fürsorge für alle menschlichen Bedürfnisse, in dem Maße und nach Rangordnung ihrer Wichtigkeit. Das Studium dieser Tätigkeit kann erst interessant werden und zu anderen als empirischen Allgemeinheiten führen, wenn es, anstatt die Güter, den materiellen Reichtum zum Gegenstand des Interesses zu nehmen, den Menschen selbst und sein Schaffen in den Vordergrund rückt und die Verhältnisse und Beziehungen, welche im gesellschaftlichen Verkehr dadurch entstehen.

Hieraus ergibt sich der Gang der Untersuchung von selbst; in erster Linie sollen die menschlichen Bedürfnisse von einem ökonomischen Gesichtspunkte betrachtet und ihrer Bedeutung nach geordnet werden, die Modifizierungen, deren sie fähig sind, und den Einfluß und Wechselwirkungen, welche sie auf einander ausüben. Zweitens werden die Mittel behandelt, die Bedürfnisse zu befriedigen, der Wert dieser Mittel und die Art sie so ökonomisch wie möglich zu ihrem Zweck zu gebrauchen. Der vorliegende Teil dieser Arbeit ist ein Versuch zur Bearbeitung dieses noch ziemlich brachliegenden Feldes, und kann in dieser Beziehung als ein Ganzes betrachtet werden, gibt aber auch zugleich die Grundlage ab für die anderen Teile des Systems.

Wenn wir uns dieses System vollendet denken, würden in einem folgenden Teile zur Besprechung kommen die Weise, wie sich der Mensch die Mittel zur Befriedigung seiner Bedürfnisse verschafft, m. a. W. die Zueignung von Naturprodukten und Naturkräften, die Erzeugung desjenigen was menschliche Arbeitskraft erfordert, der Tauschverkehr und Handel, all dieses natürlich nicht vom privat-ökonomischen, sondern vom sozial-ökonomischen Standpunkte besehen. Zuletzt bleibt die Frage übrig: inwieweit jedes Glied der Gesellschaft über diese Mittel verfügen kann,[1]) m. a. W. die gesellschaftliche Ordnung der Verteilung (von Gütern und Rechten), die Kritik dieser Ordnung und der Systeme gesellschaftlicher Reform, welche vorgeschlagen sind, also gleichsam nach der Psychologie und Pathologie die Therapie des sozialen Körpers.

Ich habe überall versucht, die gebrauchten Ausdrücke so scharf wie möglich zu definieren, und diese Begriffsbestimmungen in Harmonie zu bringen mit dem gewählten Standpunkt. Denn mit dem Standpunkte wechselt die Definition. Arbeit ist in der Ökonomie etwas anderes als in der Physik. Produktionskosten sind für die Gesellschaft etwas anderes als für den Privatunternehmer. Auch habe ich mich bemüht, für viele Ausdrücke zur buchstäblichen Bedeutung zurückzukehren, anstatt sie im figürlichen und ungenauen Sinne zu nehmen, wozu die Tradition die Ökonomisten und auf ihrer Spur die Journalisten und Fachmänner geführt hat. Denn es ist erschreckend und spaßhaft zugleich, wie die Metapher im sogenannten „praktischen Leben" ihr Unwesen treibt. Man spricht z. B. von der Konsumtion von Diamanten, Lokomotiven, Bausteinen. Wir werden den Terminus Verbrauch nur anwenden auf Dinge, welche wirklich konsumiert, aufgezehrt werden. Sonst werden wir vom Gebrauch oder Genuß sprechen. Denn die größte Gefahr entspringt bei ökonomischen Beweisführungen aus Mißverständnissen oder Trugschlüssen, welche durch eine zu enge oder zu weite Auffassung der Ausdrücke entstehen. Durch strenge Beobachtung dieser Regeln glaube ich einige Erscheinungen mit größerer Genauigkeit formuliert zu haben, und imstande gewesen zu sein daraus neue Folgerungen abzuleiten.

Die Behandlung ist aber nicht mathematisch, denn für eine mathematische, speziell algebraische Behandlung ist

---

[1]) Bisher sagte man „jeder Produzent" oder wohl gar: „Faktor der Produktion"; der Anteil am Gesamtertrage wurde jedem Faktor der Produktion zugerechnet, als ob es leblose Maschinen wären, und auch die Verteilung an Nicht-Produzenten wurde gar nicht oder nur beiläufig berücksichtigt.

unsere Wissenschaft noch nicht reif. Was hat man der algebraischen Behandlung bis jetzt wichtiges zu verdanken? Die neue Werttheorie geht aus ganz einfachen Daten hervor, und ist von Carl Menger ohne mathematische Formeln mustergültig entwickelt worden. Gerade diese Arbeit der schärferen Formulierung und Diskussion von Ausdrücken und Grundlagen muß jeder eventuellen algebraischen Behandlung vorangehen.[1]) Anders steht es mit den graphischen Darstellungen; diese setzen uns instand mit einem Blick einen Gesamteindruck zu empfangen, interessante Einzelheiten zu entdecken und vom Maaß der Zu- oder Abnahme verschiedener Größen sofort eine genaue Vorstellung zu gewinnen. Diagramme werden heutzutage in allen Wissenschaften und sogar in Handel und Industrie als Hilfsmittel gebraucht; warum sollte man ihre Hilfe in einer ökonomischen Abhandlung verschmähen?

---

[1]) Es sei mir vergönnt ein Beispiel dafür beizubringen. Jevons sagt in seiner Theory of political economy, daß er unter commodities Sachgüter und Dienste verstehen wird. Später vergißt er aber die Dienste und sagt: „Jedermann wird mir wohl zugestehen, daß man von allen commodities sagen kann, daß sie Masse haben", und darauf führt er diesen Faktor mit dem Buchstaben M in seine Formeln ein.

Erste Abteilung.

Die Bedürfnisse.

Kapitel I.

Definition.

Anpassung Jedes lebende Wesen braucht für seine Erhaltung eine fortwährende Anpassung an seine Umgebung, einerseits weil diese Umgebung sich unaufhörlich ändert, andrerseits weil es selbst Veränderungen unterliegt. Diese Adaptation kann bewußt oder unbewußt sein, und vollzieht sich auf dreierlei Weise:

1. durch An-sich-ziehen von Dingen, welche zur weitern Entwicklung dienen (Jagd auf Beute, Nahrung und Assimilation);
2. durch Sich-befreien von allem, was bedrängt oder droht (Flucht oder Überwindung von Feinden und Elimination);
3. durch Ausführung von Bewegungen als Selbstzweck.

Objektive Bedürfnisse Bei unbewußten lebenden Wesen kann man in gewissem Sinne ebensogut wie bei bewußten von Bedürfnissen reden; man kann z. B. sagen, daß eine Pflanze Licht und Sonnenwärme bedarf, Feuchtigkeit oder Schatten. Ja, man würde diese Bedeutung auf leblose Gegenstände ausdehnen können und z. B. von einer Maschine sagen, daß sie Öl braucht. In diesen Fällen bedeutet Bedürfnis eine Bedingung, unter welcher etwas (oder jemand) so gut wie möglich bestehen oder arbeiten kann.

In diesem Sinne aber ist das Bedürfnis rein objektiv, d. h. es wird von dem betreffenden Subjekt selbst nicht empfunden. Dieses kann auch der Fall sein, wenn man von Wesen spricht, welche Bewußtsein haben. So kann man von einem Kinde sagen, daß es Leitung und Aufsicht bedarf, obwohl das Kind selbst eher das Bedürfnis empfindet, sich dieser Leitung und Aufsicht zu entziehen. Hier geraten also objektive und subjektive Bedürfnisse miteinander in Widerstreit. So auch beim Trunksüchtigen, der ein Bedürfnis nach geistigen Getränken empfindet, während der Arzt meint, daß er vielmehr einer antialkoholischen Kur bedarf.

Subjektive Bedürfnisse In den meisten Fällen jedoch hat das Wort, wenn auf bewußte lebendige Wesen angewendet, subjektive Bedeutung, und weil die zwei Bedeutungen, wie aus dem vorigen ergeht, bisweilen miteinander in Konflikt geraten, werden wir das Wort künftighin nur im subjektiven Sinne gebrauchen. Es mag sein, daß vielleicht in der Moral dem objektiven Bedürfnis mehr Bedeutung eingeräumt wird, in der Ökonomik hat man es meistens mit dem subjektiven zu tun. Es bedeutet also beim Menschen und bei den höheren Tieren einen Drang zur Anpassung an Lebensbedingungen.

Wie entsteht dieser Drang? Haben wir, wie oft behauptet wird, einen mehr oder weniger instinktiven „Selbsterhaltungstrieb“? Ich habe versucht, diese Meinung in einer 1898 zu Paris veröffentlichten Schrift[1]) zu widerlegen und zu beweisen, daß die einzigen regulierenden Faktoren unseres bewußten Willens Lust und Unlust sind.[2])

Lust und Unlust Wir vermeiden gewöhnlich was Unlust verursacht, und streben nach allem, was Lust gibt. Wenn dieses Streben, worauf unsere Bedürfnisse beruhen, immer im Sinne der Lebenserhaltung stattfände, so würde die Anpassung vollkommen sein, aber unsere Triebe können sich irren, wie z. B. beim Trunkenbold und beim Morphinisten. Hier wird das Streben nach Lust verderblich für den Organismus.[3])

---

[1]) Problèmes d'esthétique et de morale. Paris, Félix Alcan (S. 109—111). Siehe Anhang 1.

[2]) Ich sage „bewußten Willens“, denn man muß auch der Suggestion und Gewohnheit Rechnung tragen. Diese letztere beherrscht uns oft noch, wo die Befriedigung schon aufgehört hat, ein ausreichendes Motiv zu sein.

[3]) Welche Ursache diese Anomalie hat, darüber können wir bloß Vermutungen aufstellen. Wahrscheinlich führen Alkohol und Morphium

Die Ökonomik muß jedoch auch diesen verderblichen Bedürfnissen Rechnung tragen, da der Wert von verschiedenen Sachen darauf beruht. Sie kann sich also mit dem Kriterium: Adaptation an Lebensbedingungen, nicht begnügen, weil dieses nur auf vernünftige und heilsame Bedürfnisse anwendbar ist.

Im gewöhnlichen Sprachgebrauch bedeutet das Wort Bedürfnis:

1. den Mangel an etwas;
2. das Bewußtsein dieses Mangels, m. a. W. die Begierde oder das Verlangen;
3. eine Notwendigkeit, oft eine physiologische Notwendigkeit;
4. dasjenige was fehlt oder notwendig scheint (wie im Ausdruck Lebensbedürfnisse);

Die erste und die letzte Bedeutung können wir außer acht lassen; die erste ist nichts als die Bedürftigkeit oder der bedürftige Zustand, nicht das Bedürfnis (das Gefühl) im subjektiven Sinne; Nr. 4 ist ein figürlicher Gebrauch des Wortes, eine reine Metonymie, wofür man besser Erfordernisse oder Requisiten sagen würde. Bleiben also 2 und 3.

Die meisten Schriftsteller, welche sich mit diesem Gegenstand befassen, haben nur den Mangel hervorgehoben. So definiert Larousse[1]) besoin: „privation ou sentiment de privation qui porte à désirer ce que l'on regarde comme nécessaire." Paul Leroy-Beaulieu hält sich an eine ähnliche Definition.

in unseren Geweben Veränderungen herbei, welche anfangs Lustempfindungen verursachen, ähnlich denen, welche heilsame Veränderungen begleiten. Erst später kommt dann die Reaktion. Die instinktive Abneigung gegen schädliche Substanzen ist wahrscheinlich erst Folge einer jahrhundertelangen Erfahrung der Gattung und beim Individuum erst zu erwarten nach progressiver Anpassung und Selektion durch mehrere Generationen hindurch. Bei Tieren ist der Instinkt auch nicht unfehlbar; wenn sie in unbekannte Gegenden übersiedeln, oder vom Menschen dorthin gebracht werden, fressen sie oft giftige Pflanzen. Insekten und Vögel fliegen in die Flammen (vielleicht nach Analogie des Sonnenlichts) und verbrennen sich dabei oft jämmerlich.

[1]) Das enzyklopädische Wörterbuch von Larousse hat den Vorzug, nicht nur Konversations-Lexikon, sondern auch ein vollständiges Wörterbuch zu sein. Brockhaus hat keinen Artikel Bedürfnisse.

Courcelle-Seneuil (Traité théorique et pratique) sagt: „Le besoin économique est un désir qui a pour but la possession et la jouissance d'un objet matériel." Dieses letztere speziell ist zu eng gefaßt; nach dieser Bestimmung würden z. B. Dienste nur insofern eine ökonomische Kategorie bilden, als sie sich in materielle Objekte umsetzen. Camillo Trivero, welcher eine kleine Monographie über die Bedürfnisse La Teoria dei bisogni,[1]) verfaßt hat, bemerkt sehr richtig:

Mangel und Übermaß „Einige haben nur den Begriff des Mangels beachtet. Aber das Bedürfnis geht nicht nur aus einem Mangel hervor; es kann auch aus Überfluß entstehen; wie wenn man nicht nur der Liebe eines andern bedarf, sondern vor allem dem andern die seinige bezeugen will." (Dieses Beispiel ist nicht sehr glücklich gewählt, denn die Liebe selbst ist eine Begierde und nicht etwa ein Stoff, von dem man zu viel oder zu wenig haben kann. Die folgenden Beispiele sind besser). „Es kann sehr wohl vorkommen, daß ich kein Bedürfnis habe nach Blut, sondern danach, daß man mir Blut abzapft; ein anderer kann nötig haben, daß man ihm einen kariösen Zahn wegnimmt, einen Polyp, eine Geschwulst und dergleichen."

In der Tat können wir in zahlreichen Fällen (wie auch schon aus unseren einleitenden Bemerkungen hervorgeht) das Bedürfnis empfinden uns von etwas zu befreien, wie ein gemeinsamer Gebrauch des Wortes schon andeutet. Auch können wir latente Bedürfnisse haben, nämlich nach etwas, das schon anwesend ist, das wir aber vermissen würden, wenn es fortgenommen würde. Diese Bedürfnisse werden erst empfunden, entweder sobald die Notwendigkeit des Gebrauches eintritt, z. B. einer Nahrung, welche auf dem Tisch steht oder im Speisekeller vorhanden ist, eines Wörterbuches, das wir dann und wann aufschlagen; oder sobald der Verlust oder der totale Verbrauch das Verlangen nach neuem Vorrat weckt. Wir können diesen Fall also auf den des Mangels zurückführen.

[1]) Übrigens ein armseliges Büchlein, voll von leerem Wortkram und Pseudophilosophie.

Tätigkeit und Ruhe

Was Nr. 3 anbetrifft, so kann man diesen auch oft zurückführen auf Mangel oder Überfluß, doch nicht immer. Denn, wie schon im Anfang angedeutet, unsere Bedürfnisse richten sich nicht immer auf ein Objekt. Wir suchen nicht immer etwas zu erhaschen oder zu entfernen. Oft haben wir nur das Bedürfnis etwas zu tun, z. B. nach langer Rast uns zu bewegen, etwas zu sagen, zu singen, Musik zu hören, oder unsern Verstand zu beschäftigen. Ja, ein Bedürfnis dieser Art kann rein negativ sein. Wir können das Bedürfnis empfinden, uns nicht mehr zu bewegen, nichts zu sagen, nichts zu hören, m. a. W. nach Ruhe, Stille usw. Wie ist da eine Formel zu finden, die das alles zusammenfaßt?

Dazu kommt, daß die Bedürfnisse bewußt, halbbewußt oder unterbewußt sein können. Die halbbewußten und unterbewußten Bedürfnisse können unser Betragen und sogar unseren Willen mit beeinflussen, z. B. wenn wir etwas mechanisch tun, oder wenn wir, ohne es selbst zu wissen, der Ruhe bedürfen, und die Ermüdung, ohne als solche erkannt zu sein, auf eine Entscheidung Einfluß hat. Wir müssen aber annehmen, daß beim subjektivem Bedürfnis ein gewisser Grad des Bewußtseins, wie geringfügig auch, immer zugegen ist. Wir haben also schließlich die folgenden Fälle:

1. ein Gefühl des Mangels und das Streben ihn zu beseitigen;
2. ein Gefühl der Beschwerde und das Streben sich davon zu befreien;
3. eine Tendenz zur Tätigkeit;
4. eine Tendenz zur Ruhe.

Es stellt sich also heraus, daß das Bedürfnis immer das Streben eines bewußten Individuums ist, seine gegenwärtige Lage zu verändern,[1]) und, weil immer

[1]) Objektiv könnte man in gewissen Fällen sagen, daß ein Individuum das Bedürfnis habe zu bleiben wie es ist (z. B. in seinem Schlaf nicht gestört zu werden), aber das subjektive, das empfundene Bedürfnis, kann nur im Gegensatz zu seiner gegenwärtigen Lage existieren, auch wenn es sich nur bezieht auf zu entfernende Einflüsse, welche diese Lage trüben.

Lust- oder Unlustgefühle ihn dazu antreiben, könnte man hinzufügen: sich in einen behaglicheren Zustand zu versetzen. Enger kann man die Definition nicht fassen, ohne wesentliche Bedürfnisse davon auszuschließen.

Warum wir so lange bei dieser Begriffsbestimmung verweilt haben? Weil dieser Gegenstand, über welchen noch manche Unklarheit herrscht, von der größten Wichtigkeit ist, denn die Bedürfnisse bilden die Grundlage der ganzen ökonomischen Tätigkeit. Diese Wahrheit ist lange verkannt worden, sie beginnt aber durchzudringen, ohne jedoch bisher die Basis für ein ökonomisches System abgegeben zu haben.[1]) Man

Materielle Bedürfnisse

hegte gewöhnlich die Ansicht, daß die Güter und zwar die materiellen Güter (Sachgüter) den eigentlichen Gegenstand der ökonomischen Wissenschaft bildeten;[2]) und auch unter denjenigen, welche die Bedeutung der Bedürfnisse anerkannten, wollen wieder die meisten die Untersuchung beschränken auf die materiellen Bedürfnisse: „L'économie politique, sagt Ch. Gide (Principes und Cours d'éc. pol.), a pour objet, parmi les

---

[1]) Eine ehrenvolle Ausnahme bildet das ausgezeichnete Werk W. E. Hearns. Er würdigt die Bedürfnisse sogar im Titel: „Plutology, or a Theory of the efforts to satisfy human wants"; es wurde aber, obgleich es in vielfacher Hinsicht als bahnbrechend anzusehen ist, sehr wenig beachtet, so daß es jetzt nur antiquarisch zu haben ist. Es behandelt die Bedürfnisse im ersten Kapitel. Auch Hermann macht in seinen Staatswirtschaftlichen Untersuchungen einen Versuch (leider nicht mehr als einen Versuch) von den Bedürfnissen auszugehen.

Die große Mehrzahl der Schriftsteller scheinen aber die Meinung zu hegen, daß dieser Gegenstand zur Psychologie oder zur Physiologie gehört. Sobald wir aber die ökonomische Seite der Bedürfnisse betrachten, sind wir auf einem andern Gebiet, wenigstens auf dem Grenzgebiete zwischen Psychophysiologie und Ökonomik, und die Erforschung eines solchen Grenzgebietes hat sich manchmal als sehr fruchtbar für die Wissenschaft erwiesen. Dieses möge der gütige Leser bedenken, wenn er beim Lesen der folgenden Betrachtungen sich etwas weit von den gewöhnlichen Pfaden der Sozialökonomik wähnt.

[2]) Dies geht hervor aus der klassischen Einteilung des Stoffes in Erzeugung, Verteilung und Verbrauch, wobei das Schicksal einer Kaufware vom Entstehen bis zum Verschwinden verfolgt wird (siehe die Vorrede).

rapports des hommes vivant en société, ceux-là seulement qui tendent à la satisfaction de leurs besoins matériels, à tout ce qui concerne leur bien-être." — Auch bei anderen finden wir diesen Ausdruck: materielle Bedürfnisse.

Sobald wir aber die Frage stellen: was sind denn eigentlich materielle Bedürfnisse? Wodurch unterscheiden sie sich von den immateriellen?, so zeigt es sich, daß eine Antwort schwer zu geben ist. Das Bedürfnis an sich, ob es nun subjektiv als ein Gefühl der Notdurft oder objektiv als eine Beziehung zwischen einem Ding oder Dienst und unseren Lebensbedingungen aufgefaßt wird, hat nichts materielles, es ist eben Gefühl oder Beziehung. Ist denn das Bedürfnis materiell, wenn es sich auf ein materielles Objekt richtet? Aber welches Bedürfnis ist dann nicht materiell? Wenn ich ein Buch begehre, um meinen Geist zu beschäftigen oder über die erhabensten Themen nachzudenken, eine Bibel oder einen Band Gedichte z. B., wenn ich vor einer gotischen Kirche stehe, wenn ich ein Klavier oder eine Violine kaufe, um mich in Beethoven oder Bach zu vertiefen, wenn ich ein Weib und Kinder brauche, um sie zu lieben, einen Diener, um mein Haus zu bewachen, eine Lampe, um meinen Arbeitstisch zu beleuchten, begehre ich lauter stoffliche Objekte. Hieraus möchte man also schließen, daß auch die höchsten ästhetischen und intellektuellen Bedürfnisse, sowie das Bedürfnis der Sicherheit, ja sogar das Wohltätigkeitsbedürfnis materiell sind, denn sie können alle nur mittels greifbarer Objekte befriedigt werden. Und wirft man uns entgegen, daß wir nicht die Objekte und Personen selbst begehren, sondern die Dienste, welche sie uns leisten, so kommen wir keinen Schritt weiter, denn auch von einem Ofen, um meine Speisen zu kochen, oder von der Köchin, welche sie zubereitet, begehre ich nur die Dienstleistung, und auch ein Dienst ist nur eine Beziehung zwischen einer Handlung oder Eigenschaft und unserem Bedürfnis. Muß man denn sagen, daß materielle Bedürfnisse diejenigen sind, bei denen man, um sie zu befriedigen, bestimmte Stoffe aufnehmen oder eliminieren muß, wie beim Essen und Trinken, Atmen und Schwitzen? Jedermann sieht sofort ein, daß, würde die ökonomische Wissenschaft sich nur auf diese Bedürfnisse beschränken, ihr Gebiet sehr eng begrenzt sein würde. Man weiß, daß sie überhaupt alles berücksichtigt, was in der Wirtschaft Wert hat, und eine große Anzahl Gegenstände, welche geistigen oder sittlichen Bedürfnissen entsprechen, Juwelen, Kirchen, Bibliotheken, Statuen, Gemälde, haben einen ansehnlichen ökonomischen Wert und sind darum für die gesellschaftliche Ökonomie ebenso wichtig wie Eßwaren.

Jeder weiß aber auch, daß die ökonomischen Betrachtungen von ganz anderer Art sind als die moralischen ästhetischen, intellektuellen. Allen Regungen der Menschen liegt ein Bedürfnis zugrunde, aber diese Bedürfnisse sind Gegenstand ganz verschiedener Wissenschaften, und die Ökonomik erhebt, weil sie es mit Bedürfnissen zu tun hat, darum noch nicht den Anspruch, die Physiologie, die Psychologie und die Ethik, ja die Medizin zu ersetzen. Denn sie behandelt zwar dieselben Gegenstände, aber unter einem besonderen, eigenen Gesichtspunkt. Ebenso wie Physik und Chemie zwar die nämlichen Körper studieren, aber verschiedene Erscheinungen, welche in und an diesen Körpern auftreten, ins Auge fassen, so betrachtet die Ökonomik die Bedürfnisse nur in ihrer Beziehung zur menschlichen Wirtschaftlichkeit, d. h. dem Streben, diese Bedürfnisse mit den vorhandenen Mitteln möglichst reichlich und nach Rangordnung ihrer Bedeutung zu befriedigen, und diese Mittel in größter Fülle herbeizuschaffen. Man hat mit Unrecht die alte Bezeichnung der Ökonomik als Lehre vom Reichtum getadelt. Diese Bezeichnung ist sehr wohl zu

Reichtum

verteidigen, wenn man nur den Begriff des Reichtums (Fülle der Mittel oder Wohlfahrt) nicht mit den Reichtümern (nl. den Gütern) verwechselt, deren Überfluß zwar eine Bedingung der Wohlfahrt ist, aber nicht die einzige, besonders nicht, wenn man nur Sachgüter im Auge hat.[1])

Sozial- und Privatökonomik

Unstreitig bekümmert sich die Sozial-Ökonomik auch nicht in erster Linie um die Mittel, welche

[1]) Besonders die französische Wissenschaft, welche Güter richesses nannte, ist schuld an dieser Verwechslung.

jeder Einzelne anwendet, um reich zu werden oder sich ein gewisses Maß des Wohlstandes zu sichern, denn sie ist eben nicht Privatökonomik, sondern Volkswirtschaftslehre. Ihr Charakter als soziale Wissenschaft aber besagt auch zugleich, daß sie den Menschen studiert und nicht gewisse Objekte außer ihm.

Es muß auch immer in Betracht gezogen werden, daß, ebenso wie die Wärmetheorie nicht nur die höheren Temperaturen behandelt, welche wir Hitze nennen, sondern auch die niedrigsten, welche wir gewöhnlich Kälte nennen, so

Armut auch die Lehre vom Reichtum zugleich eine Lehre der Armut ist, und man mit Unrecht in ihr eine Wissenschaft zum Nutzen der Kapitalisten gesehen hat. Alle Vorwürfe, welche ihr deswegen gemacht sind, so wie der Name der „trostlosen Wissenschaft" (dismal science), womit man sie bezeichnet hat, sind nur die Folge einer zu engen Auffassung des Begriffes Reichtum, und einer Verwechslung des privatökonomischen und sozialökonomischen Standpunktes.[1])

Damit wir uns also klar werden, welche ökonomische Erscheinungen sich an die Bedürfnisse knüpfen, ist unsere nächste Aufgabe, sie aus diesem Gesichtspunkte zu studieren und sie der Reihenfolge nach möglicht genau zu mustern.

---

[1]) Es muß jedoch zugestanden werden, daß der einseitig kommerzielle und industrielle Standpunkt, den man bei der Behandlung der Probleme der Volkswohlfahrt gewöhnlich einnahm, dieser Auffassung nur zu viel Nahrung gegeben hat, und die Ökonomisten oft verführt hat, ausschließlich die Interessen der Produktion im Auge zu behalten und die Interessen der Bevölkerung, welche das Quantum Erzeugnisse liefern soll, zu vernachlässigen.

Kapitel II.

Klassifikation.

Allgemeine und spezielle

Es ist selbstverständlich, daß, wenn wir die Bedürfnisse des Menschen im allgemeinen betrachten, wir keine Rücksicht nehmen können auf spezielle Bedürfnisse, z. B. daß ich eine Feder brauche, um zu schreiben, oder Promenadenschuhe, um spazieren zu gehen. Diese speziellen Bedürfnisse lassen sich übrigens leicht auf allgemeine zurückführen. Im letzteren Falle z. B. wünsche ich einen Spaziergang zu machen (Bedürfnis nach Bewegung); wäre ich unter Wilden und in einem warmen Klima, so würde ich vielleicht nicht daran denken, Schuhe anzuziehen, es sei denn, daß ich noch ein anderes Bedürfnis befriedigen wollte, nämlich meine Überlegenheit als Europäer darzutun (Bedürfnis der Auszeichnung). Unter zivilisierten Menschen aber sind Schuhe eine notwendige Bedingung, um das Bedürfnis nach Bewegung befriedigen zu können, da man sonst vielleicht in gebrochenes Glas tritt oder ausgelacht wird. Und so mit anderen speziellen Bedürfnissen, welche man erdenken kann.

1. nach Dringlichkeit

Man kann die menschlichen Bedürfnisse nach verschiedenen Kriterien ordnen. Es liegt aber auf der Hand sie nach Dringlichkeit oder Intensität zu ordnen. Absolut gültig kann diese Rangordnung nicht sein, wegen individueller Abweichungen und eigentümlicher Gebräuche, und auch weil es in jeder Kategorie primitive und entwickelte Bedürfnisse gibt. Die hauptsächlichsten sind wohl die folgenden:

1. **Einatmung.**

Gewöhnlich können wir jeden Augenblick dieses Bedürfnis befriedigen, mittels eines Stoffes, der nichts kostet und überall in Überfluß vorhanden ist. Oft aber läßt die Qualität des Stoffes zu wünschen übrig, und es gibt Kranke, welche sehr teuer bezahlen müssen für den Aufenthalt in einer Gegend, wo die Luft außergewöhnlich rein oder windstill ist, wie in einigen Luftkur- und Badeorten. Vielleicht wird man innerhalb nicht zu langer Zeit auch das Rauch-

und Staubproblem zur Hand nehmen, und dann wird man sehen, daß reine Luft sehr große Summen kosten kann.

2. Eine gewisse **Temperatur**.

Zwischen zwei nicht beträchtlich auseinander liegenden Punkten der Thermometerskala befinden sich die einzig möglichen Temperaturen, bei denen es dem Menschen gestattet ist zu leben, und noch beschränkter ist das Temperaturgebiet, innerhalb dessen er sich behaglich fühlt. Dies ruft zahllose Kunstmittel hervor, die Körperwärme auf erforderlicher Höhe zu erhalten: Kleidung und Wohnung, Heizapparate, Winter- und Sommeraufenthalte für die Reichen, Bäder und Waschungen. Unsere Schutzmittel gegen Kälte sind zahlreicher und besser als die Mittel gegen Wärme. Novicow sagt sehr richtig in seinen Gaspillages des sociétés modernes: „Nous savons déjà combattre assez bien le froid, mais nous n'avons encore rien entrepris contre la chaleur. Après le calorifère, il faut maintenant le frigorifère."

Alle diese Kunstmittel sind wahre Anpassungsmittel, da sie den Menschen instand setzen, Gegenden zu bewohnen, welche für andere Tiergattungen unbewohnbar sind, und so fortwährend seinen Herrscherkreis auszudehnen. Mit Unterseebooten taucht er tief ins Meer, die Luft durchschneidet er mit Steuerballons und Flugmaschinen, hoch auf den Bergen baut er Hütten und sogar Gasthäuser, und das alles vermöge seiner Vernunft, welche ein vollkommeneres Anpassungsmittel ist als die erstaunlichsten Instinkte und die feinsten Organe der Tiere.

3. Entfernung von schädlichen und verarbeiteten Stoffen **(Ausscheidung)**.

Hierzu gehören Ausatmung, Transpiration und zu bestimmten Zeiten die Entfernung von flüssigen und festen Residuen der Verdauung. Diese Bedürfnisse geben mehr Veranlassung zu hygienischen als zu ökonomischen Problemen, obgleich die Frage der Herstellungspreise von billigen Arbeiterwohnungen, die noch geräumig genug sind um gesund zu sein, die der Städtereinigung und der Verwendung von Fäkalien als Dünger auch ihre ökonomische Seite haben. (Siehe auch unter 15.)

4. **Nahrung.**

In erster Linie kommt das Bedürfnis nach Flüssigkeiten. Weil unser Körper für drei Viertel aus Wasser und nur für ein Viertel aus festen Stoffen besteht, ist es nicht zu verwundern, daß Durst quälender ist als Hunger. In zweiter Linie kommt dann das Bedürfnis nach festen Nahrungsstoffen. Viele nennen diese Bedürfnisse in erster Reihe; man ist so gewöhnt Essen und Trinken als die allerersten Lebensbedürfnisse zu bezeichnen, daß man vielfach nicht daran denkt, daß es noch dringendere gibt; obwohl es eine bekannte Tatsache ist, daß der Mensch oft wochenlang ohne Nahrung leben kann und keine fünf Minuten ohne Luft. Die Zeit und die Arbeit aber, welche das Beschaffen der Nahrungsmittel ihm kosten, sind sehr beträchtlich. Bei den Tieren und Wilden ist fast alle Tätigkeit darauf gerichtet und beim zivilisierten Menschen — wenn wir Abendländer uns so bezeichnen dürfen — vielleicht noch die Hälfte seiner Arbeit, mittelbar oder unmittelbar. Man muß unter diese Rubrik noch alles rechnen, was die Speisen würzt oder schmackhaft macht (Salz, Zucker, Spezereien) und einige, Genußmittel wie Tee, Kaffee, Schokolade usw. Andere Stimulantia dagegen, wie Alkohol, Opium, Tabak, können schwerlich zu den Nahrungsstoffen gerechnet werden, da sie vielmehr eine Störung im Stoffwechsel zustande bringen. Die Grenze ist aber nicht leicht zu ziehen.

5. **Licht.**

Das Bedürfnis nach Licht ist gewiß auch eines der allerersten. Bevor der Mensch das Feuer kannte, war er für Erwärmung und Beleuchtung ganz und gar von Sonne und Mond abhängig, jetzt kann er durch das elektrische Licht die Nacht in hellen Tag verwandeln. Dieses Bedürfnis ist ein guter Beleg eines wichtigen ökonomischen Gesetzes, das bisher noch nicht beachtet worden ist, weil man es der Mühe nicht wert fand, die eigentliche Basis des ökonomischen Lebens zu studieren: *in dem Maße, als ein oder mehrere Bedürfnisse besser befriedigt werden, können auch andere besser versorgt werden.* Eine ordentliche Ernährung setzt den Menschen instand, besser zu arbeiten; die Zeit aber, während welcher er die Arbeit fortsetzen kann, wird durch Kunstlicht erheblich verlängert und das Werk kann desto besser ausgeführt werden, je intensiver und gleichmäßiger die Beleuchtung ist. Die ungeheure Vermehrung der Produktion im 19. Jahrhundert ist gewiß in nicht geringem Maße den auf diesem Gebiete erzielten Fortschritten zuzuschreiben. Man darf sich aber noch nicht zufrieden geben. Wie viele Straßen, wie viele Lokalitäten sind nachts noch dürftig beleuchtet und in wie viele Ecken und Löcher dringt sogar das Tageslicht nicht durch! Wie oft kommt es noch vor, daß ein Eisenbahncoupé abends so spärlich beleuchtet ist, daß man nicht ohne Anstrengung darin lesen kann![1])

6. **Geistige Tätigkeit.**

Dieses Bedürfnis ist noch dringender als das nach körperlicher Bewegung, denn im wachen Zustande können wir keinen Augenblick zu denken aufhören, und im Schlaf sogar haben wir Träume; wie einige Physiologen glauben, fortwährend.

Orientierung Eine der ersten Formen, welche dieses Bedürfnis beim Kinde annimmt, ist der Orientierungstrieb, das Bedürfnis sich zurecht zu finden in dem Wirrwarr von Eindrücken, welche es empfängt, die Gegenstände, welche

[1]) Man weiß jetzt die elektrischen Glühlämpchen so klein und rötlich glühend zu machen, daß in dämmerndem Halbdunkel das Zeitalter der Kerzen noch überboten wird. Auch die unbequeme Einrichtung der Wagenabteilungen gibt einen guten (negativen) Beleg ab für obiges Gesetz. Mit demselben Raum würde eine viel bessere Einrichtung erreicht werden können. Man lasse z. B. wie in den Straßenbahnen die Scheidewand weg und bringe die Bänke in der Länge an; — aber wozu der Landschaft den Rücken kehren und seinen Mitreisenden fortwährend ins Angesicht glotzen? Wenn die Lehne in der Mitte wäre (wie ich dies auf einer Trambahn in Genf sah), könnte jeder Reisende vor sich einen Klapptisch haben, und so würde die gezwungene Müßigkeit, welche das Reisen uns jetzt vielfach auflegt, so viel gemindert werden können, als es uns gerade paßt. Der moderne Mensch wird immer beweglicher, er verbringt einen immer größer werdenden Teil seiner Existenz in Verkehrsmitteln und ein erhöhter Komfort dieser wird ihn instand setzen, auch diese Zeit teilweise auszunützen, ökonomisch zu verwenden.

es umringen, kennen zu lernen und schnell zu identifizieren, sei es durch den Tastsinn, sei es durch Gesicht oder Geschmack. Die Psycho-physiologen haben erkannt, daß dies in den ersten Lebensjahren eine erstaunliche Tätigkeit des jungen Gehirns erfordert, welche für die Instandhaltung des Lebens von der größten Wichtigkeit ist. Sie allein macht es möglich, daß wir die Dinge, welche für unsere Existenz nötig sind, herausfinden und diejenigen, die uns feindlich sind, vermeiden. Sie behütet uns jeden Augenblick vor tausend Gefahren; doch gerade der Umstand, daß diese Tätigkeit so fundamental ist, so daß wir später ebensowenig Mühe damit haben, wie z. B. mit dem Auffinden unseres Mundes im Dunkeln oder mit dem Sehen mit beiden Augen (Dinge, welche auch erst erlernt werden müssen), macht uns vergessen, daß sie uns je Mühe gekostet hat. Erst durch Beobachtung von Blindgeborenen, welche durch eine Operation das Gesicht zurückbekamen, und den merkwürdigen Erscheinungen, welche bei solchen Fällen auftreten, haben die Psychologen diese Orientierungstätigkeit eigentlich entdeckt und in ihrem Umfang und ihrer Entwicklung richtig zu schätzen gelernt. Es ist klar, daß wir nicht nur die individuellen Objekte zu erkennen haben, sondern sie auch in Gattungen gruppieren müssen, und neue Objekte sogleich den Gruppen und Gattungen unterordnen müssen, denen sie angehören. Dies kann offenbar nur dadurch ermöglicht werden, daß sich für jede Gattung ein Typus in unserem Gedächtnis bildet, als Residuum aller früheren Eindrücke;[1]) und obwohl die Vorbereitung dazu schon in unserer frühesten Kindheit stattgefunden hat, geht dieser Prozeß noch immer vor sich, und so haben wir in unserem

Gattungstypen

[1]) Dieses „Residuum" ist nur eine Hilfsvorstellung; es ist sehr unwahrscheinlich, daß Bilder als solche im Gehirn bewahrt bleiben; man könnte sich vielleicht eine Gruppierung der Nervenzellen denken so, daß Prädispositionen geschaffen werden, wodurch gewisse Reizgruppen in bestimmte Haupt- und Nebenbahnen einlenken, welche sozusagen die Einflußsphäre dieser Reize sind, und dadurch einen Komplex von Bewußtseinselementen hervorrufen, welchen wir eine Vorstellung nennen. Die Bewußtseinselemente könnten sich alsdann ebenso mannigfach kombinieren wie die Elemente der Wirklichkeit.

Gedächtnis eine stattliche Sammlung Typen und Nebentypen (denn die Spezialisierung der Gattungen geht auch immer weiter), mit welchen jedes neue Objekt sofort verglichen wird, wobei zugleich die assoziierten Vorstellungen und Gefühle mehr oder weniger geweckt werden.

Ästhetische Gefühle Schon früher habe ich versucht[1]) aus dieser Tätigkeit den Schönheits- und Häßlichkeitssinn zu erklären. Der Typus ist seiner Natur gemäß als Residuum allerlei individuell abweichender, doch in Hauptzügen übereinstimmender Eindrücke, ein Mittleres. Treffen wir ein neues Objekt, das uns durch seine große Ähnlichkeit mit diesem Mittleren die Arbeit der Klassifizierung bequem macht, so entsteht ein Gefühl der Erleichterung, und wir nennen das Objekt schön, zeigt es mehr oder weniger starke Abweichungen, so entsteht ein Gefühl der Unlust, oft der Furcht, und wir nennen es häßlich. Gerade weil das Erkennen von allem, was uns umringt, eine so wichtige und fundamentale Funktion unseres Geistes ist, wird es von lebhafteren Gefühlen der Lust oder Unlust begleitet als andere geistige Tätigkeiten. — Mit dieser Auffassung verträgt sich sehr gut die bekannte Tatsache, daß alles, was neu und ungewohnt ist, den primitiven Menschen (und unter uns den Ungebildeten und den Kindern, ja sogar den Hunden) Widerwillen und Haß einflößt, das Bekannte und Vertraute aber Zuneigung und Liebe.

Sprache Zum Bedürfnis zu denken gesellt sich alsbald dasjenige sich mit anderen zu unterhalten, ihnen Mitteilungen zu machen, wodurch sich die Sprache entwickelt hat,[2]) ein soziales Element von so großer Bedeutung, daß wir uns kaum eine Gesellschaft ohne Sprache denken können — sogar die Taubstummen geben einander Zeichen — und fast zu der Hypothese gezwungen werden, daß in entwickelten

[1]) In dem ersten Aufsatz (Le Sentiment du Beau) meiner Problèmes d'esth. et de morale.

[2]) Wiewohl die von den ursprünglichen Bedürfnissen abgeleiteten sich vielfach erst in späterer Zeit als solche entwickeln, behandeln wir alle Bedürfnisse einer Gruppe zusammen, um die Auseinandersetzung nicht zu zersplittern. Eine genaue Chronologie der Bedürfnisse ist doch nicht zu geben.

Tiergesellschaften, wie denen der Bienen und Ameisen, etwas dergleichen besteht. Später kommt die Schreibkunst dazu (ursprünglich eine Zeichenkunst, so daß die graphischen Künste älter sein müssen als die eigentliche Buchstabenschrift), und noch später die Druckkunst.

Literatur Auch die Literatur ist älter als die Schrift. Einerseits hat man gefunden, daß viele Märchen aus der urältesten Zeit stammen (es gibt aber jetzt unter den Arabern und Japanern noch Märchenerzähler), andrerseits sind ganze Epen durch mündliche Überlieferung von Geschlecht zu Geschlecht überliefert worden (eins der spätest aufgeschriebenen ist die Finnische Kalewala). Hier würde es vielleicht angebracht sein, das Bedürfnis nach Dichtung, Phantasie und Täuschung, ja nach Vergessenheit, zu erwähnen, im Gegensatz zum Bedürfnis nach logischem Zusammenhang, Wahrheit und Wissen, welches der intellektuellen Tätigkeit zugrunde liegt; wenn nur dieses Element der bewußten Phantasie nicht ohne weiteres in der Poesie und den religiösen Anschauungen der Vergangenheit angenommen wird. Denn was uns in dieser Poesie und Religion phantastisch und ungereimt vorkommt, war für unsere Vorfahren oft einleuchtende, helle Wahrheit und Artikel des festen Glaubens. Erst wenn Illusion und Traumbild als solche erkannt werden, kann die Rede sein von einem Bedürfnis, die allzu nüchterne und alberne Wirklichkeit zu fliehen, die grausamen und häßlichen Erinnerungen zu vergessen. Dieses Bedürfnis der Illusion und Täuschung ist verhältnismäßig modern: die am meisten phantastischen Zeiten waren diejenigen, welche am wenigsten das Bedürfnis nach Phantasie empfanden und in naivster Weise Einbildung und Wirklichkeit durcheinander mischten.

Zeitungen, Bücher, Zeitschriften, Schulen, Bibliotheken bringen heutzutage Unterhaltung und Belehrung in Hülle und Fülle in jedermanns Bereich, ja, man könnte fast behaupten, daß für die geistigen Bedürfnisse besser gesorgt wird als für die leiblichen. Jeder, der lesen und schreiben kann, ist in intellektueller Hinsicht Millionär, durch unentgeltlichen Zutritt zu den großen öffentlichen Bibliotheken und Sammlungen und die Spottpreise der Lektüre jeder Art. Überdies wird noch durch Volkskonzerte, Volksaufführungen von Bühnenwerken, öffentliche Vorträge usw. Gelegenheit geschaffen zur Kenntnisnahme bedeutsamer Leistungen auf jedem Gebiet. Um diese Vorteile genießen zu können, dazu gehört jedoch, außer dem niedrigen Preise, noch eine andere Bedingung, nämlich freie Zeit. Diese hängt einerseits von dem Wohlstand, andrerseits von den Gewohnheiten und der Energie des Individuums ab.[1]) Für die ärmeren Volksklassen ist sie allein erreichbar durch Beschränkung des Arbeitstages, denn Ferien und Feiertage werden selten der intellektuellen Arbeit gewidmet, Perioden von Arbeitslosigkeit noch weniger.

Mittel zur Aufbewahrung von Gedanken

Die Befriedigung eines Bedürfnisses, sagten wir, fördert die der anderen. Davon liefert uns die Sprache wieder ein neues Beispiel. Die zwischen den Menschen bestehenden Sprachbeziehungen befriedigen nicht nur unmittelbar das Bedürfnis sich gegenseitig Mitteilungen zu machen und seine Gefühle zu äußern, sie werden zum unentbehrlichen Förderer aller ökonomischen Beziehungen. Kein Kauf kann geschlossen, kein Dienstkontrakt eingegangen werden, ohne Sprache, ohne Verständigung, und wäre es nur durch Zeichen. Und nicht nur ist ein selbst bescheidenes Maß der gesellschaftlichen Wohlfahrt undenkbar ohne Sprache, ja sogar ohne eine sehr entwickelte Sprache, sondern eine höhere Ausbildung des ökonomischen Lebens setzt auch voraus die Erfindung der Schrift, die Vervielfältigung von Schriften durch den Druck, eine praktische Zifferschrift (die römischen Ziffern haben das Wirtschaftsleben in Rom wahrscheinlich nicht wenig gehemmt), gute Postverbindungen, ja man möchte fast hinzusetzen Telegraphie und Telephonie, aber jedenfalls einen hinlänglichen Unterricht in Lesen, Schreiben und fremden Sprachen. Auch als

[1]) Auch von einer vernünftigen Einteilung der Beschäftigungen, von einer guten Tages- und Wocheneinteilung. Nur wenige Leute wissen hie und da abfallende Viertel- und halbe Stündchen zu verwerten. Es geht oft damit wie mit dem Gelde: wenn es in großen Summen kommt, wird es zurückgelegt und verzinst, in kleinen geht es verloren. Übrigens braucht man, um Überanstrengung vorzubeugen, kurze Ruhepausen zwischen den Geschäften.

Beweis bei Streitigkeiten und zur Hilfe des Gedächtnisses bei einigermaßen komplizierten Verhandlungen ist die geschriebene Sprache von großer Wichtigkeit. Was würde der Handel bedeuten ohne Buchführung, was die politische Organisation ohne Verwaltung?

Überdies ermöglichen Buchstaben- und Notenschrift erst die Aufbewahrung und den wiederholten Genuß von dem, was edle Geister, welche lange vor uns lebten, gedacht und gefühlt haben, ebenso wie sie uns Mitteilungen überbringen aus den entlegensten Erdteilen, und bald wird die phonographische Notation uns sogar den Klang der Stimme und der Musikinstrumente treu aufbewahren.

Spiele Das Bedürfnis den Geist zu beschäftigen, gibt Veranlassung zu allerhand Erholungen und Spielen (Kartenspiel, Rätsel, Witze usw.). Ein Bedürfnis nach Abwechslung kann hervorgehen aus Langeweile (zu wenig oder zu einförmige Tätigkeit), oder aus Ermüdung (zu viel Tätigkeit). Weil eines der kräftigsten Mittel, um die Langeweile zu vertreiben, der Umgang mit unseren Mitmenschen ist, bringt das Bedürfnis nach geistiger Tätigkeit die Menschen vielleicht ebensoviel zusammen als Liebe und Freundschaft. Wie viele Freundschaftsbündnisse würden bestehen bleiben, wenn der Mensch leicht allein sein könnte? Die meisten von uns werden durch die Gegenwart anderer angeregt, es entsteht ein Wettbewerb, man bemüht sich zu gefallen und sich verdienstlich zu machen, und sogar das reine Spiel wird noch einmal so angenehm durch Betätigung anderer.

Umgang und Unterhaltung

Eitelkeit

Wissenschaftliche Forschung Es ist ziemlich schwer, zwischen dem Spiel und ernsterer Betätigungen, dem Studium z. B., die Grenze zu ziehen. Die meisten Gelehrten pflegen eine Wissenschaft nicht, weil sie noch wenig erforscht ist, weil es in ihr Lücken auszufüllen gibt oder weil sie sie als nützlich und belangreich erachten für die Menschheit, sondern weil das Studium sie fesselt wie ein guter Roman (ganz abgesehen noch von der Frage der praktischen Verwertung). Es gibt Spiele, welche ebenso schwierig sind als Studienzweige,

Schach z. B., und es gibt wissenschaftliche Untersuchungen, welche ebenso geringfügig sind wie ein Solitärspiel.

Das völlige sich den Interessen der Menschheit Hingeben, der unverdrossene Fleiß bei trockenen aber nützlichen Untersuchungen, sind auch bei Gelehrten nicht immer vorhanden, und ebenso selten ist das Bedürfnis zu stets allgemeineren Wahrheiten emporzusteigen.

Wißbegierde Das Bedürfnis zu begreifen und genau zu wissen hat nicht nur Bedeutung als Voraussetzung für strengwissenschaftliche Forschung,[1]) sondern auch weil die Entwicklung der Wissenschaft hinwiederum Bedingung ist für allen Kulturfortschritt, und besonders für die ökonomische Entwicklung.

7. **Liebe,** und im allgemeinen das Bedürfnis nach Umgang mit unsern Mitmenschen, von den sexuellen Neigungen und der Mutterliebe bis zu Freundschaft, Sympathie, Philanthropie, Geselligkeits- und Unterhaltungsbedürfnissen.

Ob diese letzteren Gefühle von den ersteren Trieben auf dem Wege der Analogie abgeleitet sind, durch unwillkürliche Ausdehnung der psychischen Einflußsphäre, wie ich es früher darzutun versucht habe,[2]) oder ob sie einen eigenen Ursprung haben, die soziale Bedeutung dieser Bedürfniskategorie ist nicht zu verleugnen. Vielleicht formen sie den Ursprung des ganzen gesellschaftlichen Lebens; die Familie, erst zum Clan, nachher zum Volksstamm erweitert, formt Ursprung und Einheit von Volk und Gesellschaft[3]) und das gegenseitige Wohlwollen und das Solidaritätsgefühl zwischen Personen einer selben Gruppe sind die unerläßlichen Be-

[1]) Ich sage: streng wissenschaftliche Forschung, weil die tatsächliche Entstehung der Wissenschaft nicht ganz aus diesem Bedürfnis zu erklären ist. Vielfach bildeten praktische Erfordernisse und Zwecke den Anfang der Wissenschaft, z. B. die Absteckung und Verteilung der Grundstücke waren Anlaß für die Geometrie, die Begierde Gold zu machen für die Chemie (Alchimie), die Genesung der Kranken für die medizinische Wissenschaft usw.

[2]) In meinen Problèmes pp. 129—146.

[3]) Man soll sich hüten, die ursprüngliche Familie als geschlossenen monogamistischen Verband aufzufassen. Siehe Letourneau, Evolution du Mariage et de la Famille.

dingungen, unter denen ein Individuum sich dem anderen ohne Mißtrauen nähern kann und welche die friedlichen Vereinbarungen ermöglichen, wodurch Wohlfahrt überhaupt erst entstehen kann. Es ist befremdend, daß dieser Faktor des Reichtums so vollkommen verkannt worden ist, so daß man sogar alle ökonomische Tätigkeit auf Egoismus zurückgeführt hat, wie die Philosophen des 18. Jahrhunderts das ganze soziale Leben aus einem Contrat social herleiteten, einem aus kalter Berechnung und wohlerwogenem Eigennutzen geschlossenen Vertrag, das, sei es durch stillschweigendes Abkommen oder ausdrückliche Formulierung, jeder Gesellschaft zugrunde liegen müßte. Hierzu hat unzweifelhaft beigetragen, daß man befangen war in dem alten Gegensatz zwischen Egoismus und Altruismus, welcher, wenn nicht ganz unrichtig, doch mindestens sehr roh ist. Egoismus ist nämlich keine Selbstliebe, kein sich-selbst-suchen, wie man oft behauptet hat, es ist ein Streben nach Lust und eine Abneigung gegen Schmerz. Diese Lust aber wird oft bedingt oder vermehrt durch die Gegenwart anderer, dieser Schmerz durch ihre Abwesenheit. Auch hier hat die Metapher, welche in wissenschaftlichen Dingen immer äußerst gefährlich ist, den wahren Sachverhalt verborgen. Es hat sogar Philosophen gegeben, welche behauptet haben, daß wir alle Narzissen sind und daß unsere Eigenliebe keine Schranken kennt.[1]) Dagegen möchte ich behaupten, daß Eigenliebe gar nicht existiert, denn Liebe ist ein Begehren, ein Verlangen, und wir verlangen nicht nach einer Sache, die von selbst schon gegeben ist. Gerade weil andere uns fehlen, weil die eigene Person uns nicht genug ist, verlangen wir nach ihnen, und darum gewährt ihr Beisein und auch das Tätigsein für sie uns Befriedigung. Unser

Wohlwollen und Egoismus

---

[1]) Leopardi (Pensieri, passim). Der Fall Narcissus beweist gerade, auch in der Auffassung der Alten, wie tief unglücklich jemand ist, der sich selbst wirklich liebt und das Verlangen nach seinem eigenen Ich, beim Erblicken seines Bildes im Wasserspiegel, ist hier nur eine pathologische Erscheinung, welche aber gerade nach Analogie des Erblickens einer fremden Persönlichkeit entsteht: also das Gegenteil von dem, was die Philosophen des Egoismus behaupten, daß wir in einem Andern uns selbst suchen.

Egoismus führt also Altruismus mit sich, anstatt ihn auszuschließen; indirekte Befriedigung aus altruistischem Bedürfnis kann größer sein als direkter Sinnengenuß.

Der Mensch hat ein so großes Bedürfnis nach Geselligkeit, daß er die notwendigsten und alltäglichsten Befriedigungen, wie Essen und Trinken, nicht gerne allein genießt, und aus diesem Geselligkeitsdrang entsprießt viel Gutes. Eben weil der Mensch ein geselliges Tier ist, ist er ein sittliches Tier,[1]) und wird das soziale Leben erst möglich.

Aber auch unmittelbar sind diese Bedürfnisse wichtig für die Volkswirtschaft; der Geschlechtstrieb und die Mutterliebe in bezug auf die Bevölkerungszunahme und die Sorge für die Kinder; die Nächstenliebe für die Armen- und Krankenpflege und alle Formen von Wohltätigkeit; das Gemeinschaftsgefühl, insoweit es einen großen Teil des politischen Lebens beherrscht, durch Parteien- und Klassenstreit (denn sogar die Arbeitskonflikte, wie Streike und Aussperrungen, obwohl sie eigentlich einen Mangel des Gemeinschaftsgefühls bekunden, erfordern doch in engeren Kreisen eine gewisse Zusammengeschlossenheit), die Landesverteidigung, den öffentlichen Unterricht, den Amtseifer der Angestellten im Staatsdienst; das Geselligkeitsbedürfnis schließlich führt zur Errichtung von Vereins- und Klubgebäuden, und inspiriert viele künstlerische, literarische und gemeinnützige Arbeiten.[2])

8. **Schutz** und **Behausung.**

Die meisten Tiere schon haben eine Zufluchtsstätte, eine Höhle oder ein Nest, oft mit großer Geschicklichkeit zusammengeflickt; einige haben sogar Vorratskammern. Die ersten Menschen haben wahrscheinlich in Höhlen ge-

[1]) Das Wesen der Sittlichkeit ist meines Erachtens nicht, sich einem gewissen Zwange zu fügen nach rein formellen Vorschriften, sondern freiwillig seinem Nächsten Gutes zu erweisen und Schaden von ihm abzuwenden. Das eigentlich Unsittliche ist das Antisoziale.

[2]) Viele Zeitungsartikel, Briefe, literarische Aufsätze sind sozusagen Gespräche mit dem Leser. Man erinnere sich, was wir sagten über Eitelkeit und das Bedürfnis nach Mitteilung der Gefühle, Geistesanlagen, welche in hohem Maße die Geselligkeit und die literarische Betätigung fördern.

wohnt, später findet man Pfahlbauten und Hütten, es gibt sogar Wilde, welche in Bäumen nisten; zunächst bilden sich Wohnungskomplexe, welche Dörfer und Städte heißen, und mancherlei Gewerbe kommt bei dem Bau und der Einrichtung der Wohnungen zu statten. Wir müssen hier auch die beweglichen Wohnungen erwähnen, wie Schiffe, Fuhrwerke aller Art, Wohnwägen, Eisenbahnzüge, Luftschiffe, wo das Bedürfnis nach Bedeckung sich mit dem der Beförderung verbindet.

9. **Verteidigung** und **Angriff.**

Ursprünglich steht dieses Bedürfnis in unmittelbarer Beziehung zur Nährtätigkeit. Der Urmensch hatte Jagd zu machen auf Tiere, die ihm zur Beute dienten und sich gegen wilde Bestien zu verteidigen — mit einem Wort, zu essen zu finden, ohne selbst gegessen zu werden — und das nicht nur gegen Tiere, sondern auch gegen seine Mitmenschen. Die Gebeine, welche man in den Spelunken der Troglodyten gefunden hat, sind ein Beleg dafür, daß es in den frühesten Zeiten schon Kannibalen gegeben hat, und manche Volksstämme sind es noch heute. Vielleicht ist das Menschenfressen eine der ersten Ursachen des Krieges, und üben die Völker, welche einander heutzutage auf den Schlachtfeldern zu Tausenden vertilgen, einen barbarischen Ritus, von welchem der eigentliche Zweck vergessen ist. — Durch Gewöhnung an Streit und Gefahr werden dann gewisse Völker kriegerisch,[1]) indem Handlungen, die erst Mittel waren, später Selbstzweck werden, und bei anderen hat die Teilung der Funktionen Veranlassung gegeben zur Bildung eines Militärstandes.

Heute noch nimmt die Anfertigung von Waffen und Kriegsmaterial einen beträchtlichen Teil der menschlichen Tätigkeit in Anspruch (siehe auch Kapitel 9, Schluß). Mit dem Bedürfnis nach Angriff und Verteidigung steht das

[1]) Man sagt, daß die Maoristämme Neu-Seelands nach Vorwänden suchten, um einander zu bekriegen und blutige Gefechte lieferten nur aus Streitlust. Schon wieder eine harte Nuß für diejenigen Biologen, welche behaupten, daß der „Selbsterhaltungstrieb“ das oberste Prinzip unseres Handelns ist.

Rachebedürfnis in Beziehung, es ist das Gegenstück zur Dankbarkeit, wie der Haß zur Liebe.

10. **Bewegung.**

Ursprünglich sind fast alle Bewegungen der Tiere auf die Suche der Nahrung gerichtet, auf Verfolgung und Fang der Beute oder auf Flucht vor gefürchteten Widersachern. Die rastlose Tätigkeit der Ameisen und Bienen, das Fliegen der Vögel und Fledermäuse ist eine unablässige Jagd auf Nahrung, kombiniert mit Fütterung der Jungen. Später wird die Bewegung Selbstzweck und Bedürfnis, dem soeben erkannten psychischen Gesetz zufolge und das Spiel der jungen Katzen, das Rennen und Tollen junger Hunde, die Sprünge der Lämmer und Eichhörnchen, das unaufhörliche Hin- und Herhüpfen eines gefangenen Vogels können nur durch dieses Bedürfnis erklärt werden. Es würden vollkommen nutzlose Bewegungen sein, wenn sie eben nicht den Zweck hätten, das Bedürfnis nach Muskeltätigkeit zu befriedigen. Beim Menschen ist das alles noch in erhöhtem

Spiel und Sport

Grade bemerkbar. Haschemann spielen, Schaukeln, Tanzen, Schwimmen und im allgemeinen alles, was man heute unter dem Begriffe Sport zusammenfaßt, geht aus derselben Notwendigkeit hervor.[1])

Seit Anstand und falsche Scham uns Erwachsenen das schnelle Laufen verbieten, wird das Bedürfnis sich schnell zu bewegen durch andere Mittel befriedigt: Radfahren, Schlittschuhlaufen, Rodeln, Automobil- und Flugsport verschaffen den Menschen die Mittel wieder ein „schnelles Tier“ zu werden. Der indirekte Gebrauch der Beförderungsmittel ist hiermit nicht zu verwechseln. Wenn ich den Schnellzug oder einen Ozeandampfer nehme, gehorche ich in der Regel nicht nur meinem Bewegungstrieb; ich wechsle, oft gegen

[1]) Gewöhnlich bezwecken die menschlichen Handlungen die gleichzeitige Befriedigung mehrerer Bedürfnisse. Die Spiele sollen uns nicht nur körperliche Bewegung, sondern auch geistige Beschäftigung verschaffen, den Geselligkeitssinn befriedigen und das Bedürfnis nach Auszeichnung (weil jeder gern gewinnt). Ein Spaziergang gewährt uns auch den Genuß der Naturschönheiten, das Schwimmen dient noch zur Abkühlung und Reinigung usw.

meine Neigung, den Ort, weil es für meine Geschäfte nötig oder gewünscht ist, und diese sind auch wieder indirekte Mittel meine Bedürfnisse zu befriedigen. Aber beiderlei Bestrebungen haben das gemeinsame Resultat hervorgebracht, daß die Bewegungschnelligkeit des modernen Menschen seit einem halben Jahrhundert kolossal zugenommen hat, und der Gebrauch der elektrischen Triebkraft wird sie noch beträchtlich steigern.[1])

11. **Rast** und **Erholung.**

Dies ist eines der vornehmsten Bedürfnisse; ihm ist gewöhnlich ein Drittel unserer Existenz gewidmet. Der Schlaf, welcher die vollkommenste Form des Ausruhens ist, erfordert mindetens 6 bis 7 Stunden pro Tag für den gewöhnlichen Menschen. Und doch wird dieses Bedürfnis in unserer Gesellschaft zu wenig berücksichtigt. In normalen Umständen legt sich das Individuum, wenn ein Gefühl der Mattigkeit bezeugt, daß der Körper der Ruhe bedarf, hin und schläft ein. Aber diese normalen Umstände finden sich im modernen Leben selten vor, wo die gesellschaftlichen Verhältnisse, einerseits Elend und Nachtarbeit, andrerseits späte Belustigungen und Nachtschwärmen, das billige und gute Kunstlicht, die viele Gehirnarbeit, Straßenlärm und Konversation zusammenwirken, um den Schlaf und die Lust sich zu Bett zu legen zu vertreiben, und uns veranlassen, von uns selbst

Überbürdung und andern ein übermäßiges Quantum Arbeit oder wenigstens Beschäftigung zu fordern. Dies fängt schon in der frühesten Jugend an: kleine Kinder werden für ganze Tage in die Schule geschickt. Die Sozialisten fordern vielfach für erwachsene Arbeiter eine Maximum-Arbeitsdauer von acht Stunden, und viele Nicht-Sozialisten finden diese Forderung nicht unbillig. Warum aber dann dem Kinde unter 16 Jahren ein Pensum aufbürden, welches vielfach dieses Normalquantum für den Erwachsenen erreicht oder übersteigt? Ein Zögling der Realschule oder des Gymnasiums sitzt oft täglich 5 bis 6 Stunden in der Klasse und

---

[1]) Bei den Versuchen mit elektrischen Lokomotiven bei Berlin hat man bekanntlich eine Geschwindigkeit von 210 Kilometern pro Stunde erreicht und im Automobil schon eine von 250 Kilometern.

braucht dann noch 2 bis 3 Stunden für seine Hausarbeiten, während sogar Kinder von 6 bis 12 Jahren in der Elementarschule einen Arbeitstag von 5 bis 6 Stunden haben. Man darf sich ernstlich fragen, ob dieses System nicht eine Schwächung der heranwachsenden Lebenskräfte zur Folge hat, sowohl in Betracht der Geistesfrische als der zukünftigen Produktionsfähigkeit;[1]) ob hier nicht der Grund gelegt wird zu Nervenleiden bei vielen, und bei den meisten eine Schablonenhaftigkeit und Folgsamkeit der Auffassung gezüchtet wird, welche sie davon abhält aus eigenen Augen zu sehen oder wohl gar sich einen Weg durchs Leben zu bahnen.

Nehmen wir einen Augenblick an, daß die Schulen noch geschaffen werden müßten, und man uns die Frage vorlegte: wie viele Stunden intellektueller Tätigkeit werden wir einem Kinde von 6 bis 12 Jahren pro Tag zuteilen? dann würde doch gewiß ein vernünftiger Mensch nicht mehr verlangen als 3 bis 4 Stunden pro Tag, je nach dem Alter, und für Kinder von 12 bis 16 Jahren würde ein Arbeitstag von 4 bis 5 Stunden als genügend erscheinen. Man würde unschwer einsehen, daß mit dem Wachsen der Arbeitszeit die Intensität des Arbeitens abnimmt und zugleich die Lust, womit das Werk getan wird,[2]) und daß schließlich sogar die

---

[1]) Es wird vielen Lesern vorkommen, daß wir bei diesen und ähnlichen Fragen uns nicht mehr auf rein ökonomischem Gebiete befinden, so sehr hat man sich gewöhnt die Güter anstatt den Menschen in den Mittelpunkt der Betrachtung zu ziehen. Aber die Sorge um das Menschenmaterial ist wohl eine der wichtigsten ökonomischen Fragen. Sogar vom rein materiellen Standpunkte aus ist der Mensch ein wichtiger Faktor der Gütererzeugung, und die Qualität dieses Faktors kann uns nicht gleichgültig sein.

[2]) Diese ist besonders vom ökonomischen Standpunkte aus wichtig; es ist im höchsten Maße unverständig den Menschen schon von Kindheit an zu gewöhnen seine Arbeit als einen Zwang und eine Last zu betrachten. Das rationelle System würde darin bestehen, die natürliche Rührigkeit und die rege Wißbegierde, welche fast jedem Kinde (besonders dem ungeschulten Kinde) eigen sind, auszunützen und seinem Interesse Nahrung zu verschaffen, je nachdem es sich für verschiedene Beschäftigungen und Fächer von selbst entfaltet. Man sollte es vielleicht nicht ganz befriedigen, und sich jedenfalls hüten bis zum Über-

Intelligenz abstumpft. Damit aber verringert sich der Wert des Individuums als sozialer Einheit, und vor allen Dingen das Lebensglück des Kindes, in einem Alter, wo es so eminent befähigt ist, das Leben zu genießen, und bei Nicht-Überbürdung ein so reges Interesse zeigt für alles, was innerhalb seines Gesichtskreises liegt. Im allgemeinen wird da, wo es sich um geistige Tätigkeit handelt, oft gerade so gedacht und verfahren als ob der Mensch ein perpetuum mobile wäre, bei welchem man auf Ersatz der Arbeitskraft kaum zu achten brauchte, und Mut und Energie zur Tätigkeit nur von einem Willensentschluß abhängig wären. Abschweifen der Aufmerksamkeit, ein Symptom der Ermüdung, wird als ein Vergehen gerügt. Moralisten, Pädagogen, Philosophen und sonstige Schöngeister aller Zeiten[1]) heben um die Wette die Kostbarkeit der Zeit, den Wert des unverdrossenen Eifers und der eisernen Ausdauer im Streben hervor, betonen das Unwiderrufliche jeder verlorenen Minute; — doch selten oder nie hört man die Kostbarkeit der Ruhe hervorheben, den Wert der Erholung und die Notwendigkeit des Ausschlafens nach überstandener Arbeit und sogar, bevor man mit der Arbeit anfängt.

Der Überbürdung mit Gehirntätigkeit (auch für Erwachsene) wird in die Hand gearbeitet durch die Eigentümlichkeit unserer Nervencentra, daß sie leicht überreizbar sind, und ihnen dann das Gefühl der Müdigkeit fehlt, das gewöhnlich auf Muskelarbeit folgt. Diese Überspannung veranlaßt uns oft, mit der Arbeit fortzufahren, wenn wir sie einstellen sollten, und nährt zugleich die populäre Auffassung, daß geistige Arbeit eigentlich keine Arbeit sei, und ihre Fortsetzung bloß von unserem guten Willen abhängig sei. Wenn ein Kind drei Stunden lang im Garten mit Graben und Hacken beschäftigt wäre, würde man schon finden, daß es für diesen Tag genug sei und es hereinrufen. Wenn es aber stillsitzt,

---

druß zu gehen, so wie auch für Speise immer ein bischen Appetit übrig bleiben soll.

[1]) Der letzte ist wohl Präsident Roosevelt mit seinem Strenuous life. Die Herren sollten uns aber ein Rezept zur Anfertigung von Energie geben, da wo sie nicht vorhanden ist.

über seine Bücher gebeugt, und es sind keine äußerlichen Kennzeichen der Tätigkeit vorhanden, findet man das fast immer löblich. Und doch ist körperliche Bewegung in freier Luft im allgemeinen gesünder und die Verausgabung an Kraft, welche damit verbunden ist, leichter zu ersetzen als diejenige, welche aus dreistündigem Studium in einem dumpfigen Schulzimmer resultiert.[1])

Ein anderer Irrtum, in welchen man oft verfällt, ist die Meinung, daß Leibesübungen als Zerstreuung und Erholung von geistiger Tätigkeit dienen können, daß, während die Muskeln arbeiten, das Gehirn ausruht. Aber durch Untersuchungen von Mosso und anderen ist hinlänglich bewiesen, daß Ermüdung durch Muskelarbeit auch zum größten Teile cerebrale Ermüdung ist, und das Gesamtquantum der totalen Ermüdung, welche schon anwesend war, vermehren hilft. Prof. Kraepelin[2]) bemerkt, daß, wenn wir über Tag auch gar nicht arbeiten, wir doch zuletzt schläfrig werden, d. h. daß die Ermüdung durch das Denken und die im wachenden Zustande gesteigerte Tätigkeit der Organe zusammen am Ende groß genug wird, um völlige Rast zu erfordern.

Man könnte dies ziffermäßig erläutern. Wenn wir unseren verschiedenen Verrichtungen im Laufe des Tages Ermüdungs-

---

[1]) Die Frage hat aber einen sozialökonomischen Hintergrund. Durch Spezialisierung der Funktionen sind die meisten Eltern nicht befähigt, ihre Kinder selbst auszubilden und ihre eigene Beschäftigung verbietet ihnen oft sogar die nötige Aufsicht zu üben, besonders in Arbeiterfamilien, wo man auch keine bezahlte Hilfe haben kann. Die Schule muß in erster Linie dazu dienen, für diese Kategorien der Gesellschaft eine Kinderbewahranstalt zu sein. Diese Rolle der Schule sollte offen anerkannt werden und besonders für ganz junge Kinder sollte alles darauf eingerichtet sein, so daß es z. B. für sie auch Gelegenheit gäbe, dort einige Stunden zu schlafen. Die Kindergärten und Kinderspielplätze erfüllen einen analogen Zweck. Aber auch für größere Kinder sollte die Einteilung des Tages so gemacht werden, daß das eigentliche Studium schon in den Morgenstunden erledigt wäre und für den Nachmittag nur Spiel und leichte Beschäftigung (wie Zeichnen, leichte Handarbeit u. dgl.) übrig bliebe.

[2]) Zur Überbürdungsfrage S. 9. Siehe auch seine ausgezeichneten Schriften: Über geistige Arbeit und Zur Hygiene der Arbeit.

koeffizienten beilegen (z. B. 1, 2, 3 usw. bis 10), so ist es klar, daß es nach einer Gehirnarbeit von der Intensität 8 leichter ist eine Leibesübung von 6 zu machen, als dieselbe Arbeit fortzusetzen; daß aber ein Ausruhen im wachenden Zustande (1 oder 2) eine bessere Erholung ist. Hingegen würde eine Leibesübung von 9 sehr nachteilig sein und, wenn wir wirklich ganz abgespannt sind, ist das beste uns ins Bett zu legen. Eine einzige Erholung kann einstweilen Erleichterung schaffen, eine Reihe von Erholungen ermüdet aber ebenso sicher wie stetig fortgesetzte Arbeit.

Der Gebrauch von Reizmitteln, wie Tee, Kaffee, Tabak, Kola usw., um die Ermüdung zu beseitigen, hat wahrscheinlich nur den Erfolg, das Gefühl der Müdigkeit wegzunehmen. Dieses Gefühl ist aber heilsam, weil es uns warnt, daß die Zeit der Ruhe da ist. Der Nutzen dieser Genußmittel in dieser Hinsicht ist also zweifelhaft.

Sonntagsruhe Was die Sonntagsruhe anbelangt, so kann diese, wenn sie nicht etwa als eine religiöse Pflicht hingestellt wird, nur einen Ersatz bilden für die übermäßige Arbeit während der Woche;[1]) es würde aber besser sein, wenn eine solche Ausgleichung nicht nötig wäre. Die Nachtruhe sollte jeweilig genügend sein, alle Spuren der

[1]) Diese Vorschrift der Sonntagsruhe ist aber wahrscheinlich, wie so manche religiösen Satzungen, ursprünglich eine hygienische Maßregel, der man durch kirchliche Sanktion Geltung verschaffen wollte. Dabei ist noch vieles zu bemerken. Erstens hat man schon willkürlich den Sabbat, welcher erst auf den Samstag fiel, auf den Sonntag verlegt (den ersten Tag anstatt des letzten), um nicht zugleich mit den Juden zu feiern. Zweitens müßte man, bei strenger Durchführung der Sonntagsruhe, ebensowohl die Bediensteten, Eisenbahn- und Straßenbahnbeamten, Kellner, Köchinnen usw., welche jetzt, um der Menge die Erholung zu erleichtern, am Sonntag oft doppelt angestrengte Arbeit haben, ausruhen lassen. Aber es verträgt sich mit der Freiheit in der modernen Gesellschaft sehr schlecht, einem Ruhe oder Erholung vorzuschreiben. Der Orientale kann sich dem Nichtstun tagelang hingeben; der moderne Abendländer nicht. — Überdies gibt das allgemeine Geschlossensein der Läden wieder zu neuen Problemen Anlaß, z. B. zu der Frage, wann die Arbeiter und Arbeiterinnen, welche die ganze Woche beschäftigt sind, ihre Einkäufe machen sollen.

Ermüdung des vorhergegangenen Tages zu verwischen. Der Ruhetag wird übrigens nur ausnahmsweise der Ruhe gewidmet: die gewöhnliche Beschäftigung wird meistens durch eine andere Tätigkeit ersetzt, und sonderbar genug sind oft die Menschen von ihren Zerstreuungen (oder Ausschweifungen) während dieses Tages mehr ermüdet als von der geregelten Arbeit in der Woche. Man darf sich fragen, ob es in vielen Fällen nicht besser wäre, den übermäßig langen Arbeitstag zu verkürzen und die periodische Stillegung aller Geschäfte, wodurch je ein Tag auf sieben für die Produktion verloren geht, ohne den Arbeitern wirklich zu gute zu kommen, abzuschaffen. Der Alkoholismus wenigstens fordert an diesem Tage mehr Opfer als an anderen Tagen. Natürlich würde man irgendeine Regulierung treffen müssen, um den Sonntag zu ersetzen; denn Arbeit, welche nicht dann und wann durch einen Feiertag unterbrochen wird, ist wegen ihrer Einförmigkeit kaum erträglich. Aber Handel und Industrie würden bei einem System, welches die ununterbrochene Fortführung der Arbeit ermöglichte, so viel gewinnen, daß dadurch genug Gelegenheit entstehen würde, dem Personal dem Turnus nach gewisse Feiertage zu gestatten. Vielleicht würden viele, welchen ihr Tagewerk nicht schwer fällt, es vorziehen, ihre jährliche oder halbjährliche Ferien mit diesem Betrage verlängert zu sehen.

Ferien Wir kommen somit auf die Frage der F e r i e n. Diese werden allmählich eine unumgängliche Forderung in jedem Beschäftigungszweig; denn um die Lust zur Arbeit nicht zu verlieren, soll das Einerlei der Beschäftigung während einiger Zeit durch Erholung abgewechselt werden. Die Ausflüge und Reisen, welche heutzutage mehr und mehr damit verbunden werden, sind zu gleicher Zeit ein Mittel zur Erweiterung des Gesichtskreises, zu freieren Auffassungen und besserem Verständnis von vielen Dingen, und das dabei Gelernte findet sogar in manchen Berufen direkte Anwendung (z. B. für Sprach- und Geographielehrer, Künstler usw.) Es ist auch geboten, dann und wann die schlechte Luft der Großstädte und der Bureau- und Geschäftsräume zu fliehen, eine Kur zu machen oder ferne Verwandte zu besuchen. Man könnte nur wünschen, daß die Zeitabschnitte, welche gewöhnlich dafür angewiesen sind, weniger durch Kirchenfeste (und dazu veränderliche, wie Ostern und Pfingsten) als durch den zu stiftenden Nutzen bestimmt würden. So ist z. B. in Deutschland Anfang oder Mitte Mai eine viel schönere Zeit für Ferien als die blätterlose und häufig rauhe Osterperiode.

Den Erörterungen über diesen Gegenstand wäre noch manches beizufügen. Die Frage der gesetzlichen Beschränkung des Arbeitstages, der Nachtarbeit in einigen Erwerbszweigen, der Kinderarbeit usw. stehen alle damit in Beziehung. Sie werden uns aber in einem anderen Abschnitte beschäftigen.

Alle bisher besprochenen Bedürfnisse sind ursprünglich und bleiben bis zu gewisser Höhe physiologische Lebensbedürfnisse. Weniger wesentlich sind die folgenden:

12. **Schmuck.**

Bei vielen Völkern ist das Bedürfnis nach Schmuck größer und zeigt sich früher als das Bekleidungsbedürfnis. Die Maoris von Neu-Seeland tätowirten sich den Körper, bevor sie zum Tragen von Kleidungsstücken übergingen. Dieses Bedürfnis findet sich sogar bei vielen Tieren: es gibt Vögel, welche ihre Nester mit glitzernden und farbigen Gegenständen schmücken. Beim Menschen vermischen sich auch andere Motive mit dem rein ästhetischen Wohlgefallen an Schmuckgegenständen; die Begierde sich auszuzeichnen (worüber später), und die Absicht Individuen des anderen Geschlechtes anzuziehen (dieses Motiv ist auch dem Schmucksinn der Tiere nicht fremd). Es ist aber klar, daß, wenn auch diese Motive beim Individuum vorherrschen, sie doch bei anderen eine gewisse Entwicklung des Schönheitssinnes voraussetzen. Dieser ist also der primäre Faktor. Doch haben diese Nebenabsichten immer sehr viel Einfluß, und haben auch heute die Verzierungsbestrebungen noch dermaßen den Vorrang auf das Bekleidungsbedürfnis, daß bei der Wahl der Kleidungsstücke oft mehr auf Eleganz und Mode als auf Bequemlichkeit und Zweckmäßigkeit Rücksicht genommen wird.

Aus diesem Verzierungsbedürfnis (auch unserer Wohnungen und unserer ganzen Umgebung) ist alle graphische

Kunst entstanden. Für die Beziehung zur geistigen Tätigkeit siehe Nr. 6.

13. **Bekleidung (Anstandsbedürfnis).**

Über die Kleidung als Mittel eine gewisse Leibestemperatur aufrecht zu erhalten haben wir schon gesprochen. Aber auch beim heißesten Wetter legt der zivilisierte Mensch die Bekleidung nicht ab, weil er sich seiner Nacktheit schämt. Dieses Scham- oder Keuschheitsgefühl, das bei primitiven Völkern sehr wenig entwickelt ist, scheint übrigens teilweise aus der Gewohnheit des Kleidertragens entstanden zu sein, denn man sieht, daß in kalten Gegenden die Keuschheit und sogar Prüderie allgemeiner und stärker sind als in warmen Ländern. (Man beachte jedoch was Nansen mitteilt über das völlige Fehlen dieses Gefühls bei den Eskimos). Über den Ursprung des Keuschheitsgefühls siehe auch Havelock Ellis, The Evolution of Modesty und meine Problèmes, S. 101 bis 103).

Verwandt mit diesem Bedürfnis ist wohl auch dasjenige nach Intimität, welches uns abhält von unseren innigsten Gefühlen und Träumen viel zu sprechen, und daß sich auch in dem Bestreben äußert unsere Wohnungen für fremde Augen und Ohren zu verschließen. Sonst hat dieses Bedürfnis in ökonomischer Hinsicht keine Bedeutung.

14. **Religion.**

Die Religion scheint ursprünglich in enger Beziehung zu stehen zum Toten- und Ahnenkult, welcher, außer aus Liebe und Ehrfurcht vor den Abgestorbenen, aus dem Wunsche erklärbar ist, sich die Gunst der guten und die Neutralität der bösen oder launenhaften Geister zu sichern. Übrigens begegnen sich im religiösen Gefühl so viele und verschiedene Elemente, daß man dieses Bedürfnis für die psychologische Analyse in verschiedene andere zerlegen müßte. Vom sozialen Standpunkte aus jedoch erscheint die Religion als einheitliches Gebilde, und andererseits gibt es noch so viel dunkle und umstrittene Punkte in der Religionsgeschichte, daß eine solche Analyse verfrüht erscheinen könnte.[1])

Der Einfluß der Religion auf das soziale Leben und sogar auf die ökonomischen Verhältnisse ist ungeheuer groß. Im Anfang ist auch die Entwicklung der Kunst in hohem Maße von der Religion abhängig (Götterbilder, Tempel, Tänze, Ritual und kirchliche Feierlichkeiten). Auch die Musik ist vielfach von kirchlichem Ursprung, die dramatische Kunst ist wohl überall auf Gottesdienstfeierlichkeiten zurückzuführen (das mythologische Drama der Griechen, die Mysterien und Mirakeln im Mittelalter).

Im Anfang bringt also die Religion neue Elemente ins Volksleben, sie regt zur Schöpfung vieler schönen Werke an und verleiht dem Volksbestande Einheit. Beim Tempelbau und andern großen Erzeugnissen hat der Mensch wahrscheinlich zuerst gelernt kollektive Arbeit im großen Maßstabe zu verrichten. Aber sie kann auch hemmend wirken auf den

Antiökonomischer Einfluß

ökonomischen Fortschritt, ja ihn gänzlich aufheben. In Ländern, wo ein großer Teil der Tätigkeit der Lebenden der Verehrung und Sorge für die Toten gewidmet ist, wie im alten Ägypten, wo die Paläste

[1]) Man sollte aber danach trachten die primitiven und die modernen Elemente, die direkten und indirekten Bedürfnisse zu unterscheiden. Die Verehrung der verstorbenen Familienglieder ist ein direktes Bedürfnis, insoweit es durch Liebe und Ehrfurcht bedingt wird, ein indirektes, insoweit es ein Ausfluß des Glaubens ist, daß das Wohlsein der Lebenden im engsten Zusammenhang mit dem der Toten steht.

Als primitive Elemente sind noch zu verzeichnen: die Furcht des Menschen vor den Naturgewalten, folglich ihre Anbetung (Sonnenkult), die Personifizierung von Gegenständen (Animismus und Fetischismus), Verehrung von Tieren (Totemismus) usw.

Als moderne Elemente, einerseits die Berauschung der Extase, der Drang sich im Gebet zu verlieren, im Schmerz Trost zu finden; andererseits das Bedürfnis für den Verstand, für Rätselhaftes eine Erklärung zu finden (das metaphysische Bedürfnis), die Lücken unserer Weltanschauung auszufüllen und die Vernunft mit dem Gefühl zu versöhnen (oder mit unseren Wünschen). Dieses Bedürfnis ist sogar manchen wissenschaftlichen Spekulationen nicht fremd und trägt oft wesentlich bei zur Hypothesenbildung, obgleich es auch oft zu übereilten Schlußfolgerungen führt.

der Toten einen traurigen Gegensatz finden in den ärmlichen Hütten der Lebendigen, im alten Rom, wo an zahlreichen Tagen nicht gearbeitet werden durfte, weil es verhängnisvolle Tage waren, wo man, um etwas zu unternehmen, erst die Vogeldeuter um Rat fragen mußte, und wo Handelsgeschäfte durch eine abergläubische Abneigung gegen Kauf und Verkauf behindert wurden, in China und Japan, wo Totenkult und religiöse Familienpflichten das ganze gesellschaftliche Leben beherrschen, und erst der Zusammenstoß mit der abendländischen Kultur den Impuls zur ökonomischen Weiterentwicklung abgegeben hat, und man sich endlich von einem uralten System von Kastengeist und Reglementierung der Arbeit befreit oder befreien wird, welches mit religiösen Begriffen [1]) in engstem Zusammenhang steht — da muß der ökonomische Fortschritt zurückbleiben und die Wohlfahrt gering sein.[2])

15. Bedürfnis nach **Macht** und **Einfluß** (Herrschsucht).

Dieses Bedürfnis kann dem ökonomischen Leben förderlich sein, insofern es das Individuum antreibt all seine Kräfte aufzubieten, um seine gesellschaftliche Lage zu bessern. Es äußert sich aber auch in antisozialen Handlungen, Unterdrückung, Raub, Plünderung oder Parasitismus, wodurch die Arbeit vieler den Bedürfnissen einzelner dienstbar gemacht wird. Durch Erpressung und Unterdrückung entstehen als Reaktion ein Bedürfnis nach Freiheit bei den Unterdrückten und nach Sicherheit und Rechtsschutz bei allen Staats-

[1]) Siehe über Japan die interessanten Werke von Lafcadio Hearn, besonders sein letztes: Japan, an attempt at interpretation. Derselbe Autor hatte früher u. a. geschrieben: Glimpses of unfamiliar Japan und Kokoro, wo die Dinge durch einen poetischen Schleier gesehen sind. Später, als er Japan und die Japaner besser kennen lernte, hat er sie nüchterner und unparteiischer beurteilt.

[2]) Die politischen und juridischen Institutionen dieser Länder beeinträchtigen freilich ihre Entwicklung auch. Aber ursprünglich, und besonders in einer Theokratie, sind sie eng verbunden mit der religiösen Organisation. Wo in anderen Ländern diese Institutionen sich auch entwickeln und umändern, erstarrt hier das gesellschaftliche System sozusagen durch kirchliche Sanktion und Priesterregierung.

bürgern, oder sogar bei den Bewohnern der angrenzenden Länder. Doch diese letzteren sind nicht als positive Bedürfnisse zu betrachten, es sind nur negative Bedingungen, worunter man imstande ist, für die anderweitigen Bedürfnisse sorgen zu können. Sie besagen nur dieses: der Mensch soll in seiner ökonomischen Tätigkeit nicht gestört und der Früchte seiner Arbeit nicht beraubt werden. Die Summen, welche ein Staat ausgibt, um den Bürgern Freiheit und Sicherheit zu gewähren, für Armee, Polizei und Rechtswesen, verschaffen keine positive Befriedigung, sie sind Opfer und müssen also abgezogen werden von dem, was zur Befriedigung unserer Bedürfnisse erzeugt wird.

16. Bedürfnis nach **Auszeichnung** (Ehrgeiz und Eitelkeit).

Dieses Bedürfnis ist nicht notwendig mit dem vorigen verbunden. Denn jedermann, auch wenn er nicht das geringste Bedürfnis nach Machtsausübung hat, will sich gern durch etwas auszeichnen, wenigstens Eines haben, wodurch er Beifall, Bewunderung oder Lob erntet, Etwas besser wissen oder besser können als ein anderer, mehr besitzen oder andere, schönere oder seltenere Gegenstände. Der gemeinste Bösewicht oder Landstreicher will von seinen Genossen bewundert und applaudiert sein, und wäre es für ein Verbrechen oder ein kühnes Schelmenstück. Und in der Wahl seiner Bewunderer ist man durchaus nicht bedenklich: es kommt fast allen mehr auf die Anzahl als auf den Gehalt an. — Die Hälfte aller gemeinwirtschaftlichen Betätigungen ist sicherlich auf dieses Bedürfnis zurückzuführen, und was die privatwirtschaftlichen Leistungen betrifft, ist wohl anzunehmen, daß man ebensosehr sich zu bereichern sucht, um dem Nachbar gleichzukommen oder ihn zu überbieten, und um sich ein gewisses Ansehen zu erwerben, als um den Komfort und die Annehmlichkeiten des Lebens genießen zu können. Orden und Titel, Uniformen und Abzeichen, Preise und ehrenvolle Erwähnungen, Reklame und Wettbewerb, alles ist Nahrung für diesen Hunger nach Auszeichnung. Weit entfernt davon, daß alle ökonomische Tätigkeit aus Egoismus im engeren Sinne abzuleiten wäre — auch wenn man den Kollektiv-

Egoismus der Familie mit einbezieht — muß man aus diesen Erscheinungen schließen, daß auch dieser Ehrgeiz der allgemeinen Wohlfahrt förderlich ist, obgleich er oft, besonders im Krieg und bei sozialen Unruhen, Vernichtung von Reichtümern zur Folge hat.

17. **Reinlichkeit.**

Dieses Bedürfnis ist so sehr ein Produkt vorgeschrittener Kultur, daß man bezweifeln darf, ob der primitive Mensch es besitzt.[1]) Ja, auf den höchsten Bildungsstufen ist es eigentlich erst im Werden. Die Anzahl Menschen, welche sich oft und regelmäßig baden, ist noch nicht sehr groß, nur die besseren Häuser haben ein Badezimmer, und in vielen Kulturländern sind die öffentlichen Badeanstalten sehr mangelhaft. Erst in den letzten Jahrzehnten ist darin ein erheblicher Fortschritt, besonders in den deutschen Ländern, zu verzeichnen. Unsere Oberkleider werden selten gewaschen, Schuhe werden von innen nie gereinigt, Straßen und Wege auf allerlei Art beschmutzt, Möbel, Teppiche und Tapeten sind Lager von Staub und Brutstätten von Bakterien. Und daß man regelmäßig die Leibwäsche wechselt und Gesicht und Hände wäscht, geschieht noch mehr aus A n s t a n d als aus Reinlichkeit. Zwar darf der Anstand als Erziehungsmittel nicht verschmäht werden, weil dadurch eine gewisse Reinlichkeitssitte entsteht, gerade so wie die Ehre ein Erziehungsinstitut zur Tugend ist; man kann aber kaum sagen, daß eine Gewohnheit ein Bedürfnis ist, solange sie uns durch äußeren Zwang auferlegt wird. Derjenige, welcher, sobald er schmutzig ist, ein Gefühl des

[1]) Man darf aus dem Waschen und Baden von Tieren, Wilden und Halbzivilisierten noch nicht auf ein Reinlichkeitsbedürfnis schließen. Die Abwaschungen im Ganges und andern heiligen Gewässern werden von der Religion vorgeschrieben, und finden oft an sehr unsauberen Stellen statt. Im Sommer und in warmen Ländern badet man, um sich zu erfrischen. Einige Tiere (Elefanten, Vögel) baden und bespritzen sich, um sich von juckenden und stechenden Insekten zu befreien. Der Waschbär wäscht all sein Futter, nicht um es zu reinigen, sondern um es zu benetzen, weil er sonst nicht trinkt. Die Tiere des Katzengeschlechtes lecken sich, um die Haare zu glätten, weil diese sonst ihre Bewegungen hemmen. Im allgemeinen ist Schmutz nicht sehr hinderlich, noch Reinlichkeit ein sehr großer Genuß.

Unbehagens hat, ist, wie derjenige, welcher aus Herzensgüte und natürlichem Wohlwollen das Gute tut, Repräsentant eines höheren Menschentypus, seine Bedürfnisse sind edler und mehr verfeinert als die der Menge, welche nur aus Scham und Menschenfurcht so handelt.

Bei vielen Völkern sind Reinlichkeitsgewohnheiten durch religiöse Satzungen eingeschärft. Der Gesetzgeber, welcher dieselben ausgefertigt hat, sah wahrscheinlich ein, wie Faulheit und Sträuben gegen die täglich zurückkehrende Reinlichkeitspflichten dem Menschen anerschaffen sind, und er hat mit Recht gemeint, daß dieser sich ihnen eher unterziehen würde, wenn sie einem religiösen Ritus einverleibt wären.

Doch muß man diesem Bedürfnis in hygienischer Rücksicht eine große Bedeutung zuschreiben, insofern gründliche Reinlichkeit die Gefahr der Ansteckung verringert[1]) und die geregelte Tätigkeit eines der wichtigsten Organe sichert, nämlich der Haut. Aber, um dieses Bedürfnis vollauf zu befriedigen, ist ein gewisses Maß des Wohlstandes unentbehrlich, wenigstens in unseren europäischen Verhältnissen,[2]) und unter der Bevölkerung unserer industriellen Zentren, wo die Reinlichkeit eines einzelnen ihn fast in Konflikt bringen würde mit seiner Umgebung. Doch auch von der öffentlichen Verwaltung und den Gemeinden fordern der Reinigungsdienst, die Anlage von Kanalisationen und Wasserleitungen, die baupolizeiliche Aufsicht, die Errichtung von Wasch-, Bade- und Schwimmanstalten,[3]) und bald vielleicht der Kampf gegen

[1]) Verheerungen, wie sie im Mittelalter die Pest und der „schwarze Tod" verursachten, kommen in unserer Zeit glücklicherweise nicht mehr vor, aber noch immer findet eine Seuche die meisten Opfer unter den unreinlichsten Schichten der Bevölkerung.

[2]) Man sagt, daß die Japaner in dieser Hinsicht eine Ausnahme bilden, und daß bei ihnen auch der Ärmste täglich badet. Die Bilder vom japanisch-russischen Kriege, wo die Soldaten sich im offenen Felde Mulden dazu gruben, sind noch frisch im Gedächtnis.

[3]) Wenn in einem wichtigeren Orte kein öffentliches Freibad ist, wird vielfach die Obrigkeit beim Verleihen der Konzession oder Subvention die Anforderung stellen, daß die Unternehmer die Anstalt zu gewissen Stunden Unvermögenden kostenlos zur Verfügung stellen; sie sollte es jedenfalls tun.

Rauch und Staub, ansehnliche Opfer, welche den Steuerpflichtigen zur Last fallen. Doch diese Verausgabung ist eine der besten Luxusformen, welche man in der modernen Gesellschaft antrifft.[1])

Dies sind wohl die hauptsächlichsten Bedürfniskategorien. Es entstehen täglich neue Bedürfnisse, und sie alle anzuführen wäre unmöglich. Es wird dem Leser aber leicht sein, mit Hilfe der vorhergehenden Erörterungen sie den Gruppen einzuverleiben, zu welchen sie gehören oder mit denen sie verwandt sind.

Normale und künstliche Bedürfnisse Man kann die Bedürfnisse auch nach andern Kriterien ordnen. Man kann z. B. natürliche oder normale und künstliche oder entartete Bedürfnisse unterscheiden. Die Befriedigung der erstern ist gewöhnlich nützlich, die der letztern schädlich. Man könnte meinen, diese Unterscheidung sei nicht ökonomischer, sondern rein moralischer oder hygienischer Art. Ich brauche aber nur hinzuweisen auf die ökonomische Bedeutung des Alkoholproblems, mit den bezüglichen Fragen: Sollen alkoholische Getränke besteuert werden und in welchem Maße? Wie soll die Einfuhr und wie der Verkauf reglementiert werden? In wiefern ist der Gebrauch anderer Genußmittel (Wein, Bier, Tabak, Kaffee, Tee, Morphium, Opium) zulässig oder sogar zu empfehlen (etwa als

---

[1]) Die abscheulichsten Formen der Unreinlichkeit finden sich bei gewissen Volksstämmen des Polargebietes. Roscher führt in seiner Grundlegung (§ 228 Anm. 13) die widerwärtigsten Details an. „Im heißen Klima, sagt er weiter, sind selbst minder entwickelte Völker reinlich: man denke an den Orient, die Südseeinseln, etc. Um so auffallender (ist) der Schmutz der Hottentoten und Buschmänner, deren natürliche Hautfarbe nur unter den Augen bemerkbar ist, wo die vom vielen Rauch erzeugten Tränen die Unratskruste weggewaschen haben, welche sonst den ganzen Körper deckt. Wie spät übrigens die Reinlichkeit national wird, sieht man aus der Geschichte der Abtritte, daß z. B. die Einführung eines solchen in jedem Hause während des ganzen 16., ja 17. Jahrhunderts in Paris obrigkeitlich anbefohlen werden mußte . . . Dagegen die Allgemeinheit der W. C. im heutigen England! — Auch im Altertume war die Unreinlichkeit der Spartaner an Körper und Kleidung für die höher kultivierten Athener sehr auffallend.“

Ersatz für Alkohol)? In wiefern kann bessere Nahrung, bessere Wohnung und Pflege der ärmeren Volksklassen das Bedürfnis nach starken Reizen und besonders nach Spirituosen herabsetzen? Die Erwähnung aller dieser Fragen ist gewiß schon genügend, um begreiflich zu machen, von welcher Wichtigkeit obige Unterscheidung auch für den Ökonomisten ist. Denn das Wohlbefinden und sogar die wirtschaftliche Lage des Menschen hängt in hohem Maße von dem Verhältnis zwischen seinen künstlichen und normalen Bedürfnissen ab. Es ist eine Frage moralischer Gesundheit, welche nicht weniger wichtig ist als die Frage seiner körperlichen Gesundheit, ja nicht davon zu trennen ist; und wenn man den Status verschiedener Völker miteinander vergleicht, ist es nicht genügend, eine Statistik aufzustellen von Quantum und Wert der per Haupt der Bevölkerung verbrauchten Güter, man sollte auch fragen, welche Güter verbraucht werden. Eine Branntweinbrennerei ist ein wirtschaftliches Gut, ebensogut wie eine Kanonengießerei. Beide sind Reichtümer, wie man sagt, sie dienen aber nur zur Vernichtung anderer und größerer Reichtümer, und diese und derartige Erwägungen dürfen der ökonomischen Wissenschaft nicht fremd bleiben.[1])

Zuletzt können wir mit Roscher die Bedürfnisse einteilen in solche der Notdurft (R. sagt Natur), des Anstands und des Luxus. Diese Unterscheidung ist nicht scharf, denn Luxusbedürfnisse werden oft Anstands- oder Standesbedürfnisse, und mit dem Fortschreiten der Kultur werden sie vielfach als absolut unentbehrliche Lebensbedürfnisse betrachtet.

---

[1]) Wenn unsere Anpassung an die Natur vollkommen wäre, würden wir nur natürliche und heilsame Bedürfnisse kennen. Aber wir können natürlich nur an Umstände und Einflüsse adoptiert sein, welche altbekannt sind und lange auf uns gewirkt haben (s. Anm. 3 auf S. 7). Sobald wir in andere Gegenden kommen, werden wir neuen Objekten begegnen, welche für die Einwohner ungefährlich sind, aber für unsere Organisation verhängnisvoll werden können. Dies erfahren Europäer in den Tropen. Über den Einfluß unserer europäischen Kultur auf die Eingeborenen daselbst siehe später.

(Vergleiche auch im Cours d'économie politique von Ch. Gide das interessante Kapitel Les Consommations nocives).

Denn subjektiv ist das Bedürfnis nichts anderes als die Begierde nach einer Befriedigung, und diese Begierde kann so intensiv sein, daß das Objekt unentbehrlich erscheint, auch wenn es nicht einer physiologischen Notwendigkeit entspricht. So wird die Bedürfnisskala sich für verschiedene Personen verschieden gestalten. Ein Artikel wird von diesem zu den allernotwendigsten gerechnet werden, für jenen ist er ein Luxusartikel, vielleicht ein total unbekannter. Doch trotz dieser Relativität der Bedürfnisse, trotz dieser Verwischung der Grenzlinien zwischen ihnen, hat die Unterscheidung Roschers einen gewissen Wert, denn sie bezeichnet eben eine graduelle Verschiedenheit, eine natürliche Ordnung der Bedürfnisregungen, welche sich unter Umständen Bahn brechen wird, ungeachtet der künstlichen Schätzungen, welche den modernen Verhältnissen entspringen und wodurch oft Standes- oder Anstandsbedürfnisse notwendiger erscheinen können als erste Lebensbedürfnisse.

Kapitel III.

Modifizierung der Bedürfnisse.

a) **Ihrer Natur nach.**

Bis jetzt haben wir nur die Bedürfnisse der Menschen im allgemeinen besprochen, ohne viel auf zeitliche und individuelle Schwankungen zu achten. Aber die Bedürfnisse sind weder für alle noch für den einzelnen stets dieselben. Sie können sich modifizieren oder verschieden sein:

1. nach unserem körperlichen Befinden. Je nachdem wir krank oder gesund, hungrig oder satt sind, wollen wir andere Dinge, haben wir andere Interessen;
2. nach dem Alter. Ein Kind hat andere Bedürfnisse und Vergnügen als ein Mann, ein Jüngling, andere als ein Greis;
3. nach dem Geschlecht. Obgleich viele Unterschiede hier anerzogen sind, aus den Sitten und dem Herkommen stammen, gibt es doch auch eine Differenzie-

rung aus natürlichen Ursachen: verschiedene Kraft, die Mutterschaft usw.;

4. durch Erziehung und Erfahrung. Bekannte Befriedigungen und Vergnügen verfehlen ihren Einfluß auf neue und gegenwärtige nicht. Demzufolge sind wir mehr oder weniger vorbereitet und durch Kontrastwirkung mehr oder weniger wählerisch oder blasiert;
5. nach dem Temperament. Was für den einen Genuß ist, läßt den anderen gleichgültig oder ist ihm sogar zuwider. Dieser liebt Lärm und lautes Treiben, schmetternde Musik, jener Ruhe und stille Freuden;
6. nach dem Grade der Intelligenz und der geistigen Bildung;
7. nach Stand und Wohlstand;
8. nach Klima und Naturumgebung;
9. durch Gewohnheit;
10. durch Illusion und Selbsttäuschung;
11. durch Suggestion von außen (öffentliche Meinung, Mode, gesellschaftliche Umgebung usw.).

Vielleicht gibt es noch mehrere Faktoren der Verschiedenheit und Veränderung. Insbesondere ist Bekanntheit oder Gewohnheit ein wichtiges Moment. Das Kennenlernen einer Befriedigung kann ein Bedürfnis hervorrufen, von welchem vorher keine Spur anwesend war, z. B. das Rauchen.

b) **Der Intensität nach.**

Die Bedürfnisse können auch nach Intensität wechseln. Man kann hierbei die folgenden Gesetze beobachten:

1. Ein befriedigtes Bedürfnis verschwindet für einige Zeit, aber kehrt später zurück; und obgleich der Genuß, welchen die wiederholte Befriedigung gewährt, nicht immer gleich groß ist, ist der Drang nach Befriedigung bei der Rückkehr meistens kräftiger (oder, was auf dasselbe hinauskommt: der Widerstand, welcher etwa zugegen war, wird schwächer, indem der Reiz eine Bahn vorfindet, welche schon öfters durchlaufen ist). Die meisten Bedürfnisse werden also durch Gewöhnung stärker. Ein Übermaß der Befriedigung kann aber eine gewisse Ab-

stumpfung bewirken, wodurch das Bedürfnis eine Zeitlang aufgehoben scheint.

2. Bei vermehrter Befriedigung gibt jede Hinzufügung ein kleineres Lustgefühl, und zwar je kleiner, je nachdem die schon erlangte Befriedigung größer ist.

Dies muß notwendig so sein, und zwar aus zwei Gründen: Erstens kommt für jedes Bedürfnis ein Augenblick, wo der Genuß weiterer Befriedigung = 0 ist, das ist der Sättigungspunkt (siehe 1.). Der erste Trunk für denjenigen, der vor Durst vergeht, gewährt die größte Labung, und jeder folgende eine um so geringere, je nachdem der Durst schon besser gelöscht ist; zuletzt hört jeder Genuß auf. Geht man dann noch weiter mit dem Trinken, so wird bald ein Augenblick eintreten, wo die Lust sich in Überdruß und Qual verwandelt. — Zweitens wird durch die „Enge des Bewußtseins" eine Hemmung eintreten, indem die schon vorhandene Empfindung den Eindruck der neu hinzukommenden Empfindungselemente schwächt. Dies gilt für alle Empfindungen und wird in der Psychologie das Webersche Gesetz genannt. Es besagt folgendes: Jede gerade noch wahrnehmbare Zunahme einer Empfindung entspricht einem Reize, welcher dem schon anwesenden Reizquantum proportional ist. Wenn man z. B. in einem von zehn Kerzen erleuchteten Saal nach Anzündung einer elften Kerze noch gerade eine Vermehrung von Helligkeit bemerkt, wird man, um denselben Effekt in einem von 100 Kerzen erhellten Saal zu erzielen, 10 Kerzen mehr anzünden müssen. Dieses Gesetz gilt nur innerhalb gewisser Grenzen und hat keine mathematische Genauigkeit; immerhin ist das Regelmaß der Erscheinungen groß genug, um die gegenseitige Hemmung der Bewußtseinsinhalte darzutun und deren Grad erkennbar zu machen.

Was für Ein Bedürfnis gilt, gilt von allen zusammen. Für jemand mit 10000 Mk. Einkommen wird eine Erhöhung von 1000 Mk. nicht mehr Bedeutung haben als für dieselbe Person eine Erhöhung von 100 Mk., wenn sie nur 1000 Mk. Einkommen hätte. Ich sage: „für dieselbe Person", denn Charakteranlage und Lebensverhältnisse können große Unterschiede der Schätzung bedingen. Wenn A unverheiratet ist und B dagegen eine Frau und 7 Kinder hat, wird in der Regel die Schätzung des Geldes für B ungleich höher sein, weil damit ein größerer Umfang und eine größere Intensität von Bedürfnissen versorgt werden müssen.

Diese Wirkung einer Empfindung auf die andere kann auch durch Vermittlung der Erinnerung stattfinden. Dann hat man es mit Hemmung durch Kontrast zu tun. Wenn wir eine Rolle von einem hervorragenden Schauspieler haben darstellen sehen, macht es uns wenig oder gar kein Vergnügen, dieselbe von einem mittelmäßigen Darsteller zu sehen. Wenn wir sehr reich gewesen sind, kommt uns ein mäßiger Wohlstand als Armut vor, und man sieht Menschen sich das Leben nehmen, weil sie „ruiniert“ sind, deren „Ruin“ für andere noch sehr begehrenswert erscheinen möchte.[1])

c) **Dem Umfang nach.**

Was den Umfang der Bedürfnisse betrifft, so sind sie nur wenig modifizierbar, abgesehen von den oben genannten periodischen Veränderungen. Dies gilt besonders für unsere physiologischen Bedürfnisse. Wir können uns gewöhnen etwas mehr oder etwas weniger zu essen, aber wenn wir satt sind, hören wir von selbst auf. Ch. Gide bemerkt, daß der Mensch das einzige Tier ist, welches trinkt, wenn es keinen Durst hat; aber wenn wir, wie die Tiere, nur Wasser zu trinken hätten, würden wir auch damit warten, bis wir durstig wären. Wir wollen aber zugleich unsern Geschmacksinn reizen, und manchmal auch verlangen wir nach einem ermunternden oder berauschenden Trunk, und so warten wir den Augenblick des Durstes nicht ab; wie wir denn überhaupt die Gewohnheit haben unseren Bedürfnissen zuvorzukommen. Wir essen auch bevor wir hungrig sind. Dadurch verringert sich freilich der Genuß der Befriedigung, und wir suchen diese Einbuße wieder wett zu machen durch Würzung der Speisen, Genußmittel, kunstvolle Zubereitung usw. Sogar unter den ärmeren Volksklassen, wo die Qualität der Nahrung viel zu wünschen übrig läßt, wird doch der Magen zu bestimmten Zeiten gefüllt, und

[1]) Das nannte Laplace la fortune physique et la fortune morale.

auch der Durst nicht immer abgewartet. Die Quantität der Flüssigkeit, welche wir einnehmen können, ist aber ziemlich beschränkt, und auch für alkoholische Getränke ist die Grenze bald erreicht. Jedenfalls ist ein Bedürfnis um so weniger der Ausdehnung fähig, je normaler es ist.

Messung der Bedürfnisse

Sind Bedürfnisse meßbar?

Die Intensität eines Bedürfnisses könnte man messen durch die Unlust, welche man bei Nichtbefriedigung empfindet, oder durch die Lust, welche die Befriedigung gewährt; jedoch wir haben kein direktes Maß der Lust oder Unlust. Was den Preis betrifft, welchen man für die Befriedigung eines Bedürfnisses bezahlen will, so ist er nicht nur von diesem abhängig, sondern auch von Überfluß oder Seltenheit der Dienste oder Gegenstände, worauf es sich richtet, und von der Wohlhabenheit des Bedürfenden. In der Wüste würde man oft ein Glas Wasser zum Gewicht in Gold bezahlen wollen, aber dicht bei einem Brunnen gibt man nichts dafür; und doch kann in beiden Fällen der Durst gleich groß sein.

Man hat behauptet, daß der Umfang der Bedürfnisse meßbar ist. So will Hermann, Staatswirtschaftliche Untersuchungen, ihn messen durch den Gesamtwert der Gegenstände, welche zu ihrer Befriedigung dienen. Man kann z. B., sagt er, aus der Tatsache, daß die Ernährung eines Volkes 350 Millionen kostet, und die Ausgaben für Kleidung 100 Millionen betragen, schließen, daß das Bedürfnis nach Nahrungsmitteln mehr als dreimal so wichtig ist, als das nach Kleidern.

Hierauf kann man folgendes entgegnen:

1. Der Umfang eines Bedürfnisses ist nur Einer der Faktoren, welche die Kosten seiner Befriedigung bestimmen, der andere Faktor ist die relative Menge oder Seltenheit der Güter oder Dienste, womit es versorgt wird. So liefert das Bedürfnis nach Luft, obgleich von großem Umfang, gar keinen Posten auf dem Budget eines Volkes. Gesetzt, das eine Jahr kostet infolge einer Mißernte die Ernährung der betreffenden Nation 400 Millionen, das nächste Jahr aber, infolge einer sehr ergiebigen Ernte, nur 200 Millionen, wird man dann sagen

können, daß der Umfang des Nahrungsbedürfnisses bis zur Hälfte eingeschrumpft ist? Das wäre sonderbar, wenn hingegen die Menschen das Bedürfnis jetzt mehr und besser befriedigen können.

2. Das Maß, in welchem ein gewisses Bedürfnis befriedigt wird, hängt auch hier wie beim Individuum von dem Reichtum des Volkes ab (und nicht nur vom Gesamtreichtum, sondern auch von der Gleich- oder Ungleichmäßigkeit seiner Verteilung). Wenn die Statistik uns lehrte, daß die Schweden an Nahrung dreimal soviel verausgabten wie an Kleidung, die Franzosen nur zweimal soviel, würde man daraus folgern können, daß in Schweden das Bedürfnis nach Kleidung geringer sei als in Frankreich, oder das Bedürfnis nach Nahrung soviel größer? Nein, denn das Budget eines Volkes zeigt dieselben Eigentümlichkeiten wie dasjenige eines Individuums, d. h. der Platz, welchen ein Bedürfnis darauf einnimmt, ist nicht nur von seiner Bedeutung abhängig, sondern auch von der Geldsumme, welche übrigbleibt, nachdem dringendere Bedürfnisse befriedigt sind, und auch von den Anforderungen, welche das Individuum an die Qualität der Befriedigung stellt. Besonders werden die Luxusbedürfnisse hierdurch große Schwankungen aufweisen. Jedermann weiß, daß der Preis einer Damenaussteuer nicht der Anzahl der Roben proportional ist; aber auch die Preise der gewöhnlichsten Lebensbedürfnisse können auf diese Weise sehr verschieden sein. Und hierbei wird noch ganz und gar abgesehen von der Schwierigkeit, zu einer zuverlässigen Statistik zu gelangen. Welche Artikel sollen z. B. zu den Nahrungsmitteln gerechnet werden, welche zu den Genußmitteln, welche zu den Getränken? Welche zur Kleidung und welche zum Schmuck?

Vorläufig wird also jeder Versuch, die Bedürfnisse zu messen, vergeblich sein.

d) **Der Qualität nach.**

Was die Qualität der Befriedigung betrifft, so sind unsere Bedürfnisse sehr stark der Veränderung ausgesetzt, und gewöhnlich werden mit dem Fortschreiten der Befriedigung unsere Ansprüche höher. Gerade dieses Streben nach Verfeinerung und stets besserer Qualität der Befriedigung ist ein mächtiger Sporn zum Fortschritt der Kultur. Es ist eine Folge des erwähnten Kontrastgesetzes, wodurch Verbesserung erleichtert, Verschlimmerung erschwert wird.

e) **Der Anzahl nach.**

Doch auch in der Anzahl nehmen die Bedürfnisse fortwährend zu, und auch hierin liegt ein Stachel zu erhöhter ökonomischer Tätigkeit. Ich möchte nicht so weit gehen wie Gide, der sagt (Cours, p. 39), daß ihre Anzahl unbegrenzt ist, denn viele von den älteren Bedürfnissen fallen weg, indem neuere hinzukommen. „Gewöhnlich, sagt derselbe Verfasser, kann ein Bedürfnis sich nur entwickeln auf Kosten anderer, welche es ersetzt oder absorbiert.“ Es brauchen aber nicht einmal gleichartige Bedürfnisse zu sein, welche einander verdrängen; denn, weil wir nicht für alles Zeit haben, kann z. B. Sport an die Stelle des Klavierspielens treten, oder Bücherstudium an Stelle des Billardspielens. Ja, durch Änderung der Ansichten kann z. B. wissenschaftliche Forschung die Stelle von Beschwörungsformeln oder Gebeten einnehmen. Immerhin mehren sich unsere Bedürfnisse unzweifelhaft, und sind beim modernen Menschen viel zahlreicher und komplizierter als beim Urmenschen. Dazu kommt, daß sie Komplexe bilden. „Das Bedürfnis zu essen, sagt Gide, bringt, beim zivilisierten Menschen wenigstens, das nach zahlreichen Gegenständen mit sich: einem Tisch, einem Stuhl, einer Serviette, einem Tischtuch, Tellern, Gläsern, Messern, Gabeln, und um das Maximum der Befriedigung zu erreichen, muß es zusammengehen — wie bei einem Festessen — mit gewissen ästhetischen Genüssen, Blumen, Lichtern, Kristall, hübschen Damentoiletten, Musik usw.“ Diese Ergänzung ist das Gegenstück zu dem, was wir auf S. 28 Anm. 1 bemerkten, nämlich daß eine einzige Handlung, wie Schwimmen, verschiedene Bedürfnisse zugleich befriedigen kann; hier zeigt es sich, daß zur vollkommenen Befriedigung eines einzigen Bedürfnisses mehrere Objekte und Genüsse zusammenwirken müssen.

Das Entstehen der Bedürfnisse Wie entstehen neue Bedürfnisse? Es gibt ein Sprichwort, das sagt: necessity is the mother of invention. G. Tarde behauptet dagegen, daß „die Erfindung die erste Ursache jedes ökonomischen Wunsches ist", und Ch. Gide fügt hinzu, daß nicht das Bedürfnis zu rauchen den Tabak ausfindig gemacht habe, noch das Bedürfnis zu radeln das Fahrrad gebaut habe. Es ist dies aber nur die halbe Wahrheit. Wenn der Tabak nicht einem ziemlich allgemein empfundenen Bedürfnis nach einem leicht narkotischen Genußmittel entspräche, welches Einen in Ruhestunden oder nach der Mahlzeit angenehm beschäftigen kann, während es den Kopf fast vollständig klar läßt, würde die Gewohnheit des Rauchens sich nicht so schnell verbreitet haben. Wenn das Fahrrad nicht dem Bedürfnis sich ziemlich schnell und auf den gewöhnlichen Verkehrsstraßen zu bewegen entgegengekommen wäre, würde es die Welt so rasch nicht erobert haben. Man wird es aufgeben, sobald man etwa auf einer Art Schlittschuhen mit derselben Geschwindigkeit über allerlei Gelände wird hinfahren können, oder sich über Hindernisse hinwegsetzen. So etwas besteht noch nicht, doch ist der Gedanke daran schon öfters ausgesprochen worden. Es kommen hier zwei Tatsachen in Betracht:

Spezifikation

1. Das Bedürfnis besteht oft latent oder im allgemeinen, es wird aber offenkundig und heftet sich an ein bestimmtes Objekt, wenn dieses Objekt sich zu dem Zweck tauglich erweist. Bevor man Klaviere hatte, wollte niemand Klavier spielen, das ist sonnenklar; man wollte aber gern musizieren, und das Pianoforte erfüllt dieses Bedürfnis vollständiger und leichter als irgend ein anderes Instrument; man braucht bei ihm weder Begleitung, wie bei den meisten Streichinstrumenten, noch einen Treter, wie bei der Orgel; daher seine Beliebtheit.

2. Es existiert niemals ein Bedürfnis nach Dingen, welche als rein unmöglich betrachtet werden. Man plant noch keine Unterseevergnügungsfahrten heutzutage, und doch würden viele Leser von Jules Vernes Vingt mille lieues sous les mers den Kapitän Nemo gern auf seinen phantastischen Zügen begleitet haben. Solch ein Bedürfnis schlummert aber solang, bis plötzlich die Gelegenheit zu seiner Befriedigung geschaffen wird.

Wenn das allgemeine oder latente Bedürfnis also speziell und ausgesprochen geworden ist, verbreitet es sich durch einen eigentümlichen Vorgang. Individuell können neue Bedürfnisse, wie wir gesehen haben, zwei Ursachen haben: eine zufällige Entdeckung oder das Streben nach Veränderung, nach etwas Neuem. Sozial gibt es zwei in ihrer Art entgegengesetzte Strömungen, welche eigenartige Folgen haben: der Nachahmungstrieb und das Bedürfnis der Auszeichnung. Man könnte sagen: das Verlangen, so zu tun, wie die andern, und das Verlangen anders zu tun, wie die andern. Man könnte hinzusetzen: den Wunsch, daß andere uns nachahmen, und den Wunsch, daß sie uns nicht nachahmen.

Gewöhnlich ahmt man denjenigen nach, von dem man meint, daß er über uns stehe, oder der aus irgendeinem Grunde Beifall erntet, und will sich auszeichnen vor denen, welche niedriger stehen oder aus irgendeinem Grunde geringgeschätzt werden. Man will nachgeahmt sein, weil man von der Vortrefflichkeit der eigenen Handlungsweise oder Idee überzeugt ist, und auch weil Nachahmung schon eine Auszeichnung an sich ist. Man will der Nachahmung Einhalt tun, wenn man das, was man hat oder tut, als ein Privilegium seines Ranges oder Standes betrachtet. Zu gleicher Zeit ist der große Haufen immer bestrebt, etwaige Auszeichnungsgelüste bei seinesgleichen zu unterdrücken, Abweichungen vom Gewöhnlichen zu befeinden, lächerlich zu machen oder zu verbieten.

Das Phänomen der Mode — und hierbei denke man nicht nur an Kleidung — zeigt sehr deutlich die Wirkungsart dieser verschiedenen Faktoren. Plötzlich taucht etwas Neues auf, erst befremdend, dann schaarenweise nachgeahmt bis es so gewöhnlich und vulgär ist, daß die zuerst daran Beteiligten es schon wieder aufgegeben haben. Viele Formen des Luxus beruhen nur auf der Neigung sich über andere zu erheben oder sich durch etwas besonderes auszuzeichnen. So der Besitz von Raritäten, welche keinen anderen Nutzen haben, als die Befriedigung dieser Eitelkeit; dies erklärt den hohen Preis von Edelsteinen, denn ihre Schönheit steht nicht im Verhältnis zu ihrem Geldwert. Es ist eine bekannte Tatsache, daß die echten Diamanten von ihren Besitzern oft durch falsche ersetzt werden (welche an ihrer Stelle getragen werden). So mit seltenen Büchern, die niemand liest, mit alten gebrauchten Briefmarken usw.

Immer und immer wird diesem Streben nach Distinktion wieder entgegengearbeitet durch die Nachahmung. Und die Wechselwirkung dieser beiden Faktoren ist Ursache, daß die Mode sich immer von oben nach unten verbreitet. Hieraus sind zwei Erscheinungen zu erklären:

1. das baldige Allgemein-, ja Gemeinwerden von dem, was zuerst distinguiert, aristokratisch war oder als ein großer Luxus betrachtet wurde;
2. das Bemühen der höheren Kreise, dieser Verallgemeinerung Einhalt zu tun.

Was das erstere betrifft, so ist es allgemein bekannt, daß verschiedene Gegenstände täglichen Gebrauchs früher etwas ganz besonderes waren. Der Gebrauch der Glasfenster in Irland datiert für Kirchen seit 674, für Privathäuser erst seit 1180, und noch 1567 waren sie so selten, daß man sie auf den Landsitzen der Großen während der Abwesenheit des Lords wohl herausnahm und verwahrte.

Was das zweite anbelangt, so klagt ein englischer Schriftsteller von 1577 darüber, daß man seit kurzem so viel Kamine in England errichte, und statt hölzerner Schüsseln irdene und zinnerne einführe. Ein anderer Autor derselben Zeit mißbilligt es, daß jetzt Eichen statt Weiden zum Bau verwandt würden: ehedem seien die Häuser von Weiden-, aber die Menschen von Eichenholz gewesen; jetzt umgekehrt.

Dandolo (gest. 1354) erzählt in seinen Venezianischen Chroniken von einer Dogenfrau aus Konstantinopel, die so luxuriös gewesen, daß sie, statt mit den Fingern, mit goldenen Zweizacken gespeist habe. Zur Strafe dieser Unnatur sei sie aber schon bei lebendigem Leibe stinkend geworden.

Bei diesen Schriftstellern zeigt sich schon das Bestreben, die Verallgemeinerung dessen, was sie als Luxus betrachten, zu mißbilligen und zu bekämpfen. Aber dieses Bestreben äußert sich noch viel kräftiger in den Gesetzen gegen den Luxus und den Bestimmungen, welche für verschiedene

Stände und Klassen, ja Gewerbsleute verschiedene Kleidung und Abzeichen verordneten (wir werden später, im Kapitel über den Luxus, sehen, wie tyrannisch und schonungslos diese Bestimmungen oft waren). Das Äußerste in dieser Hinsicht haben wohl die alten Ägypter und Indier geleistet, bei denen das Volk in streng getrennte Kasten geteilt war und sogar Ämter und Handwerk erblich waren, so daß das gesellschaftliche System in feste Formen gegossen schien, und der Fortschritt so gut wie unmöglich wurde.

In einigen Ländern scheinen auch Erwägungen sittlicher Art mitgewirkt zu haben, oft auch ökonomischer Art. Die Gesetzgeber begriffen oder meinten zu begreifen, daß das Volk durch ungehemmte Befriedigung seiner Eitelkeit abgeschwächt werden müßte. In Sparta sollte niemand ein Haus oder Hausgerät besitzen, das mit feineren Werkzeugen als mit Axt und Säge verfertigt war; kein spartanischer Koch anderes Gewürz brauchen als Salz und Essig. Die Solonischen Luxusverbote in Athen trafen besonders die Putzsucht der Weiber und die Leichenpracht. Daß diese Beschränkung ihre guten Gründe haben konnte, geht hervor aus demjenigen, was wir auf S. 37 hervorgehoben haben. Vielleicht auch trugen einige von diesen Bestimmungen einen demokratischen Charakter, und muß man bisweilen ein Mittel darin erblicken, die Reichen zu zwingen, sich in ihrer Lebensweise nicht allzuviel von den weniger begüterten Bürgern zu unterscheiden (siehe auch Roscher, Grundlegung, § 233 Anm. 3.)

Diese Reglementierungssucht und andererseits die Überzeugung, daß eigene Ansichten und Gewohnheiten die einzig richtigen sind, tragen nicht nur dazu bei, gewisse Schranken zwischen den verschiedenen Gruppen der Gesellschaft aufrecht zu erhalten, sondern auch dazu, innerhalb einer gewissen Gruppe die Gewohnheiten der Individuen zu uniformisieren, und dadurch verstärken sie die Wirkung der Nachahmung. Die erste Regung der Menge beim Anblick einer Person, welche sich eine ungewohnte Kleidung (den Hosenrock!) oder eine besondere Art des Denkens und Handelns gestattet, ist Ärger und Feindschaft; und auch wenn diese Person durch ihr Betragen

Zunehmende Uniformität

niemanden schadet, wird sie unverschämt angeglotzt, verhöhnt und belästigt. Wenn diese Gesinnung früher dazu beigetragen hat, die Standes- und Klassenunterschiede zu befestigen, heute bahnt sie die Anordnung der Gesellschaft nach Einem Muster und Einer Schablone an. Früher müssen doch die verschiedenen Trachten und Abzeichen der Menschenmasse eine gewisse malerische Buntscheckigkeit verliehen haben; jetzt, wo die Demokratie alle Gruppen der Gesellschaft zu einer einzigen verschmilzt, gibt es vor der Einförmigkeit kein Entweichen mehr. Sogar nationale Verschiedenheiten werden allmählich ausgemerzt. Wenn nachher die Abrüstung die farbigen militärischen Uniformen abschafft, und der Feminismus die weibliche Toilette vereinfacht, werden wir vielleicht an den Punkt gelangen, wo sich aus der allgemeinen Eintönigkeit wieder individuelle Verschiedenheiten entwickeln.

Ökonomische Folgen Doch diese Evolution hat nicht nur ästhetische, sondern auch ökonomische Folgen. Vom privatökonomischen Standpunkte aus ist zu bemerken, daß die Tyrannei der Mode und der öffentlichen Meinung die Kosten der Lebensführung in die Höhe treibt. Viele Leute werden durch sie veranlaßt über ihrem Stand zu leben. Sie ist es eben, welche jene Standes- und Anstandsbedürfnisse erschafft, welche auf manchem Budget ein Verlustposten sind. Um nur die Kleidung zu erwähnen: fast jedermann ist genötigt, mehrere Anzüge oder Toiletten für verschiedene Gelegenheiten zu haben, und sobald die Mode sich verändert, muß man eine ganze Anzahl neue kaufen. Es gibt Menschen, welche einen großen Teil ihres Einkommens für Prunk und Putz ausgeben. Auch in der Einrichtung der Häuser ist der Einfluß der öffentlichen Meinung ersichtlich (zu viel Möbel, Staatszimmer, von welchen man selbst keinen Gebrauch macht, Nippsachen u. dgl.).

Vom sozialökonomischen Standpunkt aus sieht man, wie die zunehmende Einförmigkeit die Massenproduktion von Waren herbeiführt, weil jetzt ein Artikel nicht von hundert oder tausend, sondern von zehn- oder hunderttausend Menschen gekauft wird. Der Markt für gewisse Artikel dehnt sich rasch aus und wird zum Weltmarkt. Selbstverständlich kann das alte Handwerk diesen Markt nicht mehr versorgen.

Sobald ein Bedürfnis sich genug verbreitet hat, um zu einer Industrie Anlaß zu geben, ist ein Faktor vorhanden, welcher diese Verbreitung noch beschleunigt. Denn es ist jemand gekommen, der bei dieser Verbreitung sein Interesse hat, der Fabrikant oder der Handelsmann, welcher den Artikel „lanziert". Hier haben wir ein charakteristisches Merkmal des modernen Wirtschaftslebens: man arbeitet nicht mehr nach Aufträgen: nicht der Kunde erdenkt und verlangt einen Artikel, der Händler kommt und bietet ihn an. Man wartet nicht gelassen in Werkstatt oder Laden, bis ein Bedürfnis aufkommt, man ruft es wach durch lärmende Reklame, Vertreter für den Verkauf, Handelsreisende, Prospekte, Zirkulare, Verlosungen, Prämien, usw. Aber, wie sorgfältig man auch immer den Geschmack des Publikums zu studieren bestrebt ist, ja seinen Wünschen zuvorzukommen sucht, der Käufer ist in seiner Wahl weniger frei. Auf individuelle Bedürfnisse wird keine Rücksicht genommen; es gibt eine Serie Modelle, aus welchen der Käufer wählen kann, und will er sich nicht danach richten, so kann er den Artikel einfach nicht bekommen. Aus dem Gesichtspunkt von Kunst und Kunstfertigkeit im Handwerk ist dies gewiß zu bedauern; indessen hat es den Vorteil, daß viele von den ersten Lebensbedürfnissen spottbillig geworden sind. Derjenige, der keine hohen Anforderungen stellt, kann sich mit bescheidenen Mitteln ein sauberes und behagliches Heim einrichten. Es hat wieder die Schattenseite, daß, wenn plötzlich ein Artikel aus der Mode kommt oder durch etwas anderes ersetzt wird, es vorkommen kann, daß eine Fabrik Hunderte von Arbeitern zugleich entlassen muß, welche dann infolge der weitgetriebenen Spezialisierung der Gewerbe und Manipulationen nicht so bald irgendwo anders Arbeit bekommen können.

Preiserniedrigung und Großbetrieb

Preiserniedrigung ist ein wichtiger Faktor in der Verbreitung der Bedürfnisse. Es war oben davon die Rede, daß es in der Gesellschaft immer eine große Menge l a t e n t e, halbbewußte oder unbestimmte Bedürfnisse gibt (siehe S. 51), welche auf Erfüllung harren. Sobald der Preis eines Artikels herunterfällt, kommt er also in den Bereich einer zahlreichen Gruppe von Abnehmern und wiederholt sich der vorhin beschriebene Prozeß. Weil aber die Anfertigung eines billigen Artikels in großen Mengen gewöhnlich gewinnbringender ist als die eines teueren Artikels für einzelne, durch gewisse eigentümliche Vorteile des Großbetriebes, gibt es stets eine Tendenz zur Ausdehnung der Produktion, und obgleich durch Wettbewerb die Gewinnstquote stets kleiner wird, erzielen doch die ersten Unternehmer einen erheblichen Profit. Sind einmal große Kapitalien in einer Branche angelegt, und vermindert sich die Nachfrage ein wenig, oder nimmt sie nicht mehr zu, so sucht man neue Abnehmer zu finden, und die Mittel, welche dazu angewendet werden, sind mannigfacher Art. Ein guter Verkäufer ist eigentlich jemand, der den Menschen weiszumachen versteht, sie hätten den Artikel nötig, und es biete sich jetzt eine Gelegenheit dar, von der sie profitieren sollten. Hiedurch entsteht vielfach eine gewisse Vergeudung, weil man etwas oft nur kauft, weil es billig ist; das moderne Publikum aber kennt sich gewöhnlich bald aus, und läßt sich von dem Marktgeschrei nicht mehr beirren. Wird dadurch der Absatz im Inland beschränkt, so sucht man ein Absatzgebiet im Ausland oder in den Kolonien. Man versucht oft einen Druck auf die Regierung zu üben, damit sie die Ausfuhr begünstige und die Einfuhr konkurrierender Artikel aus dem Ausland erschwere. Und zugleich sucht man die Auffassung einzubürgern, daß das Interesse des Publikums und dasjenige der „nationalen Industrie“ mit dem der Händler und Fabrikherren identisch sei. Man rüstet Expeditionen aus, um neue Gebiete „für den Handel und die moderne Kultur“, wie es heißt, zu erschließen, und große Gesellschaften, mehr oder weniger chartered, werden gegründet, um diese Gegenden zu exploitieren und hohen Tribut abwerfen zu lassen. Wo die Gewinnsucht mit Waffengewalt zusammengeht oder mit der Schlauheit des weißen Mannes gegenüber der Unwissenheit und dem guten Vertrauen der Eingeborenen, finden schlimmere Mißbräuche statt als je durch Ausbeutung von gesellschaftlich Schwächeren in Europa verübt worden sind. Der sogenannte Handel entartet in eine Jagd auf Beute durch Erpressung, Mißhandlung und Unterdrückung. Sogar ein König hat sich nicht gescheut diese Mittel zu ergreifen, um ungeheure Schätze aus seinem Gebiet einzuheimsen. Kostbare Artikel, wie Kautschuk und Elfenbein, werden erbeutet nicht nur durch Tausch gegen wertlose Schnurrpfeifereien, sondern auch durch Einfuhr von verderblichen Genußmitteln wie Branntwein und Opium. Es ist eine bekannte Tatsache, daß England 1840—42 China durch einen Krieg („den Opium-Krieg“) gezwungen hat, seine Märkte für das indische Opium zu erschließen, ohne sich darum zu bekümmern, daß eine Bevölkerung von 300 Millionen Menschen durch diese Einfuhr vergiftet wurde. Ist es so ganz unverdient, wenn die Ostasiaten die Weißen oft „fremde Teufel“ nennen?

Vermehrung von Bedürfnissen ist also nicht immer ein Zeichen des Fortschritts, der höheren Kultur und Wohlfahrt. Im allgemeinen bewirkt Kolonisierung von Ländern, deren Bevölkerung von den unsrigen sehr abweichende Gewohnheiten hat, fast immer die Demoralisierung sowohl der Kolonisierten als der Eroberer. Durch die Gelegenheit als Herr und Meister aufzutreten, kommen beim Weißen allerlei Leidenschaften empor, welche von der gesellschaftlichen Ordnung in den europäischen Ländern in Zaum gehalten wurden, wozu auch das Klima beiträgt (Tropenkoller!), während der Wilde oder halbzivilisierte Eingeborene Gewohnheiten kennen lernt, welche weder für das Klima noch für seinen Grad von Entwicklung geeignet sind, welche aber ihre Anziehungskraft der Überlegenheit des weißen Herrschers entlehnen, während dieser zur Nachahmung ermutigt, wohlbewußt, daß es ihm nicht viel Mühe kosten wird, seinen Standpunkt zu behaupten, und daß er in dieser Weise ein Absatzgebiet für seine Produkte findet. Die Unterdrückung aber reizt vielfach zum Aufstand und zur Rache, erzieht oft zur Grausamkeit, und immer zu Betrug und Verstellung, dem gewöhnlichen Verteidigungsmittel des Schwachen gegen den Stärkeren. So läuft das „Zivilisieren“ meistens auf ein Verderben beider Parteien hinaus, wenn nicht die eine gänzlich ausgerottet wird, wie ehemals die Peruaner, die Tasmanier und zahlreiche Indianerstämme.

Es ist eine bekannte Tatsache, daß plötzliche Ausdehnung des Kreises des Erreichbaren sowohl auf Individuen als auf Völker eine verhängnisvolle Wirkung ausübt. Ein armer Mann, der einen Preis in der Lotterie gewinnt, macht davon selten einen verständigen und sparsamen Gebrauch. Frühere Lust und Tauglichkeit für Amt oder Gewerbe verschwinden. Der demoralisierende Einfluß der Spekulation liegt auch gerade darin, daß es dem Beteiligten einen (vermeintlichen) Weg zeigt viel schneller als durch stetigen Fleiß reich zu werden, und bei anfänglichem Erfolg einen Ekel gegen die täglich wiederkehrende Pflicht erzeugt. Wenn ihm dann die Kalkulation wieder fehlschlägt, hat er neben dem Gelde auch noch die Lust zur gewohnten Arbeit verloren. Oft sieht man auch, daß, wenn der Wohlstand sich mehrt, die Unzufriedenheit zunimmt. Darum kann man die Frage stellen: „Ist Ausdehnung unserer Bedürfnisse im allgemeinen wünschenswert?“ und wenn nicht, wann ist sie heilsam, wann verderblich?

Die Moralisten der älteren Schule hatten nur eine Antwort auf diese Frage: nach dem Vorbilde des Diogenes, der Stoiker, der asketischen Christen, haben sie immer Beschränkung von Bedürfnissen und Einfachheit der Lebensführung gepredigt. Die modernen Ökonomiker sind mit dieser Lehre in gradem Widerspruch geraten: sie betrachten jede Vermehrung von Bedürfnissen als ein Zeichen des Fortschritts, der gesteigerten Kultur und Entwicklung, und man kann nicht leugnen, daß die natürliche Evolution der Gesellschaft diese Vermehrung mit sich bringt. Welche von beiden Parteien hat nun Recht?

Beide Betrachtungsweisen sind einseitig. Gewiß, man kann sich Fortschritt und Entwicklung, und sogar eine Zunahme von Prosperität und Lebensglück nicht denken ohne Vermehrung und Verfeinerung von Bedürfnissen, aber diese Vermehrung soll allmählich vor sich gehen, durch stets bessere Anpassung. Nicht das Verbleiben im Zustande, worin wir sind, verschafft uns Befriedigung, sondern die anhaltende Besserung unserer Lage, so bescheiden diese auch sein mag. Niemand lebt vielleicht glücklicher und zufriedener als derjenige, welcher seine Lage durch eigene Kraft von Jahr zu Jahr etwas verbessert. Der soeben erwähnte Wilde wird nicht unglücklich durch Ausdehnung seiner Bedürfnisse, sondern weil die neuen Bedürfnisse seine Anpassungsfähigkeit verringern.

Hier haben wir also ein Kriterium, um zu erkennen, ob Vermehrung unserer Bedürfnisse heilsam ist oder nicht. Steigern die neuen Bedürfnisse unsere Existenzfähigkeit, unsere Wehrkraft gegen Umgebung und Mitbewerber, so sind sie empfehlenswert, wenn nicht, so sind sie schädlich.

Jeder Grad der Entwicklung, jeder Stand oder Gesellschaftskreis hat seinen Lebensmaßstab (standard of life), ein Begriff, der in der Ökonomik von großer Bedeutung ist. Unsere Ansprüche an das Leben sind ein Stachel zur Tätigkeit, zur Anstrengung, um dasjenige zu erwerben, was nach unserer Meinung zu einem menschwürdigen Dasein gehört, sie sind ein Widerhalt gegen das Zurücksinken auf eine niedrigere Stufe. Man hat sogar beobachtet, daß, weit entfernt uns zu verwöhnen und zu verweichlichen, sie uns besser in Stand setzen zeitlichen Entbehrungen zu widerstehen. Geistig hochentwickelte Menschen, Führer mühevoller Expeditionen, haben immer, obgleich sie im gewöhnlichen Leben mehr Komfort gewohnt waren, größere Zähigkeit und Enthaltsamkeit gezeigt als ihre halbgebildeten Gefährten oder Begleiter. Bedürfnisse sollen elastisch bleiben; sie sollen sowohl der Einschrumpfung als der Ausdehnung fähig sein.

Kapitel IV.

Wettbewerb der Bedürfnisse.

Determinismus Bei der Pflege der sozialen Wissenschaften und speziell beim Studium der Ökonomik, nimmt man durchweg an, daß die menschlichen Handlungen von Motiven bestimmt werden, und das jeweilig das stärkste Motiv den Ausschlag gibt, über die Richtung des Handelns entscheidet. Ohnedem würde auf diesem Gebiet keine Vorhersagung und Berechnung möglich sein, keine Gesetzmäßigkeit zu erkennen.

Welcher Beweggrund wird aber im allgemeinen der stärkere sein, und welche Bedürfnisse wird man zuerst befriedigen, sobald mehrere miteinander in Konflikt geraten?

Man zieht im allgemeinen Befriedigung eines Bedürfnisses der eines anderen vor, wenn man sich vom ersteren mehr Lust oder weniger Unlust als von dem zweiten verspricht. Diese Vorstellung braucht nicht immer deutlich und hellbewußt zu sein; aber ob sie bewußt oder unbewußt sei, unsere Motive zum Handeln sind da am stärksten, wo die Handlung ein Maximum von Genuß gewährt, die Folgen mit einbezogen, also genauer gesagt, wo sie den größten Reingewinn von Lust über Unlust bringt, insoweit nämlich die Folgen von uns berechnet und beachtet werden. Selbstverleugnung und -aufopferung sind hiervon keine Ausnahmen, weil die innerliche Befriedigung größer sein kann als die direkte Sinneslust gewesen wäre, wenn wir anders gewählt hätten (unter Umständen noch verringert oder ausgeglichen durch Gewissensbisse).

Doch wird die Motivkraft nicht ganz und gar abhängig sein von rein hedonistischen Erwägungen. Es gibt störende[1]) Einflüsse, von außen Suggestion (oft in der Form von Erziehung oder öffentlicher Meinung), und aus der Vergangenheit Gewohnheiten (in vielen Fällen wohl angeerbte Gewohnheit oder Instinkt).

Auch die Nähe der Befriedigung ist von Einfluß auf unser Betragen; im allgemeinen werden unsere Bedürfnisse um so größere Motivkraft haben, je deutlicher die Befriedigung vorgestellt wird.[2])

---

[1]) In diesem Worte liegt kein Tadel; diese Einflüsse können aus moralischen oder anderen Gesichtspunkten sogar wichtig und heilsam sein.

[2]) Trivero bemerkt, daß Unbekanntheit einer Befriedigung oft Anziehungskraft verleihen kann: „das Unbekannte und das wenig Bekannte kann uns weniger gleichgültig sein als das Bekannte, und das Unkennbare wird in der Kunst das Erhabene(?). Das Bekannte, das Allbekannte, das vollkommen Gewisse läßt uns gewöhnlich kalt, wenn nicht die Überlegung es uns aus stets neuen Gesichtspunkten be-

Die Motivstärke ist auch von früheren Befriedigungen abhängig. Wir haben schon gesehen (S. 45 ff.), daß dieser Einfluß die Begierde schwächen oder verstärken kann, das erste durch Sättigung oder Kontrast, das zweite durch Erzeugung neuer Bedürfnisse und Gewohnheiten.

Viele Bedürfnisse haben ein Alter, und es kann vorkommen, daß ein Bedürfnis objektiv abnimmt, während der Drang zur Befriedigung durch Gewöhnung etwas zugenommen hat.[1]). So kann das Verlangen unwiderstehlicher sein als früher und doch die Befriedigung kleiner. Ja, es kann sein, daß die Befriedigung zuletzt fast automatisch zustande kommt, ohne daß eigentlich ein Lustgefühl dabei herauskommt. Darum sollen wir aus dem willenlosen sich seiner Neigung Hingeben, z. B. des Trunkenboldes, noch nicht schließen, daß das Trinken dem Betreffenden einen sehr großen Genuß gewährt. Ist einmal die Abstinenzgewohnheit dafür an die Stelle getreten, so wundert sich das Individuum oft über seine frühere Versessenheit.

G. Tarde bemerkt, daß, je natürlicher ein Bedürfnis ist, desto weniger Mühe seine Befriedigung kostet. „Il est à remarquer, sagt er (Psychologie Economique II, p. 115), que les besoins impérieux, et qui, comme tels, doivent être satisfaits les premiers, à peu près exclusivement d'abord, sont en même temps les moins extensibles, les moins susceptibles de développement. Et de ce rapport inverse entre l'urgence et l'élasticité des besoins, il résulte que les moins impérieux, bien qu'ils commencent à être satisfaits longtemps après les autres, sont appelés tôt ou tard à les dépasser en importance industrielle et budgétaire. L'appétit et la soif ont des

---

trachten läßt." — Hier ist Bekanntheit des Objekts mit Bekanntheit der Befriedigung verwechselt. Das allbekannte Objekt verschafft uns oft keine Befriedigung mehr, weil es zu wenig unserem Bedürfnis nach Beschäftigung entspricht, das Unbekannte dagegen kann uns mitunter dadurch anziehen, daß es die Aussicht auf Befriedigung der Neugierigkeit eröffnet.

[1]) Psychologisch genauer würde folgende Formulierung sein: Während der Antrieb vielleicht geringer ist als im Anfang, wird die Bahn bei Aufkommen des Impulses leichter durchlaufen, weil der Widerstand durch Gewöhnung abgenommen hat.

limites étroites, le besoin de se vêtir aussi, mais la curiosité, l'ambition, la vanité, semblent presque illimitées ou n'ont que des bornes qui reculent sans cesse. Elles offrent au genie inventif, à l'activité productrice, un débouché infini."

Elastizität der Bedürfnisse

Das ist recht glücklich; denn dadurch können wir unsere dringendsten und wesentlichsten Bedürfnisse mit den geringsten Kosten befriedigen. Aber es ist im Grunde selbstverständlich, denn die natürlichsten und dringendsten Bedürfnisse haben zu jeder Zeit und in den primitivsten Zuständen der Gesellschaft Versehung erfordert. Wenn wir aber die Qualität der Befriedigung ins Auge fassen, so scheinen diese Bedürfnisse (denken wir z. B. an Kleidung und Wohnung) ebensowohl der Ausbildung fähig wie die anderen. Einige Formen des Luxus dagegen sind so leicht erreichbar geworden in der modernen Gesellschaft, daß sie leichter zu erlangen sind als z. B. die Mittel sich ordentlich zu ernähren (siehe S. 21). Und hier ist eine eigentümliche Verschiebung der Wertschätzung bemerkbar, welche uns den Befriedigungen einen um so größeren Wert beimessen läßt, je mehr sie kosten. Wenn man für einen prachtvollen Sonnenuntergang oder eine herrliche Mondnacht Entrée bezahlen müßte, würde die Anzahl der Zuschauer wahrscheinlich zehnmal so groß sein. Die Natur entfaltet in vielen

Wertschätzung der Befriedigung nach ihrem Preis

Gegenden eine üppige Pracht oder eine erhabene Majestät, welche nur gewürdigt wird von den Fremden, welche dafür eine teure Reise machen müssen. Ja, es ist soweit gekommen, daß man gewisse Formen des wohlfeilen Luxus bisweilen als etwas Lästiges betrachtet. Der Reichtum der Literatur, der Überfluß an Sachen, welche man für wenig Geld sehen und kennen lernen kann, wird von manchem als eine Bürde betrachtet. Es ist nicht mehr zu bewältigen, hört man sagen, es ist *la mer à boire*. Das ist aber ebenso absurd, wie wenn der Millionär sich darüber beklagte, sein Geld sei nicht mehr zu bewältigen, und er könne unmöglich für jeden Dollar Verwendung finden. Der Vorteil des Reichtums besteht eben darin, daß wir, wenn es uns paßt, die freie Wahl haben und das Beste vom Besten aussuchen können.

Diese Verachtung billiger Genüsse hat aber, außer der ethischen, auch eine ökonomische Seite. Denn Befriedigungen der Eitelkeit werden bald gesellschaftliche Anforderungen. Um sich sauber zu kleiden, um auszugehen und zu empfangen, ernährt man sich schlecht, hat man eine beschränkte Wohnung; man hat hundert künstliche Bedürfnisse und entbehrt die wahre Lebensfroheit. So kann auch der standard of life steigen, ohne daß Wohlfahrt und Komfort zunehmen. Unsere Ansprüche werden höher, aber unser Gefühl der Armut nimmt zu. Es ist eine Tatsache, daß die Einteilung unserer Bedürfnisse oft sehr mangelhaft ist, daß wir durch Tradition und Anstand zu Ausgaben gezwungen werden, welche der natürliche Mensch gar nicht braucht (Hüte und Schuhe, z. B. und unsere ganze unpraktische Kleidung),[1]) während wesentlichere (Bäder z. B.) für viele einen Luxus repräsentieren. Gibt es Völker, die in dieser Hinsicht besser daran sind? Hören wir, was L. Hearn über das japanische Volk berichtet:

„Der Mann aus dem Volke in Japan -- dieser geschickte Handwerksmann, welcher billigere Produkte liefert, als irgend welcher abendländische Arbeiter in derselben Branche — ist ganz unabhängig von Schuster und Schneider. Seine nackten (oder mit Strohsandalen, welche fast nichts kosten, bekleideten) Füsse sind wohlgeformt, sein Körper ist gesund, sein Herz ist frei. Wenn er eine Reise von ein Paar tausend Kilometern machen will, kann er in fünf Minuten bereit sein. Seine ganze Ausrüstung kostet kaum 3 Mk. und all sein Gepäck geht in ein Taschentuch. Für 40 Mk. kann er ein Jahr reisen, ohne zu arbeiten, oder er kann von seiner Geschicklichkeit als Arbeiter zehren, oder als Pilger reisen. Man wird entgegnen, daß jeder Wilde das tun kann. Ja, aber nicht jeder Zivilisierte, und der Japaner ist ein Zivilisierter seit wenigstens tausend Jahren.“ Und weiter: „Unser japanischer Landstreicher nimmt jeden Tag sein warmes Bad, wenn er paar Pfennige zu opfern hat, oder sein kaltes Bad, wenn er sie nicht hat. In seinem

[1]) Es wäre interessant zu wissen, in wieviel Generationen unsere Kleidertracht aus einem gewandten und schnellen Wilden einen schwerfälligen und langsam einherschreitenden Kulturmenschen machen kann.

Bündelchen sind Kämme, Zahnstocher, Rasiermesser und Zahnbürsten. Er vernachlässigt sich nicht. Bei Ankunft an seinen Bestimmungsort kann er sich in einen Besucher von sehr guten Manieren verändern, sauber, wiewohl einfach gekleidet."[1])

Budget Die Frage wie man sein Budget einrichten soll, — welche Bedürfnisse wir gänzlich unversorgt lassen werden, welche wir befriedigen werden, (und in welchem Maße), und inwiefern wir durch Enthaltsamkeit eine Widerstandskasse für künftige Zeiten der Bedrängtheit bilden werden, — ist besonders für Leute mit beschränkten Mitteln wichtig. Le Play, der französische Vertreter der historischen Schule, hat diesen Budgets von ärmeren Leuten (Arbeiterfamilien) ein eingehendes Studium gewidmet. Die Frage der Konkurrenz und der relativen Stärke der Bedürfnisse ist für private und soziale Ökonomie gleich wichtig. Die Abwägung der Bedeutung der verschiedenen Bedürfnisbefriedigungen bestimmt den Wert der Dinge, welche dazu dienen können, bestimmt die Einteilung der Ausgaben für jede Privatwirtschaft, bedingt dadurch die Nachfrage auf dem Markt, und nach dieser richtet sich die Produktion. Auch die Bevölkerungsfrage läßt sich auf einen Wettbewerb der Bedürfnisse zurückführen. Denn das Bedürfnis der Fortpflanzung kommt in Konflikt mit der Summe aller andern, weil diese mit dem Wachsen der Familie schwieriger zu befriedigen sind (im Anfang wenigstens).

Die österreichische Schule hat bemerkt, daß das Maximum der Befriedigung dann erreicht wird, wenn die letzte Quantität[2]) jeder Art Erfordernisse eine ungefähr gleiche Befriedigung gewährt. Jemand hat z. B. 50 Pf. zu verausgaben; er raucht gern, will die Zeitung lesen und Billard spielen. Setzen wir den Fall, er kauft sich eine Zeitung zu 5 Pf., kauft 3 Zigarren à 10 Pf. und spielt eine Partie Billard für 15 Pf. Wenn eine vierte Zigarre ihm mehr Genuß gewährte als die Zeitung,

---

[1]) Man vergleiche, was wir früher über die Anpassungsfähigkeit sagten.

[2]) Sehr ungenau formuliert. Man sollte sagen: die letzte Verwendung eines Objektes oder sogar einer Handlung (eines Dienstes).

würde er auf diese verzichten. Wenn er sehr gern eine zweite Partie Billard spielt, wird er der Zeitung und einer Zigarre entsagen.[1])

Bedürfnisse können einander auch ersetzen:

1. wie schon bemerkt, weil unsere Zeit beschränkt ist;

Surrogate 2. weil wir uns mit einer geringeren Qualität der Befriedigung begnügen, mit einem Surrogat, Zichorie anstatt Kaffee, einem Kupferstich anstatt eines Gemäldes;

3. weil wir mit der neuen Befriedigung denselben Zweck besser zu erreichen glauben; wir kaufen ein Fahrrad statt eine Droschke oder die Straßenbahn, ein Automobil statt die Eisenbahn zu benutzen;

4. weil Geschmack und Neigung sich ändern können. Dies kann bei der Bekämpfung gewisser sozialer Übel, wie die Trunksucht, von Wichtigkeit sein. Man errichtet z. B. Kaffeebuden oder Milchwirtschaften anstatt der Wirtshäuser, eine öffentliche Lesehalle anstatt einer Bierhalle;

Sorge für die Zukunft 5. Zukünftige Bedürfnisse können mit gegenwärtigen in Wettbewerb treten. Daraus ergeben sich Ersparnisse, Anlagen und schließlich Kapitalbildung (bei der Industrie auch Abschreibungen). Je entwickelter eine Gesellschaft ist, desto größer ist der Teil der Mittel, welcher für die zukünftigen Bedürfnisse reserviert ist. Wilde und Kinder leben von der Hand in den Mund. Aber die Sparkraft hängt auch vom Wohlstand ab, von der Sicherheit und von der Gelegenheit zur Anlage.

---

[1]) Weil die Partie Billard ebensoviel als Zeitung + Zigarre kostet. Hier haben wir aber den Beweis, daß dieses sogenannte Gesetz nicht richtig ist, denn hier müssen schon zwei Genüsse dem dritten geopfert werden. Eine vierte Zigarre muß auch mindestens zweimal so viel Genuß verschaffen wie die Zeitung, wenn man sie dieser vorzieht; denn sie kostet auch zweimal soviel. Siehe auch unseren Kapitel XV.

Zweite Abteilung.

Die Mittel zur Befriedigung.

Kapitel V.

Der soziale Reichtum.

In der Umgangssprache hat das Wort Reichtum zwei Bedeutungen, eine materielle und eine immaterielle. Es bedeutet nämlich: 1. Ein Quantum Güter von großem Wert oder ein Quantum Geld, welches diesen Wert vertritt; 2. einen gewissen Grad der Wohlhabenheit, eine gewisse Unbeschränktheit in der Verfügung über die Mittel der Bedürfnisbefriedigung. Auch in der Ökonomik werden diese zwei Bedeutungen gebraucht: die Mittel, über welche wir verfügen, werden oft Reichtümer genannt (französisch richesses, engl. riches). Wenn man dagegen sagt: die Ökonomik ist die Lehre des Reichtums, so ist dieses Wort vielmehr gleichbedeutend mit Wohlfahrt. Es ist aber besser mit den deutschen Ökonomikern im ersten Falle Güter zu sagen, und unter Reichtum nur die Fülle zu verstehen, worin die Güter (oder andere Mittel) uns zur Verfügung stehen.

Güter

Dienste

Denn nicht nur durch Güter werden unsere Bedürfnisse befriedigt, auch durch persönliche Dienste, und diese Dienste werden oft ebenso gut bezahlt wie Kaufwaren. Darum betrachten auch viele Theoretiker sie als eine Kategorie der Mittel neben den Gütern. Es liegt hier aber eine Schwierigkeit vor. Auch Haustiere erweisen uns Dienste und doch dürften sie in wirtschaftlicher Hinsicht besser zu den Gütern als zu den Personen gerechnet werden, weil sie unser Eigentum sind. Ja, man kann weiter gehen und sagen, daß auch andere Güter uns Dienste leisten. Wie ein Pferd einen Mann ersetzen kann, ersetzt eine Dampfmaschine ein Pferd. Eine Drehorgel, ein Grammophon oder ein elektrisches Klavier ersetzt einen Musikanten. Ja, eigentlich erweisen alle Güter uns Dienste. Dienste sind also nicht eine Kategorie neben den Gütern, sondern etwas, das mit der Güterfunktion verwoben ist. Andrerseits können oft Personen ökonomisch als Güter betrachtet werden und werden Haustiere immer dazu gerechnet. Als Sklaverei und Leibeigentum noch herrschten, war auch menschliche Arbeitskraft Eigentum des Meisters, wie jetzt die Haustiere und toten Werkzeuge. Die Dienstleistungen eines Sklaven konnten betrachtet werden als Zinsen eines Kapitales, nämlich der Arbeitskraft des Sklaven oder seiner Kaufsumme auf dem Sklavenmarkt. Es ist noch nicht gar lange her, daß man das Vermögen eines russischen Grundbesitzers in Bauern oder Seelen abschätzte.

Und worin bestehen vielfach persönliche Dienste? Darin, daß sie uns Güter verschaffen oder in die von uns erwünschte Form bringen. Wir sehen also die Dienste Güter erzeugen und die Güter Dienste erweisen. Die klassische Unterscheidung von Gütern und persönlichen Diensten läuft also Gefahr eine heillose Verwirrung zu stiften. Darum wollen wir folgende Änderung in der Terminologie vorschlagen:

Jede Versorgung eines Bedürfnisses, mittelbar oder unmittelbar, nennen wir einen Dienst, gleichviel ob er uns von einer Person, einem Tier oder einem Gut geleistet wird. Und als die Objekte, welche uns Dienste erweisen, unterscheiden wir nur Personen und Güter, wobei Haustiere zu den Gütern, Sklaven zu den Personen gerechnet werden. Denn wenn man den ökonomischen Zustand eines Landes beurteilen will, muß man sich nicht auf den Standpunkt eines Privatunternehmers oder der machthabenden Klassen stellen, sondern den Grad der Wohlhabenheit der ganzen Bevölkerung, Freier wie Unfreier, ins Auge fassen.[1])

Für eine Privatperson gibt es mancherlei Arten der Verfügung über die Mittel zur Erfüllung ihrer Wünsche und Bedürfnisse: ererbtes Vermögen, eigene Arbeit, Macht über

---

[1]) Ein Gut ist also jede Sache, welche zur Bedürfnisbefriedigung dient.

fremde Arbeit oder fremdes Vermögen, Betrug, Diebstahl, Bettelei usw. Für ein Volk hauptsächlich nur die Ausbeutung der natürlichen Hilfsquellen des Landes durch den Fleiß seiner Mitglieder. Man kann sich vom Reichtum eines Volkes also keine richtige Vorstellung bilden, wenn man nur auf die Menge und den Wert (oder wohl gar nur den Geldwert) der materiellen Güter achtet, im Verhältnis zur Anzahl Personen, welche davon leben müssen. Denn es gibt Beziehungen zwischen diesen Personen, Eigenschaften, Institutionen, Verhältnisse, Sitten und auch Umstände in bezug auf die materiellen Objekte, Lage, Klima, Beschaffenheit des Bodens u. dgl., welche auf das Wohlsein der Bevölkerung erheblichen Einfluß üben, das Leben erleichtern oder erschweren. Wir müssen also nebst den materiellen Gütern auch immaterielle anerkennen. Da der Reichtum unmittelbar nur aus Diensten besteht, als Einkommen eines Kapitales, das durch die Personen und Güter repräsentiert wird, welche diese Dienste „abwerfen", so sind wir genötigt, alles zu berücksichtigen, was auf Anzahl und Zweckmäßigkeit dieser Dienste von Einfluß sein kann. Zu den materiellen Gütern sind auch solche zu rechnen, die gar keinen Tauschwert haben: fließendes Wasser, ausgedehnte Waldungen, Dünen[1]) usw. Die hauptsächlichsten immateriellen Güter sind:

Immaterielle Güter

1. eine günstige Lage von Stadt und Land. Man braucht nur zu denken an die Entwicklung mancher Städte, welche an großen, natürlichen Wasserstraßen liegen, schöne Häfen haben oder aus anderen Ursachen ein geeignetes Verkehrszentrum bilden;

2. ein angenehmes Klima und gute hygienische Bedingungen. Was dies betrifft, braucht man nur die Prosperität vieler Bäder und Kurorte zu erwähnen, wie Cannes, San Remo, Davos, St. Moritz. Doch nicht nur mittelbar, indem sie durch Anziehung der Reisenden der Bevölkerung den Gelderwerb leichter machen, auch unmittelbar tragen sie zum Wohl der Bevölkerung bei. Denn welchen Zweck haben sonst noch die Güter, als das Leben zu erleichtern und an-

[1]) Da wo an der holländischen Küste keine Dünen sind, hat man teure Deiche machen müssen.

genehm zu machen? Wenn die Sonne mich erwärmt, kann ich mir einen Ofen sparen, und dazu ist die natürliche Wärme noch viel gesünder als die künstliche. Wenn die Luft, welche man einatmet, rein ist, wird das erste Lebensbedürfnis am allerbesten befriedigt. Die Beschaffenheit des Klimas und die Lage sind also nicht weniger belangreich als die Menge der materiellen Güter;

3. Auch die Schönheit der Gegend und die natürlichen Sehenswürdigkeiten bieten denselben doppelten Vorteil. Nicht nur ziehen die Schweizer alljährlich ein bedeutendes Einkommen aus den Verzehrungen der Fremden, sondern sie brauchen auch selbst nicht weit zu gehen, um schöne Ausflüge zu machen. Novicow sagt in seinem interessanten Werke Les Gaspillages des sociétés modernes: „la richesse, dans le sens le plus général, est tout l'état de la nature extérieure adapté à l'organisation de l'homme (p. 2 und 3) und etwas weiter: „Supposez la Mer Noire un lac fermé, mais qu'à l'endroit où se trouve le Bosphore, il fût facile d'établir un canal et qu'il fût creusé en effet. Nous dirions que ce canal est une richesse, tandis que nous n'appliquons pas ce terme au Bosphore. C'est à tort, à coup sûr, mais cela nous procure une seconde conception de la richesse. Dans un sens plus restreint, elle est l'ensemble des objets servant à adapter l'homme au milieu physique, et le milieu physique à l'organisation du corps humain.“ (p. 5.)

Aber mit Recht verwirft der Verfasser selbst diese zu enge Auffassung: „En restreignant l'idée de richesse aux seuls résultats du travail, on arrive à cette conclusion très dangereuse et très fausse que le travail est un bien par lui-même, tandis qu'en réalité, il est seulement un moyen et non un but.“ (p. 6.)

Nur würde ich das lieber so ausdrücken: Beim Abwägen des Gesamtwertes der Hilfsmittel, über welche ein Volk verfügt, wird man die menschliche Arbeit überschätzen, sowie jedes Produkt menschlicher Arbeit. Man wird Vorteile wie ein mildes Klima, einen fruchtbaren Boden, natürliche Wasserwege, nicht genug beachten. Anstatt als Reichtum zu betrachten, was Arbeit erspart, wird man nur das Produkt der

Anstrengung zur Überwindung natürlicher Hindernisse als Reichtum gelten lassen. Man fragt mehr, was etwas gekostet hat, als was es einbringt;[1])

4. Die menschliche Arbeitsamkeit. Trotz aller Verschiedenheit des Klimas, der Freigebigkeit oder Kargheit der Natur, hängt doch die Wohlfahrt eines Landes in erster Linie vom Fleiße der Bewohner ab. Das rauhe felsige Schottland ist hiefür ein schlagendes Beispiel.[2])

5. Intelligenz, Talente und Kenntnisse. Diese Güter sind von großer Bedeutung, und wenn wir den Reichtum und die Hilfsquellen zweier Nationen vergleichen, können wir nicht umhin, auch ihre natürliche Veranlagung, ihren künstlerischen Sinn u. dgl. in Betracht zu ziehen. Die Erzeugung von Gegenständen der Kunst und Kunstindustrie, von literarischen Produkten, der feine Geschmack, welcher sich in Mode- und Luxusartikeln äußert, zählen oft unter ihre vornehmsten Hilfsquellen. Frankreich und Italien sind hiervon schlagende Beispiele. Auch mittelbar, durch Fremdenbesuch, gereicht dieser Besitz ihnen zum Vorteil. Doch soll man sich hüten, der ausschließlich künstlerischen Begabung allzuviel Wert beizulegen. Es ist oft kennzeichnend für wirtschaftlich rückständige Völker, daß sie immer genug Geld übrig haben für Pomp und äußerlichen Staat, und nie genug für Komfort und sogar für Notdurft. In Vorderindien und in Marokko sieht man Paläste und Moscheen, welche zu den seltensten Wundern der Baukunst gehören, Radjahs und Sultane besitzen Kleinodien von blendender Pracht und Reichtum, und neben dieser Herrlichkeit haust ein Volk, das vor Elend und Hungersnot umkommt.

6. Gewohnheiten von Pünktlichkeit, von Sparsamkeit mit Zeit und Geld. Es kann auf den ersten Blick

---

[1]) Dasselbe gilt für die Ansicht derjenigen Theoretiker, welche, wie C. Menger, nur solchen Gütern Wert beimessen, welche in ungenügender Quantität vorhanden sind (wir kommen bei der Werttheorie noch darauf zurück).

[2]) Selbstverständlich können wir hier nicht auf die Frage eingehen (bisher übrigens ein ungelöstes Problem), inwiefern Art und Charakter der Bevölkerung selbst wieder Folge des Klimas und der Umgebung sind.

befremden, diese zu den Gütern rechnen zu sehen, aber die folgenden Erwägungen mögen es befürworten: Es gibt keine anderen Hilfsquellen des Reichtums als Naturgaben, menschliche Arbeitsamkeit und die Zeit; oder will man die Zeit nicht als eine positive Hilfsquelle betrachten, so kann man sagen: die zwei ersten sind desto wertvoller, je schneller sie fließen. Für jedes Wachstum, jede Erzeugung ist Zeit nötig. Man sagt sehr richtig: das kostet Zeit. Wenn man ein Mittel fände zwei Saaten reifen zu lassen anstatt einer, oder in einem Tage zu verfertigen, was bisher zwei Tage forderte, so wäre man genau zweimal so reich, wenn sonst die Kosten sich gleich blieben. Aber sogar die Kosten mindern sich oft durch Zeitersparnis. Was man schnell befördern kann, kommt nicht nur früher an, es kommt in besserem Zustande an, und einige Waren können gar nicht befördert werden, wenn sie nicht in kurzer Zeit überkommen. Man hat gesagt, daß die verbesserten Transportmittel die Entfernungen kleiner machen; man könnte ebensogut sagen, daß sie die Zeit länger machen. Viele Verbesserungen sind einfach der Zeitersparnis zu verdanken; der Gebrauch der meisten Maschinen und Werkzeuge hat keinen anderen Zweck, als Manipulationen, welche nötig sind um etwas zu erzeugen, zu verkürzen, oder ein größeres Quantum Objekte in derselben Zeitdauer herzustellen, denn in Qualität behauptet das Handwerk noch vielfach einen Vorrang. Die ungeheueren Kapitalien, die in Bau und Erhaltung der Straßen, Eisenbahnen, Trambahnen, Dampfschiffahrtslinien, Postverbindungen, Telegraphen und Telephonen angelegt sind, bringen nicht nur den Aktionären eine Dividende ein, sie bedeuten überdies einen Gewinn für das Publikum, denn am Ende sind diese Verkehrsmittel weniger kostspielig als die alten, und es werden durch den Vorteil, den jeder davon zieht, Stammkapital und Dividenden mit Leichtigkeit aufgebracht. Der Ausdruck „Zeit ist Geld“ ist keine rhetorische Figur, kein geistreiches Paradoxon, er ist buchstäbliche, nüchterne Wahrheit.

7. Ein gediegener Unterricht, sowohl praktisch als theoretisch (beim praktischen Unterricht ist besonders der gewerbliche von Bedeutung).

8. Eine zweckmäßige Organisation der Arbeit. Die volle Bedeutung dieses Faktors kann erst in der Produktionstheorie ans Licht kommen.

9. Eine gewiße Dichtigkeit der Bevölkerung. Seit Malthus schwebt uns immer das Schreckensbild der Übervölkerung vor, man soll aber die Nachteile der Untervölkerung auch nicht aus dem Auge lassen. Wenn die Menschen zu dünn gesät sind, ist die Arbeitsteilung ungenügend, die Entfernungen sind zu groß, die Arbeitskräfte, die man brauchen könnte, sind nicht vorhanden, und sogar die Verbrauchsverteilung ist nicht immer genügend. Jede Unternehmung hat ihre Haupt- und Nebenprodukte, und erst wenn in der Nähe dafür hinlänglich Nachfrage ist, lohnt es sich, das Unternehmen zu gründen. Auch ist der Großbetrieb fast immer vorteilhafter als der Kleinbetrieb. Wenn ein großes Restaurant täglich an 600 Gäste Speisen verabreicht, kann es besser bestehen und die Mahlzeiten sogar billiger liefern, als wenn nur 40 oder 50 kommen. Henry George hat darauf hingewiesen in seinem Progress and Poverty (Bk. 4, Ch. 2).

Verbrauchsteilung

Zuletzt gibt es einige passiven Bedingungen,[1]) welche sich hier anreihen.

10. Ehrlichkeit und Vertrauenswürdigkeit. Auch diese scheinen kaum eine ökonomische Kategorie auszumachen; wenn man jedoch bedenkt, daß die Entwicklung des Kredits in hohem Maße davon abhängt (heißt nicht der Krediteur ein „Gläubiger“?); daß auch der Zinsfuß größtenteils vom Grade der Sicherheit und Rechtssicherheit abhängt, welche in einem Lande herrschen, und diese Sicherheit in keinem geringen Maße durch Ehrlichkeit und Treue gefördert werden (denn ob auch Gendarmen und Polizei Gewalttätigkeiten verhindern

[1]) Ich nenne diese Bedingungen passiv, weil die Vorteile, welche daraus gezogen werden, keine unmittelbaren Gewinnste sind. Um sich gegen Betrug zu schützen, muß man Zeit und Mühe opfern, durch Verträge, Beweisschriften, Quittungen, Prozesse, Plaidoyers, Polizei, Schlösser, Gefängnisse usw. Ehrlichkeit erspart all diese Opfer, aber erzeugt nichts. Die Gesinnung aber und Menschenliebe, welche dazu nötig sind, können mit gutem Fug als positive Qualitäten betrachtet werden; sie sind die Frucht eines sehr langen Entwicklungsganges.

und strafen können, Betrug und Mißbräuche können sie nicht verhüten), so wird man einsehen, daß diese Eigenschaften auch einen ökonomischen Wert haben. Gewisse bedeutende Handelsgeschäfte, welche in wenig zugänglichen Gebieten Zentral-Afrikas getrieben werden, wo schriftliche Kontrakte kaum bekannt sind, und oft Monate vergehen, ehe man vom guten Empfang der Waren Nachricht erhält, könnten überhaupt nicht zustandekommen ohne die große Zuverlässigkeit der einheimischen Kaufleute.

Rechtschaffenheit oder Bestechlichkeit der Magistratspersonen, und im allgemeinen die Art, wie es mit der Rechtspflege in einem Lande beschaffen ist, sind von der größten Wichtigkeit für die ökonomischen Interessen, und eine Bevölkerung, welche leben könnte ohne Polizei und Justiz, ohne diese ängstliche Überwachung von Personen und Gütern und ohne Prozesse zu führen, wäre, ceteris paribus, beträchtlich wohlhabender als wir.

11. Politische Institutionen, welche den Erwerb des Reichtums fördern (oder nicht verhindern, oder Hindernisse dafür wegräumen). Unter diesen sind in erster Linie zu nennen: Schutz von Person und Gut, ein System der Güterverteilung, welches jedem Gelegenheit bietet seine Arbeitskraft in der meist produktiven Art zu betätigen; in zweiter Linie ein gutes Münzwesen und eine zweckmäßige finanzielle Politik; schließlich eine gute auswärtige Handelspolitik. Einerseits soll eine komplizierte und maßregelnde Bureaukratie die Arbeitenden[1]) nicht verhindern sich zu organisieren und miteinander in Verbindung zu treten, andrerseits soll die Regierung verhüten, daß die Stärkeren die Schwachen unterdrücken oder ausbeuten.

Es gibt vielleicht noch mehr immaterielle Faktoren, welche den ökonomischen Zustand eines Volkes beeinflussen; wo-

---

[1]) Hiermit sind nicht nur Arbeiter gemeint! — Es ist bekannt, welch ein Krebsschaden in Frankreich und besonders in den französischen Kolonien das Beamtenwesen ist. Es verhindert oft alle ernstliche ökonomische Entwicklung (man siehe z. B. im Journal des Economistes vom Januar 1907 den Artikel Le Mouvement Colonial en 1906).

bei auch die gegenseitige Wirkung dieser Faktoren aufeinander nicht übersehen werden darf. Die materiellen Güter sind oft nur eine Art Einkommen, das von den immateriellen Gütern als dem Kapital eingetragen wird. Ohne deren Mitwirkung würden die konkreten Kapitalien gar nichts erzeugen können, sie müssen erst von den immateriellen Kapitalien befruchtet werden. Man darf aber nicht zu den sozialen Besitztümern solche rechnen, welche, obgleich für eine Privatperson von Wert, für die Gesellschaft als Ganzes keine Vermehrung des Reichtums bedeuten. Dergleichen sind allerlei Rechte und Privilegien, z. B. eine Servitut auf einem Haus oder Grundstück, literarische Eigentumsrechte, Patente für Erfindungen,[1]) Monopolien, die Lage bzw. Geschäftslage eines Hauses oder Ladens, die Kundschaft eines starkbesuchten Lokals, Leumund oder Firma usw. Aus einem sozialen Gesichtspunkte sind dies keine Güter, ebensowenig wie Schuldverschreibungen, denn was der eine dadurch mehr hat, bekommt der andere weniger.

Sozialer und privater Reichtum

Bedeutung der immateriellen Güter

Es ist fast unbegreiflich, daß manche Ökonomiker die Bedeutung der unstofflichen Güter für das Wirtschaftsleben haben leugnen können oder doch völlig unbeachtet gelassen haben. Eine Erfindung kann Millionen eintragen. Die Ideen und Forschungen Pasteurs sollen Frankreich mehr eingebracht haben als die Kriegsschuld von 5 Milliarden an Deutschland es gekostet hat. Überdies ist es doch bekannt, wie ein Patent, ein industrielles Geheimnis für bares Geld verkauft werden kann. Wie wäre das möglich, wenn es keinen ökonomischen Wert hätte? Was ist Privatstundengeben (oder auch öffentlicher Unterricht) anderes als das Verkaufen von Kenntnissen? Auch indirekt kann das Wissen oder die Kunst verhandelt werden, wenn sie nämlich in einem Buch oder Kunstwerk verkörpert werden, denn es ist offenbar, daß die Arbeit des

[1]) Man verstehe uns nicht verkehrt: das Institut des literarischen Eigentums, der Musterschutz usw. können ökonomisch ersprießlich sein, weil das geistige Eigentum ebensogut als das stoffliche geschützt werden soll, das spezielle Recht oder Patent aber ist, obgleich verkäuflich, kein Gut im sozialwirtschaftlichen Sinne.

Druckes, das Papier und die Tinte bzw. die Leinwand und die Farben, nur einen kleinen Teil des Wertes bilden. Besonders wird dies deutlich, wenn der Gegenstand nicht zu vervielfältigen ist, wie ein Gemälde von Rembrandt, eine Statue von Praxiteles. So kann auch Schönheit in einem Individuum großen Wert haben, z. B. für eine Tänzerin, eine Schauspielerin, eine Dame von Welt sogar, welche dadurch eine gute Partie macht. — Nur soll man diese Unterscheidung nicht zu weit treiben und aus jeder Eigenschaft des Stoffes ein immaterielles Gut machen. Bei einem Kunstwerk ist die Idee vom Material zu trennen, weil es sogar ein Eigentumsrecht auf diese Idee geben kann; bei einer Person kann auch eine gewisse Eigenschaft separat verwertet werden, weil man die Person selbst nicht zum Besitztum macht; die meisten konkreten Gegenstände aber entlehnen ihren Wert nur ihren Eigenschaften; eine Statue ist wertvoll weil sie schön ist, aber auch weil der Marmor hart und dauerhaft ist. In fast allen materiellen Gütern ist auch ein immaterielles Element, aber dieses hat nur durch Abstraktion selbständige Existenz und es würde eine nutzlose Subtilität sein, es von dem materiellen Substrat loszulösen. Darum haben wir auch die Fruchtbarkeit des Bodens nicht in der obigen Aufzählung mit erwähnt, denn sie ist eben im Boden selbst enthalten. Man muß sie also zu den materiellen Gütern rechnen.

Wir werden später sehen, daß der Wert der Dinge nichts als eine Beziehung zwischen ihren Eigenschaften und unsern Bedürfnissen ist, und in der Theorie der Kapitalbildung wird sich zeigen, wie sehr diese auch vom menschlichen Scharfsinn und der Organisation der Arbeit mitbedingt ist. So werden wir immer und immer im Verlauf dieser Untersuchung die Wahrheit bestätigt finden, daß der Reichtum einer Gesellschaft größtenteils etwas immaterielles ist, von gewissen Verhältnissen, gewissen Urteilen, gewissen Handlungen abhängig. Die handgreiflichsten und festesten Formen des Besitzes, z. B. Häuser und andere Gebäude, können allen Wert verlieren durch einen Ortswechsel der Bevölkerung, der bisweilen von zufälligen Umständen veranlaßt ist. Es gibt in Amerika Städte, welche von den Einwohnern ganz und gar verlassen wurden, nachdem eine Bergader erschöpft war, oder aus ähnlichen Ursachen. Im Altertum hatten Gegenstände, welche jetzt nur als Kuriosa geschätzt werden, hohen (Gebrauchs)wert. Es gibt zwar Bedürfnisse, welche allen Menschen gemeinsam sind, aber wenn die Güter, welche ihnen entsprechen, im Überfluß vorhanden sind, wie Wasser und Luft, beachtet man sie nicht; wenn sie selten sind, begehrt man sie oft nur aus Mode und Herkommen. Brot scheint uns ein unentbehrliches Nahrungsmittel. Aber in Japan wird es durch Reis ersetzt. Vielleicht wird man in 1900 Jahren unsere Vorliebe für Diamanten und Perlen nicht mehr begreifen. Das einzige Besitztum, welches immer seinen Wert behält, ist die Herrschaft des Menschen über die Natur, wie sie durch Fortschritt und Wissenschaft erworben ist. Und dieses Besitztum befindet sich ganz in seinem Gehirn.

Für jeden Einzelnen ist der Reichtum nicht weniger von den Auffassungen seiner Mitmenschen und sogar von ihrer Gegenwart abhängig. Reich sein ist: die Mittel besitzen, andere für sich arbeiten zu lassen, und diese Mittel bilden immer einen Komplex von Bedingungen. Geld besitzen ist nichts, wenn man allein ist in der Wildnis; es bedeutet ebensowenig, wenn die Münze außer Kurs ist: das schlagendste Beispiel davon haben die Assignaten geliefert. Aber auch Edelmetall hat einen konventionellen und veränderlichen Wert; die Silbermünzen enthalten heute nur ein Drittel ihres nominellen Wertes an Silber. Und dann die Kaufkraft des Geldes! In Transvaal kauft man für ein Pfund Sterling nicht das Zehntel von dem, was man in Japan dafür erhält. Auch Länder besitzen bedeutet nichts, wenn die Hände fehlen, um den Boden urbar zu machen, wenn Wasser fehlt, um ihn zu berieseln, wenn die Wege fehlen, um die Produkte zum Markt zu befördern. Für einen König oder einen Häuptling liegt sein Reichtum in seiner Macht. Aber sie ist ganz und gar abhängig von der Treue seiner Untertanen. Wenn ihre Ansichten wechseln, wanken die Grundfesten seines Palastes. Und dagegen kann einer, der keinen Pfennig in der Tasche hat und kein Dach über seinem Haupte, sich im Nu bereichern, wenn er ein Talent oder eine Eigenschaft besitzt, welche von seiner Umgebung geschätzt wird. Irgend eine Geschicklichkeit, eine schöne Stimme, ein gewinnendes Äußere, ein launiger Geist oder eine unzerstörbare Heiterkeit können ihm ein Vermögen einbringen.

Kapitel VI.

Der Genuß.

„The whole theory of Economy depends upon a correct theory of consumption". Jevons.

Verbrauch Dadurch, daß sie eine von den drei oder vier Hauptabteilungen der ökonomischen Wissenschaft die Theorie des Verbrauches (Konsumtion) nannten, haben die Ökonomiker einen bedauerlichen Irrtum begangen. Denn erstens paßt das Wort Verbrauch sehr schlecht auf mancherlei Arten, aus Gegenständen einen Nutzen zu ziehen (aus Büchern, Diamanten, Gemälden usw.); zweitens ist es durchaus unanwendbar auf persönliche Dienste. Es kann auch schwerlich gesagt werden von den Diensten, welche uns Haustiere und Naturkräfte erweisen. Sagen wir, daß wir ein Pferd oder ein Kamel verbrauchen, wenn wir darauf reiten? Kann man reden von der Konsumtion von Schäferhunden, eines Wasserlaufes, der eine Mühle treibt, eines Wasserfalls in den Bergen, von Sonnenlicht und Sonnenwärme? Wenn man gleich eingesehen hätte, daß das einzige, was direkten ökonomischen Nutzen hat, immer nur Dienste sind, gleichviel ob sie uns von Personen, Gegenständen oder Naturkräften erwiesen werden, und daß auch die Gegenstände ihren Verbrauchs- oder vielmehr Gebrauchswert ganz und gar ihren Dienstleistungen verdanken; wenn man diesen Gebrauchswert als Basis des gesellschaftlichen Wertes nicht verkannt hätte, um sich ausschließlich mit dem Tauschwert zu befassen, so würde man von selbst dazu gekommen sein, vom Gebrauch oder Genuß der Dinge zu sprechen, sei es, daß man materielle Objekte oder die Dienste anderer Menschen, der Tiere oder

der Natur meint. Von diesen zwei Ausdrücken ist das Wort

Genuß

Genuß das Bessere, wenn von der endgültigen Verwendung die Rede ist, als Endzweck aller menschlichen Tätigkeit, denn Gebrauch kann auch meinen: ihre produktive oder reproduktive Anwendung.[1])

Das Wort Verbrauch, in diesem uneigentlichen Sinne genommen, hat noch einen andern Nachteil. Anstatt den Genuß der Güter und Dienste im wahren Licht zu zeigen, leistet es der Auffassung Vorschub, als ob der Endzweck jedes Genußaktes die Aufzehrung eines Gutes wäre, wo doch in Wirklichkeit die Zerstörung oder der gänzliche Verlust einer Sache eine Ausnahme, ja materiell gesprochen, gar nicht möglich ist. Ch. Gide (Principes) bemerkt sehr richtig, daß die Vernichtung oder die Abnutzung nicht der Zweck oder auch nur die notwendige Folge der Gebrauchmachung ist, im Gegenteil eine bedauerliche Begleiterscheinung: „wir bemühen uns ja, die Dinge so lange wie möglich dauern zu lassen, und wenn man alle Dinge unverschleißlich machen könnte, würden sie nicht weniger gut, sondern viel besser ihrem Zweck entsprechen, denn in diesem Falle würde man sie ewig benutzen können"; und in einer früheren Auflage: „Die Venus von Milo kann allen menschlichen Generationen ästhetischen Genuß verschaffen, ohne ein Atom ihrer Substanz einzubüssen, und daß sie verstümmelt ist, ist leider die Schuld der Barbaren, nicht ihrer „Konsumenten".[2])

[1]) Besagtes Mißverständnis beruht auch auf der einseitig kommerziellen und industriellen Auffassung (worauf schon früher hingedeutet wurde), die, nach den Physiokraten und Adam Smith, die Wissenschaft mit Ricardo und der Manchesterschule einzunehmen begann, wodurch die produzierten Güter in den Mittelpunkt des Interesses gerückt wurden, und man also ihren Entstehungsprozeß, ihre Verteilung und ihr Verschwinden oder Unbrauchbarwerden als Alpha und Omega der Ökonomik betrachtete. Auf solch eine Anschauung paßte das Wort Verbrauch; es war zugleich schuld daran, daß dieser Teil der Theorie sehr rudimentär blieb. Denn wenn die Konsumtion für die Ökonomie nur deshalb Bedeutung hat, weil dadurch neue Nachfrage nach dem Produkt entsteht, warum soll man sich dann noch plagen mit der Untersuchung, auf welche verschiedene Weisen ein Produkt gebraucht werden kann?

[2]) Andere Schriftsteller haben ähnliche Bemerkungen gemacht: „Les échanges, seule manière de consommer la monnaie. Consom-

Dieser letzte Umstand verhindert eine Deutung, welche den Terminus Verbrauch noch retten könnte, nämlich die Annahme, dasjenige was verbraucht wird, sei nicht der Gegenstand selber, sondern sein Wert („Konsumtion ist Verbrauch von Wert“, sagt Gustav Cohn), der Umstand nämlich, daß es Güter gibt, welche Dienste erweisen, ohne einen Partikel ihres Wertes zu verlieren. Es gibt deren, welche praktisch unzerstörbar sind, es gibt sogar deren, welche durch einen vorsichtigen und sachverständigen Gebrauch besser werden, wie der Boden, gewisse Musikinstrumente, Talente und Geschicklichkeiten (diese vernichtet nur der Tod, wenn sie nicht vererblich sind). Die meisten allerdings nehmen langsam an Wert ab, und es gibt eine kleine Anzahl, welche allen Wert auf einmal verlieren, wie eine Kerze, die aufbrennt. Diesen letzten Fall, den des wirklichen Verbrauchs, hat man zum Typus erhoben.

Wenn ein Gegenstand zu einer langen Reihe von Gebrauchmachungen dient, wie ein Bett, eine Uhr, ein Klavier,

Abnutzung

findet zunächst nur Abnutzung statt, aber kein völliger Verbrauch. Erst wenn die Abnutzung so weit vorgeschritten ist, daß das Bett z. B. nicht mehr als Bett gebraucht werden kann, sondern der Ofen damit geheizt werden muß, kann man von Verbrauch sprechen. Ebensowenig aber wie jeder Genuß oder Gebrauch von Wertverlust begleitet wird, ist jede Wertabnahme mit einem Genuß verbunden; so z. B. bei einfacher Zerstörung oder Verlust, oder bei Wertabnahmen, welche durch eine Veränderung im Bedürfnis bedingt werden (Kleider, welche aus der Mode kommen, oder sogar unabhängig davon: Eßwaren, welche verderben, ein leeres Haus das verfällt usw.) Die Ausdrücke Zerstörungsverbrauch und Verlustkonsumtion, welche Roscher auf diese Fälle anwendet, passen zwar zu seiner Definition, welche beim Verbrauch nur die Aufhebung der Brauchbarkeit als Merkmal gelten läßt; aber nach unserer Auffassung, wo er sich als wirtschaftliche Kategorie immer auf mensch-

mation singulière, du reste, qui est leur conservation indéfinie et non leur destruction, sauf leur très lente usure.“ (G. Tarde, Psychologie économique).

liche Zwecke bezieht, sind sie sinnleer: wenn man das richtige Wort Genuß hier einsetzen wollte, würde das Sinnwidrige solcher Wortverbindungen sofort einleuchten.

Manche Nutzanwendungen sind produktiv oder reproduktiv, d. h. sie schaffen neue Werte. Die Benutzung von Kohlen im Ofen meines Studienzimmers ist es nicht, denn sie dient nur dazu, mich zu erwärmen; doch in den Retorten der Gasanstalt wird die Steinkohle produktiv verbrannt, sie verwandelt sich in Gas, Koks, Teer usw. Hier findet also auch Verbrauch ohne Genuß statt, doch mit Wertzunahme. Verbrauch im eigentlichen Sinne ist also eine spezielle Begleiterscheinung, ein Akzidens des Gebrauches, und kann sowohl bei der Produktion der Dinge als bei ihrem Genuß auftreten. Und hierin liegt ein letzter Grund, diesen Terminus vorzuziehen.

Man hat bisweilen den Namen „produktiver Verbrauch" dem Verbrauch von Lebensmitteln durch Arbeiter gegeben. Dies werden wir nicht tun, denn wir betrachten den Menschen nur als Endzweck und niemals als Produktionsmittel. Er ist der End- und Anfangspunkt aller ökonomischen Betätigungen, und obgleich man nötigenfalls jede zweckmässige Verzehrung eines Produkts als eine indirekte Erzeugung auffassen könnte, ist es unmöglich, diesen Gedanken konsequent durchzuführen, ohne allen Unterschied zwischen Erzeugen und Genießen zu verwischen. Wir werden also jeden Genuß als improduktiven Gebrauch auffassen. Improduktiver Gebrauch ist aber nicht gleichbedeutend mit nutzlosem Verbrauch; der Genuß ist sogar die einzige ökonomische Tätigkeit, welche unmittelbaren Nutzen hat, denn alle produktiven Handlungen verdanken ihren Nutzen nur der Tatsache, daß sie schließlich auf einen Genuß hinauszielen (siehe die Vorrede).

Es ist nach allem Gesagten fast selbstverständlich, daß nicht jeder Genuß einen Produktionsakt voraussetzt, auch wenn es sich um völlige Konsumtion handelt, denn die Luft z. B., welche wir einatmen, und das Wasser, das wir trinken, sind nicht von Menschen erzeugt. Und in noch höherem Grade trifft dies zu, wenn man Bedürfnisbefriedigung im allgemeinen ins Auge faßt. Das Beisein einer geliebten

Person kann einen unschätzbaren Wert für uns haben; ein Gespräch kann den wichtigsten Dienst erweisen; ein Spaziergang in einem entlegenen Winkel der Natur, ohne Wege oder Spuren von menschlicher Bearbeitung oder Kultur, kann einen mächtigen Zauber ausüben;[1]) und die Wachsamkeit meines Dieners oder sogar seine große Gestalt können Einbrechern einen heilsamen Schrecken einflößen.

Kapitel VII.

Wirtschaftlichkeit und Verschwendung.

Um beurteilen zu können, ob von einem Gut ein ökonomischer Gebrauch gemacht wird, müssen wir prüfen, wie der wirkliche Genuß sich verhält zum möglichen Genuß, den man daraus ziehen kann. Wenn durch Ungeschicklichkeit oder Rücksichtslosigkeit in der Behandlung materieller oder immaterieller Güter zwei Drittel ihres Nutzens für den Gebrauch verloren gehen, ist man verschwenderisch, wenn man auch noch so ärmlich davon lebt; wenn jeder Teil unseres Besitzes so ausgenützt wird, daß er uns Dienste erweist, und zwar solche, die uns die größtmögliche Befriedigung verschaffen, ist man ökonomisch, auch bei der üppigsten Lebensführung. Auch kommt meistenteils in Betracht die Vergleichung zwischen dem Vorteil, den wir aus der Verwendung

---

[1]) Hier findet sich ein weiteres Beispiel dafür, wie unlogisch es ist, den Terminus Verbrauch auf alle Genüsse anzuwenden. Es ist gewiß nicht die feine Küche der schweizerischen und norwegischen Hotels, was den eigentlichen „Verbrauchs"gegenstand bildet für die Hunderte von Touristen, welche sie alljährlich besuchen, und in den Hotelpreisen ausgedrückt ist. Muß man dann sagen, daß die Berge, die Wasserfälle und Gletscher von ihnen „konsumiert" werden? Aber wenn nach tausend Jahren die Landschaft einige Abnutzung aufweist, so wird das wohl ganz anderen Kräften zuzuschreiben sein als die der zahllosen menschlichen Ameisen, welche jedes Jahr darauf herumkriechen.

Im folgenden werden wir die Ausdrücke Verbrauch (Konsumtion) und Verbraucher (Konsument) nur dort anwenden, wo von einem wirklichen Aufzehren die Rede ist. Sonst werden immer von Gebrauch und Genuß, Gebraucher und Genießer sprechen.

ziehen und den Opfern, welche es kostet, dasjenige, was verbraucht oder nutzlos geworden ist, wieder herzustellen. Im allgemeinen sind also Wirtschaftlichkeit oder Verschwendung bedingt durch das Verhältnis zwischen Genuß und Opfer.[1])

Wirtschaftlichkeit ist also nicht identisch mit Sparsamkeit. Wenn man die Güter nicht weidlich ausnützte, würde der Reichtum nicht zur Wohlfahrt führen, sondern zur Knauserigkeit und Knappheit. In diesem Sinne hat Larochefoucauld Recht, wenn er sagt: „L'avarice est plus opposée à la vraie économie que la libéralité.“ Die Prosperität besteht nicht im vielen Erzeugen und wenigen Verzehren, sondern im richtigen Gleichgewicht zwischen Erzeugung und Verbrauch.[2]) Wenn man von seinem Einkommen reichlich leben kann, braucht man sein Kapital nicht zu vergrößern.

Wirtschaftlichkeit und Sparsamkeit

Doch, wenn auch einige Privatpersonen sich in dieser glücklichen Lage befinden, die Gesellschaft im allgemeinen ist noch lange nicht so weit. Alle großen Staaten, alle großen Städte sogar, stecken tief in Schulden, und je mehr die Einkünfte der Einwohner aus Kapital und Arbeit zunehmen, desto schwerer werden sie von den stets zunehmenden Steuern verkürzt. Es ist also die Frage zulässig, wie dieser mäßige und verständige Gebrauch, den man Wirtschaftlichkeit nennt, am besten zustande kommt. Denn eine völlige Befriedigung unserer Bedürfnisse wird nicht nur durch reichliche Erzeugung

---

[1]) Der allerwirtschaftlichste Gebrauch ist natürlich derjenige, wobei das Gut noch an Wert zunimmt (Geige von Cremona, gewisse Fähigkeiten); darauf folgt der, wobei es nicht an Wert abnimmt (Edelsteine, gewisse Kunstgegenstände); dann ein solcher, wobei langsame Abnutzung stattfindet; ökonomisch ist auch noch der gänzliche Verbrauch, wenn ein Maximum von Genuß dadurch erreicht wird; unwirtschaftlich wird der Gebrauch, wenn ein Minimum von Genuß herauskommt oder niemand einen Genuß davon hat (Vernichtung, Verlust oder Faulung); der schlimmste Fall ist der, wenn der Gebrauch einen Schaden oder ein Unheil verursacht (Gift).

[2]) „Wollte ein Volk alles dasjenige sparen, was ihm seine dringendsten Bedürfnisse übrig lassen, so würde es bald vermehrten Absatz im Auslande suchen, oder Kapital dahin verleihen müssen, würde aber an Lebensfreude und höherer Bildung durchaus nicht fortschreiten.“ Roscher, Grundlegung, § 221. Siehe auch unten Kapitel VIII (der Luxus).

von Gütern erreicht, sondern auch durch eine ökonomische Ausnutzung, sowohl der Naturkräfte als der menschlichen Arbeit und Talente, der Produkte menschlichen Gewerbfleißes und der Zeit. Ebenso wie für eine Privatperson Verschwendung nicht darin besteht, daß sie ihr Einkommen aufzehrt, wie groß es auch sein mag, sondern darin, daß sie ihr Vermögen angreift, für einen Industriellen darin, daß er sein Material abnutzt, ohne durch Abschreibung für Ersetzung und Reparaturen zu sorgen, so besteht für die Gesellschaft die Verschwendung auch besonders in der Zerstörung oder Erschöpfung der Quellen des Reichtums, im Ausmergeln des Bodens und anderer natürlichen Hilfsquellen, in der Züchtung von Gewohnheiten der Faulheit, Unwissenheit und Tändelei, oder in einer derartigen Ausbeutung der Arbeiter, daß die Rasse dadurch geschwächt wird. Wir haben auf S. 72 ausgeführt, daß aller Reichtum das Produkt dreier Faktoren ist, der Naturgaben und -Kräfte, der menschlichen Arbeit und der Zeit. Wir werden das später bei der Produktionstheorie noch etwas anders formulieren, aber für den jetzigen Zweck reicht diese Formulierung aus. Man könnte auch sagen: die Zeit ist eine Funktion der Arbeitskraft (oder der Naturkraft). Wenn ich heute etwas nicht mache, muß ich es entweder morgen tun — und dann ist es vielleicht zu spät, oder es ist überhaupt unmöglich, weil jeder Tag seine Anforderungen hat, oder weil mit der Zeit die Kräfte abnehmen. Das ist auch wahr für das ganze Volk. Zwar sind die Naturkräfte unzerstörbar, und wird die menschliche Arbeitskraft in jeder Generation wieder neu geboren, aber wenn man einen Wald umgehauen hat, sind Jahrhunderte nötig, um ihn wieder aufwachsen zu lassen, hat man eine Generation Menschen verkümmern lassen oder hat sie in nutzlosem Kampf erschöpft, so braucht es wieder 20 Jahre, ehe das neugeborene Kind zum Manne gereift ist, und vielleicht länger, ehe die Rasse sich vom Schaden erholt hat. Es ist also eine Frage des sozialen Interesses, zu verhüten, daß die gemeinsamen Hilfsquellen nutzlos vergeudet werden. Waldungen, Flüsse, Fisch und Wild, der Arbeiter (im weitesten Sinne), das Kind, sollen auf rationelle Weise beschützt werden, weil sie unser aller Vermögen bilden.

Verschwendung

Was **die natürlichen Hilfsquellen** betrifft, so kann man:

1. Den Boden durch Raubbau erschöpfen oder ihn verbessern (durch Düngung, Berieselung oder Drainierung, durch Humuserzeugung, Brachlegung und Wechselwirtschaft).

2. Rücksichtslos entwalden oder anpflanzen und regelmäßig lichten, während der Waldbestand erhalten bleibt.

Vom ersteren sind große Trockenheiten mit periodischen Überschwemmungen die Folgen (Süd-Italien, Spanien und Süd-Frankreich), zum Schluß Holzmangel, schnelles Abnutzen der Berge, Landdünen und Bergstürze. Sogar das Klima des Landes kann darunter leiden. Die Wurzeln der Bäume halten den Boden zusammen, es bildet sich eine Humusschicht, welche das Wasser aufsaugt und nur allmählich wieder abgibt.

3. Das Wild ausrotten oder schonen. In Afrika sind die Elefanten schon stark am Abnehmen, in Amerika ist der Bison fast verschwunden, in vielen Gegenden werden alle Vögel unbarmherzig niedergeschossen. Durch Zucht und Mehrung des Viehstandes (Strauß-Farmen in Süd-Afrika) kann man hier bis zu einer gewissen Höhe abhelfen, und auch durch Vertilgung von schädlichen Tierarten oder Schutz solcher Arten, welche die schädlichen bekämpfen.[1]) Durch Aussetzen von Fischen in Weihern oder durch künstliche Fischzucht, durch Fischverbot in der Zeit des Laichens oder durch Verhinderung der Fabriken ihren Schmutz und Abfall ins Wasser abzuführen und so die Fische zu vergiften, kann viel für die Erhaltung der Wasserbewohner getan werden.

Was **die menschliche Arbeitskraft** betrifft, so kann man:

1. Durch Gesetze, welche die Anhäufung des gesellschaftlichen Kapitals in wenigen Händen begünstigen, wie die englischen Gesetze über das Grundeigentum (entail und Majorat) einer bestimmten Klasse Gelegenheit geben zum Nichtstun und zur Vergeudung, eine andere nötigen sich abzumühen und sie gleichgültig machen gegen die Resultate ihrer Arbeit (die Entvölkerung und Verarmung Irlands!), oder durch eine gerechte Verteilung und das Eröffnen gleicher

---

[1]) Das entgegengesetzte ist geschehen, als man in einigen Seen Hechte losgelassen hat, welche alle Forellen vertilgt haben.

Chancen für jedermann die allgemeine Notwendigkeit mässiger Arbeit entstehen lassen, und so bei der Mehrzahl Arbeitslust und Regsamkeit erhalten. Denn es ist nicht wahr, daß der Mensch von Natur einen Abscheu vor der Arbeit habe. Wenn etwas bei der Arbeit herauskommt, wenn die Anstrengung nicht zu groß ist und zu anhaltend oder das Werk zu einförmig, gewinnen Arbeiter, Handelsleute, Industrielle ein lebhaftes Interesse an ihrer Beschäftigung. Aber wenn man in einer Klasse sein Brot und seinen Wohlstand gesichert sieht, in der anderen sich abquälen muß wie ein Lasttier, ohne viel Aussicht auf Verbesserung, — dann entstehen zwei Formen der Vergeudung: die eine besteht in der Nichtbenutzung der Kräfte, worüber man verfügt (Müßiggang oder improduktive Bastelei), die andere in der zu raschen Aufnützung der Kräfte (und vielfach in einer Beschäftigung unter dem intellektuellen Niveau des Arbeiters).

Der weitaus ungünstigste Zustand kommt vor bei Sklaverei: auf der einen Seite eine erzwungene Arbeit, auf der andern Seite eine heilige Scheu vor der Arbeit, welche als eine Schande betrachtet wird.

2. Kann man Artikel produzieren und konsumieren, welche die Gesundheit und die Arbeitsfähigkeit untergraben, wie Alkohol,[1]) oder Artikel, welche sie erhalten; eine Teuerung der

---

[1]) Die Alkoholfrage würde eine besondere Studie erfordern, welche aus dem Rahmen dieser Schrift treten würde. Ich möchte daher nur auf zwei Punkte hinweisen, worauf bisher selten die Aufmerksamkeit gerichtet wurde, weil man zu viel die Symptome, zu wenig die Ursachen bekämpft. Eine dieser Ursachen ist das B e d ü r f n i s d e s B e t r u n k e n s e i n s. Der Rausch ist ein Zustand, worin gewisse geistige Fähigkeiten für einige Augenblicke angefacht werden oder zu werden scheinen, er verschafft dem Individuum eigentümliche Empfindungen, welche von manchen Leuten sehr geschätzt werden, und besonders von denjenigen, deren Existenz wenige Reize und wenige Abwechslung bietet. Alle ängstlichen Erwägungen verschwinden; man fühlt sich wie von einem Druck befreit, das Selbstvertrauen erwacht, die Zunge löst sich, das Individuum macht sich geltend: etwas überaus Anziehendes für Menschen, welche sonst nie Gelegenheit haben, sich geltend zu machen.

Eine zweite Ursache ist die Notwendigkeit für die Armen und besonders für Fabrikarbeiter, geistige Getränke zu gebrauchen. Wohlhabende Leute haben ihren Klub, ihre Vereinslokale oder den häus-

Nahrungsmittel hervorrufen durch hohe Einfuhrzölle auf Lebensmittel (Getreide, Zucker, Salz, Fleisch), oder sie billig machen durch freie Einfuhr dieser Waren und eine zweckmäßige Verteilung des Bodens und der Kulturen.

3. Kann man religiöse oder philosophische Anschauungen hegen, welche Müßiggang begünstigen, und Verachtung irdischer Güter predigen, wie der Fatalismus der Mohammedaner;[1]) man kann am Totenkult die Zeit und die Sorgen spenden, welche die Lebenden erhalten sollten (siehe S. 38). Auch Verachtung der Arbeit als solcher wirkt lähmend. Bei vielen Völkern ist noch ein Rest davon vorhanden

---

lichen Herd, wo sie nicht zu trinken brauchen, wenn sie nicht wollen, oder sie essen in Pension oder Restaurant, wo auch nur selten Trinkzwang ist. Arme Menschen aber gehen ins Wirtshaus, um der Geselligkeit zu pflegen, um einen Augenblick ihr kaltes und schmutziges Heim zu vergessen, den häuslichen Zank, die schreienden Kinder, die Dumpfigkeit und Müffigkeit ihrer engen Behausung. Sie wollen auch einmal Menschen sehen, über Politik reden, besprechen, was in Fabrik oder Werkstatt vorgeht usw. Aber natürlich ist man verpflichtet, etwas zu verzehren. Und das erwärmt auch und verscheucht das ewige Brüten und das dumpfe Einerlei. Vielleicht auch erhöht die Einförmigkeit der täglichen Nahrung, der schlechte oder fade Geschmack der hastig zubereiteten Kost das Bedürfnis nach Reizen. Die namhaftesten Schriftsteller erkennen, daß die Hauptursache des Alkoholismus das Elend ist. Und zum Elend gesellen sich Unwissenheit und falsche Scham. Es gibt noch immer Menschen, die meinen, das Trinken mache kräftig, und wenige sind mutig genug, einen dargebotenen Trunk abzulehnen. Die allgemeine Ansicht ist, daß es männlich ist, zu trinken und einen Trunk gut zu vertragen. Alle Heilmittel werden daher, wenn sie überhaupt etwas ausrichten, nur langsam wirken, denn es sind hier mancherlei Vorurteile zu überwinden. Vor allen Dingen soll man aber bedenken, daß die Alkoholfrage eine der zahlreichen Verzweigungen der sozialen Frage ist.

[1]) Bei den Arabern gilt es als eine Tugend, alles, was man hat, unter die Anwesenden zu verteilen. Der Trieb zu sammeln und für sich zu behalten, wird verachtet. Es ist selbstredend, daß Freigebigkeit als allgemein gepflegte Tugend eine aufgezwungene Zierde ist, und daß für die ökonomische Entwicklung der Egoismus bis zu einer gewissen Höhe unentbehrlich ist. Denn derjenige, der weiß, daß er am Ende seiner Mühe die Frucht seiner Arbeit mit seinen Nachbarn wird teilen müssen, arbeitet nicht mit dem rechten Eifer. Es gibt auch Länder, wo jede Arbeit verachtet wird als Zeichen sklavischer Kondition, und Bettelei noch als ehrenhafter gilt.

in der Minderbewertung der Handarbeit, und auch wir moderne Menschen sind von dieser Auffassung nicht ganz frei. Die Arbeit, welche adelt, ist noch allzuviel nur diejenige, bei der man auf seinem Stuhl sitzen bleibt. Das Gewerbe ist Kennzeichen niederen Standes: Söhne von wohlhabenden Eltern müssen studieren oder mindestens die Realschule absolvieren, ob sie dazu veranlagt sind oder nicht. Und viele Söhne von Arbeitern und kleinen Ladenbesitzern glauben Karriere gemacht zu haben, wenn sie genug Bücherweisheit in ihren Kopf gesteckt haben, um ein Gewerbe, das oft ein sehr gutes Dasein verbürgt, gegen die anständige Armut eines Kontoristen oder kleinen Beamten zu vertauschen. Die Erziehung kann daran nicht viel ändern, denn sie ist unwillkürlich durchsetzt von landläufigen Meinungen und herrschenden Ansichten; althergebrachte Begriffe sind zäh, und man soll nicht meinen, daß mit einem Willensentschluß oder einer einfachen Demonstration alles gleich in Ordnung kommen könnte.

4. Man kann die verfügbaren Kräfte zu improduktiven persönlichen Diensten gebrauchen oder zur produktiven Arbeit, und speziell zur Kapitalbildung. Früher war eine der hauptsächlichsten Formen des Luxus, eine große Anzahl Bediente und Untergebene zu haben. In Moskau hatte mancher Palast vor 1812 gegen 1000 und mehr Hausdiener, ungeschickt, übel genährt, so schwach beschäftigt, daß vielleicht einer bloß das Mittagstrinkwasser, ein anderer bloß das Abendtrinkwasser zu holen brauchte. Selbst arme Adelige hielten 20 bis 30 Bediente. „Wir waren eine Familie von acht Personen, schreibt Peter Kropotkin (Memoirs of a revolutionist), bei gewissen Gelegenheiten von 10 oder 12; aber 50 Bediente in Moskau, und anderthalbmal soviel auf dem Lande, wurden als nicht einer zu viel betrachtet. Vier Kutscher um ein Dutzend Pferde zu versorgen, drei Köche oder Köchinnen für die Herrschaft und noch zwei für das Dienstpersonal, ein Dutzend Bediente bei Tisch (hinter jeder Person stand einer, einen Teller in der Hand) und eine Anzahl Mägde in der Frauenabteilung — wie hätte jemand mit weniger auskommen können?“ (Siehe auch den Luxus).

5. Man kann gleichgültig sein gegen die Zukunft der Rasse, und die Ausbeutung von Arbeitern, Frauen und Kindern ruhig gewähren lassen, ansteckende Krankheiten sich verbreiten lassen (durch schlechte Wohnungszustände, Luftmangel, schlechte oder keine sanitäre Maßregeln); Bestialität und erbliche Sünden ruhig fortwuchern lassen, durch Anhäufung von Familien in Mietkasernen und die Sorglosigkeit, welche durch Elend entsteht; während man all seine Aufmerksamkeit verwendet auf die Veredlung des Rindviehs und der Pferderassen. Oder man kann sich auch für die Zucht gesunder Menschen und Kinder interessieren (viriculture und puériculture, sagt man heute in Frankreich), den Kampf aufnehmen gegen Alkohol und Tabak (Mißbrauch hiervon durch Kinder!), gegen Tuberkulose und Syphilis, vielleicht Maßregeln treffen, um gewisse Ehen zu verhüten, und Gelegenheit schaffen zur praktischen Ausbildung der Jugend.[1])

Man soll bei allem diesem wohl bedenken, daß, wenn man Arbeitskraft vergeudet oder schmälert, man menschliches Leben vergeudet; denn die Zeit, worüber die Gesellschaft für die Produktion verfügt, hängt nicht nur von der Anzahl der Arbeitenden ab, sondern auch von der Dauer der Arbeitsfähigkeit; jedes Leben besteht aus einer produktiven Periode und einer doppelten improduktiven Periode. Kindheit und Alter, wenn nicht verloren für den Genuß, sind doch bedeutungslos für die Produktion. Gewöhnlich ist die produktive Periode länger, je länger die gesamte Lebensdauer ist.[2]) Und wie verschwenderisch hier

[1]) Was vielleicht noch nicht heißt: alle Kinder bis zu fünf oder sechs Stunden pro Tag einzusperren in dumpfigen Lokalitäten mit kahlen Wänden, und sie dort zum Stillsitzen zu zwingen, um hauptsächlich Gedächtnisarbeit zu verrichten.

[2]) In seinem Cours d'économie politique bemerkt Gide, daß die nützliche Lebensdauer noch nicht der mittleren Lebensdauer proportional zu sein braucht, daß z. B. in einem Lande, wo die Hälfte der Einwohner bei der Geburt, und die andre Hälfte im 60. Lebensjahre stürbe, die mittlere Lebensdauer dieselbe sein würde, und doch die nützliche Lebensdauer im zweiten Falle länger (40 anstatt 10). Aber das ist ein hypothetischer Fall; im allgemeinen wird das nützliche Leben da am längsten sein, wo das Leben am besten gehütet ist, und be-

geradezu das Elend wirkt, geht aus den folgenden Ziffern hervor: nach den Statistiques de la Ville de Paris geht die jährliche Sterblichkeit in den reichen Vierteln der Champs-Elysées und der Arc de Triomphe de l'Etoile bis auf 10 pro 1000 herab, und steigt bis 43 ‰ im Viertel Montparnasse! In London ist es noch schlimmer. Nach Angaben der Board of Health ist die Sterblichkeit 11,3 ‰ in den reichen Häusern und 50 ‰ in den sehr armen. Nach dieser Berechnung, sagt Gide, hat also ein armer Mensch 4- oder 5mal soviel Sterbechancen wie ein reicher!

Man soll sich freilich hüten aus diesen Ziffern allzu eilige Schlußfolgerungen zu ziehen. Vilfredo Pareto bemerkt in seinem Werk Les Systèmes Socialistes, daß gewisse Umstände auf dieses Ergebnis von Einfluß sind. Die Reichen senden oft, besonders in Frankreich, ihre Kinder zu Ammen auf das Land, was die Ziffern der städtischen Mortalität vermindert, diese fällt entsprechend auch für Erwachsene, denn kränkelnde Personen in guten Verhältnissen lassen sich oft nieder oder verweilen eine Saison in anderen Gegenden, welche für gesünder gehalten werden, reiche Lungenkranke gehen oft weit von ihren Wohnsitzen sterben. Man sollte auch die Ziffern der Kindersterblichkeit getrennt angeben, besonders im ersten Lebensjahre, wo sie in den unteren Schichten der Bevölkerung so groß ist.

Trotz dieser Umstände unterliegt es keinem Zweifel, daß die mittlere Lebensdauer und auch die produktive Periode für die ärmeren Klassen viel kürzer ist als für die Reichen, infolge Überanstrengung, Gewerbskrankheiten, Infektionen, schlechter Verpflegung bei Siechtum, Unglücksfällen, ungenügender Nahrung usw. Sogar wenn er am Leben bleibt, wird der Arme viel früher alt und gebrechlich. Der Reiche verschwendet sein Geld, der Arme sein Leben.

Es kommt natürlich auch vor, daß infolge dieser größeren Sterblichkeit, viele Menschen ums Leben kommen kurze Zeit bevor die produktive Periode erreicht ist, oder kurz nachher.

---

sonders da, wo das erwachsene Individuum am besten gegen schlechte Chancen, Arbeitsunfälle, Sterblichkeit durch Krieg, Epidemie usw. geschützt ist.

Dann ist alles, was die Gesellschaft für ihren Unterhalt und ihre Ausbildung verausgabt hat, rein verloren (siehe Kap. IX).

Was **die Zeit** anbelangt, so kann man sie totschlagen oder ausnützen. Dieses hängt

1. in hohem Grade von den Volksgewohnheiten ab. In wirtschaftlich zurückgebliebenen Ländern (China) ist es Gewohnheit, bevor man dazu übergeht, den geringsten Kauf zu schließen, erst einige Zeit über gleichgültige Dinge zu reden, eine Tasse Tee oder Kaffee zu trinken, nach der Gesundheit von Gast oder Gastwirt zu fragen, und dann so unmerklich und wie beiläufig den Gegenstand zu berühren, warum man eigentlich kommt. In derartigen Sachen soll auch noch ein großer Unterschied in den Businessmethoden Englands und Frankreichs bestehen. Man kann sagen, je mehr in einem Lande das Bewußtsein des Wertes der Zeit durchgedrungen ist, desto höher das Volk ökonomisch entwickelt ist. Viel Zeit geht auch verloren durch Gewohnheiten von Müßigkeit in den höheren Gesellschaftskreisen, von stundenlang Toilettemachen und sich viel Umkleiden, oder wird vertrödelt mit improduktiver Arbeit, wie vielem Dilettantenwerk (z. B. Klavierspielen von Unmusikalischen oder wenig musikalisch Veranlagten);

2. von der Einrichtung des Haushaltes. Die althergebrachte Routine will, daß die Hausfrau, die Mägde oder Diener den ganzen Tag mit wenig produktiven und umständlichen Arbeiten beschäftigt werden (der Unterhalt von Möbeln, welche die Zimmer füllen, ohne den Komfort zu mehren, Gardinen, Teppiche und Tapeten, deren vornehmste Funktion es ist, Staub zu sammeln, das separate Kochen für jede Familie, die Waschtische mit ihren Kannen und Waschbecken, die Öfen mit Kohlenkasten und allem Übrigen, die Petroleumlampen, Kerzen usw., das fortwährende Staubabwischen, das Besorgen der Wäsche im Hause und andere häusliche Beschäftigungen). Doch ist auch hier eine langsame Evolution zu beobachten und die Arbeitsteilung setzt sich auch hier mehr und mehr durch. Früher wurde im Hause auch das Brot gebacken, Zwirn gesponnen, Leinen gewebt, jetzt sind schon lange diese Beschäftigungen Gegenstand besonderer

Gewerbszweige. Auch die Wäsche findet jetzt meist aus dem Hause statt. Für Fensterreinigen, Teppichreinigen, Staubsaugen, für den Möbeltransport bei Umzug hat man spezielle Unternehmer. Das Telephon spart schon viele Gänge und macht auch das Hausieren an den Türen unnötig. Gas und elektrisches Licht machen das Füllen und Putzen der Lampen überflüssig, Wasserleitungen das Schöpfen und Pumpen, obgleich es merkwürdig ist, daß noch so selten der Waschtisch mit der Wasserleitung in direkter Verbindung steht. Die moderne Technik hat die Tendenz die Frau von all diesen Sisyphusarbeiten zu entlasten, und damit fast die Hälfte des Menschengeschlechtes für die Produktion frei zu machen.[1])

3. Von den Mitteln um Zeit zu sparen, in erster Linie den Verkehrs- und Transportmitteln, elektrischen Trambahnen, Telegraphen und Telephonen. Doch geht noch im Innern der Städte der Verkehr recht langsam, weil die Straßen zu eng sind, dadurch Stockungen vorkommen, die Trottoirs zu schmal und die Straßen zu krumm sind, und eine derartige Planlosigkeit noch vorherrscht, daß sogar in neuen Vierteln die Straßen oft nicht durchgezogen sind, so daß man zwischen zwei naheliegenden Punkten oft einen großen Umweg machen muß. In zweiter Linie hilft die Presse (Schnellpressen und Setzmaschinen), die Stenographie und die Maschinenschrift, anstatt des langsamen Schreibens und Kopierens von früher. Hier ist die Ökonomie des Privatgeschäftes der der Staatsverwaltung voran, welche in vielen Ländern ein System scheint, welches absichtlich dazu eingerichtet ist, Zeit zu verlieren und verlieren zu lassen, eine umständliche Bureaukratie, eine formalistische Rechtspflege, ein kompliziertes Steuersystem. (Es ist sogar in vielen Län-

[1]) Ich sage: fast die Hälfte, denn die Weiber des Volkes sind schon längst zum Teil als Arbeiterinnen für die Produktion tätig (auch in der Haushaltung gibt es eine Art Produktion, aber sie ist im Verhältnis zur aufgewendeten Mühe sehr geringfügig). Der Feminismus, welcher für die Frau die Erschließung der meisten Erwerbszweige verlangt, die jetzt nur den Männern offenstehen, ist sicher teilweise ein Ergebnis dieser Evolution. Die Frau will, indem sie nicht mehr ganz von der Haushaltung in Anspruch genommen wird, einen wirksamen Anteil am gesellschaftlichen Leben nehmen.

dern verboten, seine Steuern durch die Post einzusenden, als ob man Obrigkeits wegen geflissentlich ignorierte, daß diese auch Wertsendungen befördert. Auf die Steuererhebung durch den Zoll kommen wir später zurück. Vorläufig stellen wir dem denkenden Leser die Frage, ob Deutschland oder Nordamerika sich wirtschaftlich so hätten entwickeln können, wenn zwischen den einzelnen Staaten noch die alten Zollgrenzen dagewesen wären?).

Die Produkte Mit den fertigen Produkten zu wirtschaften ist von weniger Bedeutung als mit dem, was wir das Kapital der Gesellschaft nannten. Weil aber der Genuß der Endzweck aller ökonomischen Handlungen ist, fordert die Vernunft, daß wir auch den Produkten ein Maximum Genuß abzugewinnen suchen. Man kann auch hier sich verschieden verhalten:

1. Kann man seine Mittel der Prunksucht opfern und Gegenstände kaufen, welche zur Befriedigung der Eitelkeit dienen oder sein Geld nur ausgeben für Artikel, welche wirklichen Genuß verschaffen. Zwar gewährt Befriedigung der Eitelkeit auch einen wirklichen Genuß, doch findet sich in den meisten Ausgaben zu diesem Zweck immer ein Teil gezwungener Repräsentation, und die Eitelkeit ist nie befriedigt, bevor man all seine Rivalen in Schatten stellt. Dieser Wetteifer im Aufwand verpflichtet zu immer höheren Ausgaben, wobei die Kosten kein Maßstab der eigentlichen Befriedigung sind. Außerdem haben Gegenstände, welche wesentlichere Bedürfnisse befriedigen, gewöhnlich den Vorteil für jedermanns Gebrauch dienen zu können, während solche, die zur Ostentation da sind, gewöhnlich einem bestimmten Geschmack entsprechen, oft auch nur Wert haben, indem sie zu einem Ganzen passen, während sie für einen anderen Gebrauch total unnütz sind. Und da sie im Unterhalt kostspielig sind, ist ihr Wert unbeständig. Paläste, die Millionen gekostet haben, stehen leer, sind niedergerissen oder mit großen Kosten zu anderen Zwecken eingerichtet worden, wenn sie nicht in Krieg oder Aufruhr zerstört oder niedergebrannt sind. Teppiche und Vorhänge von großem Wert sind durch Motten zerfressen, Staatskleider und Galaröcke nach dem

Tode des Besitzers nutzlos oder sogar lächerlich geworden.

Dasselbe gilt für öffentliche Ausgaben dieser Art, Empfang von Fürsten, offizielle Gedächtnisfeiern, Einweihungen, diplomatische Konferenzen, Gastmähler, Kongresse usw. In allem, was aus der Staatskasse bezahlt wird, ist die Verschwendung maßloser, der Aufwand unsinniger, der Pomp leerer, die wirkliche Befriedigung weniger wahrscheinlich als bei privaten Veranstaltungen. Denn die Teilnahme ist manchmal Pflicht und wird oft als eine Bürde empfunden; die Verluste werden von niemand persönlich getragen; die Steuerpflichtigen müssen doch alles bezahlen, und was etwa übrig bleibt, wird nicht ausgenützt oder erspart; das ist niemands Sache und würde als ein lächerlicher Eifer betrachtet werden. In den Zeitungen findet man fast täglich Beispiele solcher improduktiven und unfruchtbaren Ausgaben; und sie nehmen notwendig zu, jemehr die Staats- und Gemeindebemühungen sich ausdehnen. Denn nicht nur bei außerordentlichen Gelegenheiten sind die Kosten unverhältnismäßig groß, es bleibt fortwährend vieles an den Händen kleben, wieviel, ist schwer zu ermitteln. Es bildet sich ein Parasitismus und ein Strebertum, die auch in moralischer Hinsicht sehr verderblich wirken. Aber auch bei den ehrlichsten Absichten ist eine Tätigkeit, welche den Sporn des persönlichen Interesses entbehrt,[1]) selten ökonomisch, schon deswegen, weil die Sorge für andere, wie gut auch gemeint, nie so viel nützlichen Effekt hat als die für die eigenen Interessen.

Aber es ist Zeit, einen Einwand zu beantworten, welchen man oft gegen diese vorsichtigen Erwägungen anführen hört: „Was schadet es, sagt man; die Ausgaben der Reichen sind das Brot der Armen. Das Geld soll unter die Leute kommen; es verschafft vielen Arbeit, und es wird jedenfalls ein gleicher Wert in Tausch gegeben für die verbrauchten Produkte.“

Dieser Sophismus, welchen man immer von neuem wiederholen hört, geht aus einer falschen Anschauung über die Rolle des Geldes hervor. Das Geld dient nur dazu, Tausch-

[1]) Es ist natürlich das Interesse an der guten Verwaltung, nicht an der Vergeudung gemeint.

handlungen, welche ehemals in natura stattfanden, zu erleichtern; es zerlegt den Tausch in zwei verschiedene Handlungen:

1. ein Ausliefern von Diensten oder Waren gegen Geld, was Verkaufen heißt;

2. ein Ausliefern von Geld gegen Dienste oder Waren, was Kaufen heißt. Das Geld ist also nur ein Mittel, um den Tausch in zwei Tempos zu zergliedern, welche bisweilen sehr weit auseinander liegen können; es kommt bald auf der Debetseite, bald auf der Kreditseite der Rechnung vor, und hat also auf das Fazit keinen Einfluß. Es ist nur eine vorläufige Entschädigung, und könnte durch eine Spielmarke ohne jeglichen Wert ersetzt werden. Der wirkliche Entgelt wird bestehen im Objekt oder im Dienst, welcher später dafür gekauft wird.

Wenn das Geld durch die Arbeitsscheine des Sozialistenstaates ersetzt wäre, würde die optische Täuschung, daß es selbst eine Erstattung ist, nicht so leicht entstehen können; man würde begreifen, daß derjenige, welcher es empfängt, erst einen Dienst erwiesen hat, wofür man ihn eigentlich noch nicht entlohnt hat. Der Schein oder das Geldstück ist keine Entlohnung; es entspricht keinem einzigen Bedürfnis. Es besagt nur dieses: „wir wissen nicht, welche Ware Sie in Tausch für die Dienstleistung begehren, Sie können aber bei vorkommender Gelegenheit sich hierfür etwas zurückgeben lassen von jedweder Art, zum Betrag des auf dem Stück ausgedrückten Wertes". Und darum kann ein schmutziger, zerknitterter Zettel denselben Dienst erweisen als ein Goldstück. Er wird sogar von manchen vorgezogen, weil er leichter in einer Brieftasche geborgen werden kann. Im Augenblick, wo der Besitzer das Geld ausgeben will, erweist er der Gesellschaft also keinen Dienst, er fordert etwas zurück. Wenn man mit einem einzigen Arbeitgeber zu tun hätte, welcher alle Arbeitenden in seinem Dienst hätte und zugleich Besitzer eines ungeheuren Warenhauses wäre, wo man gegen Eintausch der Kassenscheine oder Blechpfennige, welche er seinen Beamten und Arbeitern auszahlt, alles bekommen könnte, was man brauchte, so würde er gar keine

Gefühle der Dankbarkeit empfinden gegen diejenigen, welche ihm diese zurückbrächten in Tausch für die Kaufwaren. Es würde hingegen sein Interesse sein, wenn möglichst viele verloren gingen; denn so würde man ihm gratis Arbeit geliefert haben. Ebenso ist es, wenn jemand stirbt ohne sein Vermögen aufgezehrt zu haben. Alles, was er im Tausch für sein Gold nicht genossen hat, kommt anderen zu gute, und ist ein reines Geschenk an die Gesellschaft.

Derjenige, welcher Geld ausgibt, schenkt also nichts, er fordert etwas zurück. Das Geld und alles, was es ersetzt, sind nur Rechtsbeweise. Man kann auf diese Rechte für einige Zeit zugunsten eines andern verzichten, und bekommt dann Zahlung dafür in Form eines Zinses. Wenn die Rechte, welche das Geld bekundet, rein persönlich wären, so würde man den wahren Sachverhalt bald einsehen: sie würden mit dem Tode des Besitzers hinfällig werden; es sind aber Inhaberwerte, sie sind an den Besitz der Geldstücke gebunden, und darum will jedermann sie gern haben. Sie gehen beim Tode an die Familienglieder oder andere Erben über, und so wird die wahre Funktion des Geldes nochmals verdeckt. Wenn alle Bürger eine große Familie bildeten, und jeder bekäme einen Teil der Erbschaft, so würde der Sachverhalt bald klar werden: man würde einsehen, daß je weniger das Individuum ausgibt, desto mehr den andern übrig bleibt.

Durch die Arbeitsteilung in der heutigen Gesellschaft, wo jeder Dinge macht und verhandelt, deren er selbst nicht oder nur in geringem Maße bedarf, wünscht jeder in den Besitz von Geldstücken zu kommen, und ist man mehr und mehr auf die Ansicht verfallen, daß diese Geldstücke der wahre Reichtum sind, anstatt der Gebrauchsartikel, welche sie vertreten. Das Mittel ist Ziel geworden; und durch eine ähnliche Täuschung wird auch die Arbeit, die man bekommt oder verschafft, als eine Wohltat und ein Vorteil für die Gesellschaft betrachtet; — obgleich es doch von vornherein einleuchtet, daß gerade Ersparung von Arbeit ein gesellschaftlicher Vorteil ist. Man macht hier noch einen Schritt rückwärts: die Arbeit als Mittel sich Geld zu verschaffen wird ihrerseits als ein Ziel betrachtet; ja, manche tun noch einen Schritt weiter zurück und betrachten Zerstörung (durch Feuer z. B.) als etwas Gutes, weil es wieder Arbeit schafft. In Wirklichkeit ist Arbeit, die nicht ihrer selbst willen unternommen wird, immer ein Opfer, weil Ökonomie darin besteht, sich ein Maximum des Genusses zu verschaffen mit einem Minimum von Anstrengung. Alles, was vergeudet oder zerstört wird, bedeutet eine fruchtlose oder eine doppelte Anstrengung, um das verlorene Produkt wieder zu erstatten. Jede Ersparnis bedeutet einen größeren Betrag von mittlerer Wohlfahrt. Um zu wissen, ob wirtschaftlicher Gebrauch oder Verschwendung vorliegt, muß man also nicht fragen, wieviel Geld verausgabt ist, sondern wieviel Mühe verwendet wurde im Verhältnis zur erreichten Befriedigung. Einem Arbeit zu besorgen ist vielleicht für ihn sehr vorteilhaft gewesen, aber unvorteilhaft für seinen Nachbar, denn das nämliche Geldstück, das jetzt gedient hat, um einen gebrochenen Gegenstand ausbessern zu lassen oder zu ersetzen, würde dann verausgabt sein um etwas neues zu kaufen.[1])

Es ist also sehr voreilig, in derartigen Fällen zu generalisieren. Unglücklicherweise ist es das, was immer im Volksmunde geschieht. Wenn Einer, oder wenn eine Gruppe Menschen von hohen Preisen Vorteil hat, sagt man gleich: bei hohen Preisen hat jedermann Vorteil. Wenn einige Industrielle durch einen Tarif bevorzugt werden, hört man gleich sagen: dieser Tarif ist vorteilhaft für die nationale Industrie (implicite: für die Nation). Und ebenso, was die Ausgaben betrifft.

Es ist aber, wie wir gesehen haben, im Interesse der Gesellschaft im allgemeinen, wenn die Reichen sparsam sind.[2]) Wenn sie durch ihre Nachfrage einen großen Teil des ver-

[1]) d. h. eigentlich: das Quantum gesellschaftlicher Arbeit, das jetzt auf den einen Gegenstand verwendet worden ist, würde dann zwei Gegenstände von gleichem Wert produziert haben.

[2]) Dies widerspricht nicht dem, was wir auf S. 83 gesagt haben. Wir leugnen ja nicht, daß eine Ausgabe für den Genießenden selbst höchst lohnend und vernünftig sein kann; wir wollen nur die Meinung bestreiten, daß sie auch für die anderen und besonders für die Gesellschaft im allgemeinen vorteilhaft sei.

fügbaren Kapitales und der verfügbaren Arbeit nach Gewerben heranziehen, welche nur für ihre speziellen und manchmal extravaganten Bedürfnisse arbeiten, werden andere Artikel seltener, folglich teurer. Wenn z. B. für Putz und Aufwand einer bevorrechteten Klasse 25 % des Kapitals und 40 % der Arbeit nötig sind, bleiben nur 75 % des Kapitals und 60 % der Arbeit für andere Erwerbszweige übrig, und die Erzeugnisse dieser werden natürlich teurer sein als wenn 90 % des Kapitals und 80 % der Arbeit sich ihrer Anfertigung widmen könnten. Demnach hat die Mehrzahl der Gebraucher durch Verschwendung und Extravaganz der Reichen mehr Mühe sich zu erhalten. Diese Verschwendung verhindert auch die schnelle Bildung oder Zunahme des produktiven Kapitales; indem das Einkommen ganz aufgezehrt wird und bisweilen sogar das Kapital angegriffen. Aber dies gehört zum nächsten Paragraphen.

Kapitalisation 2. Kann man Genußgüter oder Rechte darauf in Kapital umsetzen oder das Umgekehrte tun. Es versteht sich, daß der Vorteil oder Gewinn, der für die Gesellschaft aus Ersparungen erwächst, um so größer ist, wenn ein großer Teil der Ersparnisse produktiv angelegt wird, denn alsdann wird der Wert davon wieder in einen höheren Wert umgewandelt. Es handelt sich dann nicht um eine Ausgabe zum Genuß, sondern um eine wirkliche Erzeugung. In diesem Falle soll man denn auch nicht reden von produktivem oder reproduktivem Verbrauch, wie manchmal geschieht. Sonderbarer Verbrauch, wenn ich für mein Geld landwirtschaftliche Geräte oder Dampfschiffe kaufe, oder, was auf dasselbe hinauskommt, Aktien einer Dampfschiffahrtsgesellschaft. Man kann im gewöhnlichen Sinne nicht einmal behaupten, daß der Stoff, der durch Arbeit umgebildet wird und einen höheren Wert erlangt, verbraucht wird, der Ton in den Händen des Töpfers, die rohe Vase in denen des Malers und des Bildhauers, oder daß Stahl verbraucht wird, wenn er in Maschinen oder Geräte verwandelt wird. Ja, die Steinkohle, welche bei der Produktion im Ofen verbrannt wird, wird verbrannt und sogar verzehrt, aber das ist ein nebensächlicher Umstand, und wenn man auch in den genannten Fällen von Verbrauch reden darf, so wäre damit nur bewiesen, daß die Konsumtion keine separate Kategorie bildet, denn sie kommt ebenso gut bei der Erzeugung wie beim Genuß der Güter vor.

Ein schottischer Schriftsteller, Moffat, Verfasser eines dicken Buches, das ganz ohne Grund Economy of Consumption tituliert ist, bemerkt, daß, wenn die Reichen sparen und ihr Geld auf Zinsen anlegen, sie das immer nur tun, um sich erst noch mehr zu bereichern und dann später noch größere Ausgaben machen zu können. — Und wenn auch, so ist es 1. doch besser, daß sie ihr Einkommen verschwenden, wie ungeheuer groß es auch sei, als daß sie ihr Kapital angreifen; 2. kommt doch ein Augenblick, wo ihr Besitz so groß wird, daß sie auch das Einkommen nicht mehr verzehren können, wie die amerikanischen Geldmagnaten,[1]) welche schließlich große Summen spenden oder Stiftungen machen für öffentliche Zwecke; gewissen Reichen — und das ist besonders der Fall bei diesen Eisenbahn- und anderen „Königen" — ist es mehr um die Macht zu tun, welche ein großes Vermögen gewährt als um die direkten Genüsse, welche dafür käuflich sind. Jules Huret (En Amérique, I, p. 203) erzählt folgendes von einem Besuch bei Herrn Gould. Das ganze Haus war im großen Styl, geschmackvoll, aber für die Vermögensverhältnisse des Eisenbahnkönigs ziemlich einfach eingerichtet. Und als der französische Journalist ihn dann fragte, warum er immer weiter arbeitete, sagte er:

„Ich arbeite nicht, um Geld zu verdienen. Ich bin ja reich genug, um all meine Neigungen zu befriedigen. Ich arbeite, um meine Macht zu vergrößern, für die Genugtuung meine Eisenbahnen in blühendem Zustande zu sehen, entlang ihren Linien Städte entstehen zu lassen, die gleichsam durch meinen Willen hervorgezaubert sind, um an Stelle von Ur-

[1]) Ein eklatantes Beispiel liefert der jüngst verstorbene J. Gates, dem man eine maßlose Verschwendung und eine so große Verachtung des Geldes nachsagt, daß er Trinkgelder von 10 Dollars gab und immer um eine Million wetten wollte. Doch hat dieser, obgleich ohne Vermögen angefangen, die hübsche Summe von nahezu 40 Millionen Dollars hinterlassen.

wäldern Baumwollfelder sich ausbreiten zu sehen, und schließlich soviel Baumwolle wie möglich nach den Märkten in London, Liverpool und überall zu senden."

Übrigens, auch wenn ein reicher Mann sein Einkommen für unmittelbare Genüsse verwendet, wird er es nie ganz aufzehren. Je reicher er ist, desto größer wird die Anzahl Gegenstände von dauerhaftem Charakter sein, welche er kauft oder anfertigen läßt. Er wird sich erst ein Haus bauen lassen, solide Möbel kaufen, Equipagen, eine Kunstsammlung, ein Automobil oder eine Lustjacht. Die meisten dieser Güter werden länger leben, als er selbst; er ist also gezwungen der Nachwelt ansehnliche Reichtümer zu überlassen. Die Verschwendungen der Armen sind eigentlich viel schlimmer; denn sie verwenden all ihre Einnahmen auf Güter, die sofort verbraucht werden oder bald abgenutzt sind.[1])

Schließlich muß man auch mit dem häufig vorkommenden Falle rechnen, daß der Reiche stirbt ohne die Ausgaben, welche er zu tun beabsichtigte, gemacht zu haben. Dann fällt sein Kapital, vermehrt mit den nicht verausgabten Zinsen, der Nachwelt zu.

3. Kann man Güter und Dienste so gebrauchen, daß nur eine Person sie genießt oder mehrere zugleich. So kann ein Omnibus oder Tramwagen mehrere Personen zugleich befördern und das Ersparnis, welches dadurch erzielt wird, zeigt sich schon in den mässigen Fahrpreisen.

Kollektivgebrauch

Das kann man kollektiven Gebrauch nennen. Dieser kollektive Gebrauch verbreitet sich mehr und mehr in der modernen Gesellschaft: die öffentlichen Bibliotheken, die Parke, Konzert- und Theatersäle, Museen, Transportmittel, Restaurationen und Gasthöfe, Wasser- und Gasleitungen, Elektrizitätswerke usw. sind Beispiele davon. Der Kollektiv-

[1]) Neulich sah ich in einer illustrierten Zeitung, wie die großen Paläste, wo einst der römische Adel wohnte, jetzt in Kontore, Agenturen, Läden usw. verwandelt sind. Es ist gewiß in ästhetischer Hinsicht schade; in ökonomischer Hinsicht aber ist es ein Vorteil, wenn private Genußgüter in produktive oder kollektive umgesetzt werden. In Florenz konnte ich dasselbe beobachten; im Palazzo Pitti ist ein Museum, in einem andern die Post, in einem dritten der Künstlerverein (Circolo degli Artisti), usw.

gebrauch darf nicht mit der Gebrauchsteilung verwechselt werden, wovon auf S. 73 die Rede war. Dem Kollektivgebrauch entsprechen die kollektiven Dienste, die in oben genannten Fällen sowohl die Dinge als die Personen leisten. (So z. B. wenn ein Schauspieler oder Pianist für ein zahlreiches Publikum spielt), während die Verbrauchsteilung der Arbeitsteilung entspricht. Beide Formen des Genusses bedeuten eine beträchtliche Ersparung. Wenn derselbe Handwerksmann der Reihe nach für viele Kunden arbeitet, wird er andauernder und regelmäßiger beschäftigt sein, als wenn er im Dienst einer einzigen Familie ist (siehe S. 88). Auch wird er für seine verschiedenen Artikel einen flotteren Debit finden. Oft aber findet man beide Wirtschaftsformen vereinigt. In einer öffentlichen Bibliothek leisten der Lesesaal und die Verwaltung kollektive Dienste, es gibt Gebrauchsteilung für die Werke, die ausgeliehen werden, und Arbeitsteilung für die verschiedenen Beamten.

Kollektivdienste

Die Vorteile, welche die Kollektivdienste der Gesellschaft bieten, sind unschätzbar. Viele Bequemlichkeiten, welche für den Einzelnen zu kostspielig wären, werden durch sie für das große Publikum erreichbar und oft sogar billig.

Das Geld

4. Sollen wir auch nicht sprechen über das wirtschaftliche oder verschwenderische Umgehen mit dem Gelde? Nein, wenigstens nicht im gewöhnlichen Sinne. Denn das Geld wird nicht konsumiert; bis auf eine sehr langsame Abnützung dienen dasselbe Zehnmarkstück und derselbe Gulden für eine unbegrenzte Reihe Tauschakte. Ihr Gebrauch besteht darin, daß sie von Hand zu Hand gehen. Was genossen oder verschwendet wird, das sind die Produkte, die gegen das Geld eingetauscht werden. Die Umgangssprache ist voll figürlicher Redewendungen, vor denen man in wissenschaftlichen Beweisführungen auf seiner Hut sein soll. Leute, die „das Geld zum Fenster hinauswerfen“, werfen in der Tat kein einziges Geldstück weg; sobald es aus ihren Händen ist, setzt es seine Existenz ebenso wohlgemut fort. Und wenn man es auch fortwerfen sollte, so wäre das nicht einmal so schlimm; es gibt immer jemand, der es aufhebt. Für die Gesellschaft ist es gleichgültig, ob A

oder B die Münze in der Tasche hat. Man braucht als Tauschmittel immer eine gewisse Anzahl Geldstücke, und diese stellen keinen Gewinn, sondern ein Opfer dar, denn wenn das Land selbst kein Gold oder Silber produziert, muß es sie vom Ausland kaufen gegen wertvolle Produkte.[1]) Erzeugt es aber Gold und Silber, so kann es nicht alles ausführen, sondern muß eine gewisse Quantität für den Umlauf reservieren, gewöhnlich sogar eine verhältnismäßig größere Quantität, als andere Länder für den ihrigen brauchen (denn das Geld hat in goldproduzierenden Ländern weniger Wert).

Man kann von einer Geldersparung nur dann reden, wenn man es durch ein billigeres Tauschmittel, z. B. Banknoten oder Schecks ersetzt, oder wenn man durch Verrechnungen von Posten gegen Posten einander mit geschlossenem Beutel bezahlt (Clearing-Houses). Die Länder, welche das meistentwickelte Kreditwesen haben, können also einen großen Teil ihrer Zahlmittel ersparen und im Ausland für den Betrag Güter kaufen. So hat England für seinen Umlauf nur 2½ Milliarden Mark nötig, Frankreich das Doppelte. England ist also aus diesem Grunde netto 2½ Milliarden reicher.

Man könnte hier einwenden, daß, wenn die Ersparung der Edelmetalle allgemein würde, diese weniger begehrt werden und also an Wert zurückgehen würden. Dies hätte dann aber einen doppelten Vorteil: es würde viel Arbeit in den Minen erspart werden, und die industrielle Verwendung von Gold und Silber würde sich beträchtlich ausdehnen, was wegen ihrer Dauerhaftigkeit und anderer Eigenschaften sehr zu wünschen wäre.

Aus all diesen Betrachtungen geht hervor, daß der Mensch um so reicher ist, je größer die Summe von Befriedigungen ist, die er sich in einem gewissen Zeitraume verschafft, und je kleiner dabei die Opfer, wodurch er sie sich zu verschaffen weiß. Der absolute Geldwert seiner

---

[1]) Dieses kann wieder ein privater Gewinn sein, für das Land aber ist es ein Opfer. Wir nennen es kaufen, weil Güter hergegeben werden, um Gold zu erlangen, wofür nicht wieder andere Güter aus dem Ausland zurückbezogen werden.

Besitzungen belehrt uns nicht darüber. Wenn man alle Güter, welche sich in einem Lande befinden, in Geld abgeschätzt hat, und diese Werte zusammenzählt, weiß man noch gar nichts über den wahren Reichtum des Landes. Ein Ofen z. B., welcher in Holland oder in Petersburg dazu dient, ein Zimmer zu wärmen, wird auf Tahiti oder Samoa mit Gewinn durch den unentgeltlichen Sonnenschein ersetzt. Früchte, welche in Kalifornien fast nichts kosten, sind in London teuer. Ist das ein Beweis dafür, daß Kalifornien um so viel ärmer ist? Gerade das Gegenteil; denn um dasselbe Resultat zu erreichen, nämlich sie essen zu können, ist in London mehr Aufwand und Mühe nötig. Das reichste Land wäre dasjenige, wo alles umsonst zu haben wäre, wo also die Addierung aller in Geld geschätzten Güter Null ergäbe.

Diesem oder jenem Arbeit zu verschaffen, in diesem oder jenem Laden Geld auszugeben, kann ein privater Vorteil sein, ein gesellschaftlicher Vorteil ist es nur dann, wenn die Summe der Bedürfnisse dadurch besser befriedigt wird. Denn man muß sehen, wie das alles über die verschiedenen Einheiten der Gesellschaft verteilt wird. Wenn eine Karaffe oder eine Glasscheibe zerbrochen wird, ist eine Extraanstrengung nötig um die Mittel für ihren Ersatz herbeizuschaffen, oder man muß auf einen andern Genuß verzichten. Das Geld, das im Glashandel verausgabt wird, kann nicht zugleich irgendwo anders verausgabt werden; wenn ich dem einen Lieferanten eine Bestellung gebe, muß ich sie dem andern vorenthalten, und das Fazit zeigt nur die verlorene Karaffe. Diejenigen, welche meinen, daß Zerstörung, Verbrauch oder Vergeudung einen gesellschaftlichen Vorteil ergeben könnte, glauben eigentlich an ein Wunder, an einen Wert, der entsteht durch eine Vernichtung von Wert, an die Verwandlung einer negativen Größe in eine positive Größe. Ein natürlicher Verstand würde, auch wenn ihm die Einsicht in den sozial-ökonomischen Mechanismus fehlte, denken: es muß irgend ein Hokuspokus drin stecken, denn aus einem Verlust kommt nicht so ohne weiteres ein Gewinn.

Nur wenn Arbeit kein Opfer bedeutet, keine Unlust verursacht, kann ein Reingewinn stecken im Geschäft, das man jemand besorgt; z. B. wenn die Müßigkeit den Schaffenden quält und er nicht weiß, was mit seiner Zeit anzufangen. Aber jedermann wird bald einsehen, daß dies ein rein hypothetischer Fall ist: wem Arbeit ein Genuß ist, der findet auch bald Beschäftigung.

Kapitel VIII.

Luxus.

Definition Ist Luxus Verschwendung? — Um das zu beurteilen, müssen wir uns erst fragen, was Luxus eigentlich ist. Gewöhnlich versteht man unter Luxus alles, was in einer gewissen Zeit über die als normal betrachtete Lebensweise hinausgeht. So aufgefaßt ist es also ein sehr relativer Begriff, der sich verändert mit dem Fortschritt, der Wohlfahrt, den Lebensgewohnheiten und mit der gesellschaftlichen Umgebung, worin man zu Hause ist. Was für einen Reichen unentbehrlich scheint, wird für den Armen zur Ausschweifung. Was früher Luxus war, ist jetzt Lebensbedürfnis. „Il n'est pas un objet de première nécessité, sagt Tarde (Psychologie économique), la chemise, les souliers, le chapeau, qui n'ait commencé par être un objet de luxe. Les dindons ont été, au moment de leur importation en Europe, des oiseaux d'agrément, et les pommes de terre des curiosités d'agriculteurs grand seigneurs, avant d'entrer dans la nourriture du dernier paysan irlandais. Les bicyclettes, de simple amusement d'oisifs au début, sont en train de devenir le véhicule indispensable du travailleur pressé. L'automobile, cette locomotive émancipée, destinée sans nul doute à un bel avenir, n'est encore, à peu d'exceptions près, qu'un sport d'hommes de loisir, une amusette coûteuse."

Heute gilt es noch als Luxus eine Equipage, Gemälde berühmter Meister, marmorne Statuen, einen großen Garten zu haben. Aber ein öffentlicher Park mit Statuen ist für eine Stadt von einigem Umfang fast unumgängliches Bedürfnis.

Luxus und Komfort Man kann Luxus auch vom Komfort unterscheiden; dieser letztere wäre dann nur die vollständige Befriedigung der normalen und physiologischen Bedürfnisse, Luxus dagegen die Befriedigung von ästhetischen, sozialen, intellektuellen Bedürfnissen. Komfort (z. B. ein geräumiges, luftiges, gut erleuchtetes, gut gelegenes Heim zu besitzen, bequeme Möbel, praktische Einrichtungen für Heizung, Baden, Waschen, Kochen, Kunstlicht u. dgl.) kann sehr gut mit Einfachheit verbunden sein, während eigentlicher Luxus Verzierungen, Beiwerk, überflüssige Dinge voraussetzt.[1]) Fügen wir gleich hinzu, daß auch dies noch keine Verurteilung des Luxus enthält. Man hat mit gutem Grund sagen können: „le superflu, chose si nécessaire!", sogar — vielleicht besonders — für diejenigen, welche allen Komfort entbehren, und wäre es nur, um sie einen Augenblick den materiellen Sorgen zu entreißen, der trostlosen Prosa des Lebens, der rohen und grausamen Wirklichkeit.

Luxus ist also keine Verschwendung, wenn er einem wirklichen und normalen Bedürfnis entspricht, wenn er unser Leben besser und vollständiger gestaltet; aber wenn er nur die Laune des Augenblicks befriedigen soll, künstlichen, unsittlichen oder degenerierten Bedürfnissen frohnen soll, d. h. Bedürfnissen, deren Befriedigung ein Herabsinken unseres physischen und moralischen Widerstandes bedeutet, unsere Anpassungsfähigkeit verringert, dann ist er verderblicher als eine Vergeudung von Produkten und Einkünften, denn er vernichtet eine Quelle der Wohlfahrt (siehe das vorige Kapitel). Der Alkoholgebrauch z. B. ist eine der

---

[1]) G. Tarde (loc. cit.) unterscheidet: „Le confort, qui consiste en satisfactions délicates et raffinées données aux besoins nécessaires et fondamentaux, le luxe proprement dit, qui répond avant tout aux besoins d'amour-propre et de vanité, de plaisir coûteux, et l'art, qui satisfait l'amour du beau." Ich glaube, daß sich diese Unterscheidung von Kunst und Luxus nicht durchführen läßt; gerade weil man etwas schön findet, wird es zur Verzierung benutzt, folglich um Ehrgefühl und Eitelkeit zu befriedigen. — Jeder Luxus läßt sich auch nicht unter die drei Kategorien bringen, welche Tarde unterscheidet. Zu welcher Art z. B. gehören das Spiel, das Reisen, das Romanlesen oder das Studium einer Lieblingswissenschaft? Die Klassifikation Tardes, so einfach und klar sie scheint, ist in Wahrheit sehr schwankend und oberflächlich.

schlimmsten Formen des Luxus, denn 1. zerstört er die physischen und geistigen Vermögen; 2. hat er einen sozialen Charakter, wirkt ansteckend und greift um sich wie eine Seuche. Man kann es also bejammern, daß man nach einem fröhlichen Trinkgelage die Gläser und Flaschen zerschlägt, man sollte aber eigentlich noch mehr bedauern, daß man sich erst daraus einen Rausch angetrunken hat.

Luxus bei halbzivilisierten Völkern Der Raum, den Verzierung und Prunk auf dem Budget halbzivilisierter Völker einnehmen, ist erheblich. Der meist raffinierte Luxus findet sich da inmitten eines absoluten Mangels des Komforts, und des gräßlichsten Elends der Menge.[1]) Man könnte mit einigem Recht behaupten, daß ein Volk um so höher entwickelt ist, einen je größeren Platz der Komfort auf seinem Budget einnimmt,[2]) und je mehr ein bescheidenes Maß des Luxus allgemein verbreitet ist. Ausgaben für Komfort sind übrigens diejenigen, welche sich am schnellsten den Lebensgewohnheiten einverleiben. Man kann, nachdem man große Verluste erlitten hat, sich ziemlich leicht in eigentlichen Luxusausgaben beschränken, und sogar eine Rückkehr zum einfacheren Leben als eine Wohltat empfinden, aber Bequemlichkeiten, an die man sich gewöhnt hat, zu vermissen ist viel schwerer.

Luxus der Armen Jedenfalls ist es ein großer Irrtum zu meinen, daß Luxus und Verschwendung immer ein Zeichen des Reichtums seien; die Verschwendungen der Armen sind oft viel schlimmer (siehe S. 100), und nehmen auf ihrem Budget einen verhältnismäßig größeren Platz ein, auf Kosten der gegenwärtigen und zukünftigen Hilfsquellen. „Der Wert, welchen jeden Tag arme Konsumenten in Form von Branntwein, Absinth oder Bier in ihre Gläser ausschütten, ist un-

---

[1]) „Le mauvais luxe, sagt Baudrillart (Histoire du Luxe), n'attend pas pour se déclarer une civilisation avancée. Plus on y regarde de près, plus on sera frappé, soit par l'excès de son développement absolu, soit par l'énormité de ses proportions relatives au reste de la richesse, dans les sociétés qui présentent un état de civilisation encore imparfaite."

[2]) Dies gilt auch für den einzelnen Menschen.

endlich größer als derjenige der Perle, welche Kleopatra in ihren Becher warf, obgleich sie 300000 Sestertien kostete, und die Königin wurde jedenfalls dadurch nicht vergiftet" (Gide, Cours d'économie politique, p. 793).

Muß ein Volk reich sein, um sich am Luxus — und speziell an der Kunst — zu beteiligen? Oder muß wenigstens ein großes Maß der Ungleichheit herrschen, so daß viele Armen mit der Ausstattung von Heim und Umgebung einzelner Reichen beschäftigt sind? Es ist vielfach behauptet worden, und die Beispiele orientalischer Pracht, die Pyramiden und Tempel Ägyptens, die kolossalen assyrischen und babylonischen Monumente, das Werk von Millionen Sklaven, sowie der ultramoderne Luxus, die Paläste vom West-End in London, von Fifth-Avenue in NewYork, und daneben die scheußlichen Höhlen, wo die Bevölkerung von Whitechapel, oder wo die Fabrikarbeiter hausen, scheinen diese Auffassung zu bestätigen. Doch ist weder das eine noch das andere wahr. Es kann ein natürlicher Luxus existieren, es kann eine Volkskunst blühen, welche sehr wenig kosten. Ein Beispiel davon ist Japan, wo ein feines Kunstgefühl bis in die untersten Schichten der Bevölkerung durchgedrungen ist, wo trotz drakonischer Gesetze gegen den Luxus[1]) das Volk sein Leben zu ver-

[1]) Ich kann der Versuchung nicht widerstehen einen Passus aus Lafcadio Hearn, Glimpses of unfamiliar Japan (I, S. 87) zu zitieren, und zwar unübersetzt, weil ich fürchte, diesen vollendeten Stil durch meine Übersetzung zu verstümmeln: „For verily 't is the City of Mother-of-Pearl, this Enoshima. In every shop, behind the lettered draperies there are miracles of shell-work for sale at absurdly small prices. The glazed cases laid flat upon the matted platform, the shelved cabinets set against the walls, are all opalescent with nacreous things, — extraordinary surprises, incredible ingenuities, strings of mother-of-pearl fish, strings of mother-of-pearl birds, all shimmering with rainbow colors. There are little kittens of mother-of-pearl, and little foxes of mother-of-pearl, and little puppies of mother-of-pearl, and girls' hair combs, and cigarette-holders, and pipes too beautiful to use. There are little tortoises, not larger than a shilling, made of shells, that, when you touch them, however lightly, begin to move head, legs, and tail, all at the same time, alternately withdrawing or protruding their limbs so much like real tortoises as to give one a shock of surprise. There are storks and birds, and beetles and butterflies, and

schönern gewußt hat durch eine außerordentliche Fertigkeit in aller Art Handarbeit, und wo ein raffinierter Volksgeschmack Wunder der Kunst erzeugt hat, welche fast nichts kosten.

Wir haben indessen die Dinge nur von einer Seite betrachtet, der des Genießers, wir müssen die Sache jetzt vom Standpunkte des Dienstleistenden oder des Produzenten aus ansehen. Wir können auch hier dasselbe Kriterium anwenden, um uns zu überzeugen, ob Verschwendung oder Wirtschaftlichkeit vorliegt, nämlich die Vergleichung von Opfer und Ergebnis, besonders mit Rücksicht auf Anpassungszwecke. Und dann finden wir, daß auch hier Luxus mit Wirtschaftlichkeit zusammengehen kann.

Ökonomischer Luxus Ein einziges Gemälde, ein Musikstück, ein Gedicht, kann Jahrhunderte hindurch Tausende von Personen entzücken, die Arbeit, welche ursprünglich darauf verwendet wurde, war vielleicht sehr gering, war vielleicht beim Künstler, der sie schuf, mit der innerlichen Freude verbunden, welche jede wohlgelungene Schöpfung mit sich bringt, und das Resultat ist eine unberechenbare Summe des Genusses. Ein derartiger Luxus ist also im höchsten Grade ökonomisch.

---

crabs and lobsters, made so cunningly of shells, that only touch convinces you they are not alive. There are bees of shell, poised on flowers of the same material, — poised on wire in such a way that they seem to buzz if moved only with the tip of a feather. There is shell-work jewelry indescribable, things that Japanese girls love, enchantments in mother-of-pearl, hair-pins carven in a hundred forms, brooches, necklaces. And there are photographs of Enoshima."

Man beachte auch, was der Verfasser über das sinnreiche und spottbillige Spielzeug sagt. — Ein anderer Schriftsteller, der englische Maler Mortimer Mempes, versichert, daß er die größte Mühe hatte, japanische Handarbeiter dazu zu bringen, ihm mehrere Gegenstände nach einer Schablone zu liefern, weil der japanische Gewerbsmann zu viel Künstler ist, um sich zu wiederholen. Und obgleich seine Hände Wunder schaffen, ist sein Werk darum nicht teurer. Was nötig ist um den verfeinertsten Luxus, den künstlerischen Luxus blühen zu lassen, sind nicht große Vermögen oder hohe Preise, es ist die Liebe des Arbeiters für sein Fach, die Erziehung seines Auges und seiner Hand und eine große nationale Tradition. (Siehe über die Luxusgesetze in Japan unsern Anhang II).

Man muß hierbei das Geld, das eventuell verausgabt wird, gänzlich außer acht lassen. Sehr richtig und einleuchtend sind die diesbezüglichen Ausführungen Ch. Gides: „Daß eine Dame ein Kleid trägt, das sich durch tadellose Fasson auszeichnet, darin sehen wir kein Bedenken, und hätte sie auch einem berühmten Couturier 1500 Francs bezahlt, denn wir brauchen uns nicht zu kümmern um das Geld, das nur von der einen Hand in die andere übergeht, sondern allein um den gebrauchten Stoff und den Aufwand an Arbeit; und es ist nicht wahrscheinlich, daß man hier mehr Stoff oder mehr Arbeit verwendet hat als auf ein gewöhnliches Kleid.

Guter und schlechter Luxus Aber daß dieselbe Dame an ihre Balltoilette einige Meter Spitzen nähen läßt, welche mehrere Jahre Arbeit einer Spitzenwirkerin vertreten, das ist ein Mißbrauch." — Und auf derselben Seite: „Der Geschmack für Blumen, bei unseren Vorfahren ganz und gar unbekannt (?), und bei uns erst in der letzten Zeit allgemein geworden, ist sicher ein Luxus, aber es ist ein lieblicher wohltätiger Luxus, welcher auch den Ärmsten zugänglich ist. Aber wenn man seinen Salon mit Orchideen schmückt, welche von Madagaskar oder Borneo geholt sind mit Hilfe von Expeditionen, welche Millionen verschlungen und sogar Menschenleben gekostet haben, oder mit blauen Dahlien, die in Treibhäusern gezüchtet sind, und für die man mehr Kohlen verbrannt hat als nötig wären, um zehn Familien einen ganzen Winter zu erwärmen, dann fällt der Luxus unter die zweite Definition, welche wir davon gaben." („Verkehrter Luxus oder Verschwendung besteht in der Unverhältnismäßigkeit zwischen der Quantität gesellschaftlicher Arbeit, welche verbraucht wird, und dem Grad der erreichten Befriedigung").

Es kommen hierbei folgende Faktoren in Betracht:

Auf seiten des Genusses:

1. die Größe der Befriedigung (d. h. der Grad der Befriedigung, multipliziert mit der Zeitdauer);
2. die Anzahl der Personen, denen der Dienst erwiesen wird;
3. die Anzahl der Dienste, welche der produzierte Gegenstand leisten kann, oder die Nachwirkung des Dienstes, wenn eine Person ihn direkt erweist.

Dies ist die Kreditseite. Auf der Debetseite, d. h. auf seiten des Dienstes:

1a. die verwendete Mühe (d. h. der Grad der Unlust, welche die Arbeit gekostet hat, multipliziert mit ihrer Dauer);
2a. die Anzahl Personen, welche die Arbeit geleistet haben;
3a. die verbrauchten Stoffe oder wertvollen Gegenstände, welche dabei verloren gingen (bzw. ihre Abnützung).

Insofern die Arbeit angenehm war, gehen 1a und 2a auf die Kreditseite über.

Man sieht hieraus, welch großen Fortschritt der kollektive Gebrauch von Diensten und Gegenständen bedeutet, und wieviel weniger kostbar also öffentlicher als privater Luxus ist. Aber das schließt noch keine Verurteilung des letzteren ein. Wenn er keine außergewöhnlichen Opfer erheischt und nicht mit Vergeudung von Hilfsquellen verbunden ist, ist auch privater Luxus etwas Gutes. Luxus ist unentbehrlich für den Menschen, nicht nur weil man ein elendes, beengtes Gefühl hat, wenn man nur über das allernotwendigste verfügen kann, nicht nur weil der Geist seine Federkraft verliert, wenn er ganz in der Sorge ums tägliche Brot aufgeht, sondern auch weil der Mensch ein direktes Bedürfnis nach dem Schönen hat, nach allem, was das Auge fesselt, die Sinne beglückt. Dazu haben wir unsere Sinne; sie sind uns nicht gegeben, damit wir sie unterdrücken und verkümmern lassen, sondern um sie zu gebrauchen und auszubilden. Es ist durch Versuche an Hunden ermittelt worden, daß wohlschmeckende Speisen besser verdaut werden als fades Essen; es ist festgestellt worden, daß die Absonderung von Magensaft schon anfängt, sobald die Nahrung in den Mund kommt, und daß dieser Magensaft desto reichlicher und reichhaltiger ist, je besser sie schmeckt. Der Genuß ist also eine physiologische Lebensbedingung, er ist gesund.

Öffentlicher Luxus

Guter Luxus ein Stachel zur Tätigkeit

Luxus ist auch ein Sporn zur Tätigkeit. Der Wilde arbeitet wenig, sein Luxus ist das far niente. Die Ökonomiker, welche in ihrem Studierzimmer Untersuchungen über Bildung und Ursprung des Kapitales angestellt haben, und uns weißmachen wollen, es sei die Frucht der Enthaltsamkeit, führen uns den Urmenschen vor als ein Wesen, das den lieben langen Tag für einen kümmerlichen Bissen sich abzuquälen hatte, und wenn es irgend ein Werkzeug, Jagd- oder Fischgeräte nötig hatte, erst für mehrere Tage Lebensmittel sammeln mußte, bevor es mit der Anfertigung beginnen konnte. Diese Darstellung ist grundfalsch. Primitive Völker haben wenig Bedürfnisse, und arbeiten so wenig wie möglich. Der Kulturmensch dagegen hat zahlreiche Bedürfnisse und mannigfaltigster Art. Sein Auge verlangt nach Licht und Farbe, nach Blumen und Grün, nach schönen Linien, nach Kunst im Bild, im Wort, in der Architektur. Sein Geist will fesselnde Lektüre, interessante Gespräche. Alles was den Menschen über das Tier erhebt, sein Kunstgefühl veredelt, seinen Verstand, sein Gefühl, seine Phantasie beschäftigt, ist Luxus. Aber all dieser Luxus ist notwendig; das alles macht das Leben erst wert gelebt zu werden. Die höheren Lebensansprüche reizen zur Arbeit, und Arbeit ist der Born von Glück und Wohlstand. Unser Luxus sollte das Leben viel mehr durchdringen. Er sollte nicht nur für den Sonntag, sondern auch für den Alltag sein, nicht nur für den Salon, sondern auch für das Hauszimmer, nicht nur für einen Lustgarten oder ein Landgut, sondern auch für die Werkstatt, die Schule, die Kaserne, vielleicht sogar fürs Gefängnis. Aber jedenfalls sollten die Räume, wo wir und unsere Kinder den besseren Teil unseres Lebens verbringen, die Schulen und Geschäftslokale, nicht aussehen wie Kasernen und Gefängnisse. Das verringert unser Seelenleben, es setzt unser Existenzniveau herab, es erniedrigt das Individuum. Nicht nur was uns direkt mitgeteilt wird, trägt zu unserer Entwicklung bei, auch das, was wir um uns sehen und gewohnt sind zu schauen. Wir werden immer und immer im Laufe dieses Werkes die Wahrheit bestätigt finden, daß der Mensch desto mehr erreicht, je mehr er fordert, je höher sein standard of life ist. Halten wir diesen also hoch!

Der Preis, den ein Artikel gekostet hat, ist also ein sehr roher und unzuverlässiger Maßstab der wirklichen Ausgabe oder Verschwendung. Denn nicht nur hängt er teilweise vom Wert des Geldes ab, sondern er stellt bald eine wahre Vernichtung von Hilfsquellen oder eine Vergeudung menschlicher Arbeit dar, bald eine einfache Übertragung von Reichtum. Es gilt besonders in bezug auf die verwendete Mühe, daß der moderne Luxus viel ökonomischer ist als der Luxus vergangener Zeiten. Die Ursachen davon sind hauptsächlieh die folgenden:

Übertragung von Reichtum

1. Früher stand eine große Anzahl Menschen im Dienst eines Einzelnen. Heute arbeitet, durch die Teilung der produktiven Tätigkeit, ein einziger für viele. Sklaverei und Dienstbarkeit legen menschliche Arbeit fest, oder beschlagnahmen sie zugunsten einer kleinen Anzahl. Bei den alten Griechen gab es ebensoviele Sklaven als freie Männer. Auf den römischen latifundia erzeugten eine ansehnliche Anzahl Sklaven alles, was der Herr brauchte. Kauf und Verkauf waren so sehr Ausnahme, daß sie längere Zeit durch lästige und weitläufige Formalitäten umgeben waren. Bei den Angelsachsen vor der Eroberung bildeten die Unfreien $^3/_4$ der ganzen Bevölkerung, und in Rußland waren 1834 noch mehr als 22 Millionen Leibeigene, d. h. 40 % der gesamten Bevölkerung. Die Unzahl Dienstboten der moskauschen Familien haben wir schon erwähnt. Unter Jakob I. von England kamen noch Gesandte vor, die ein Gefolge von 500 Personen oder von 300 Edelleuten mit sich führten, und doch hatten seine Vorgänger schon versucht, die Gefolgschaften des Adels mit Livree zu beschränken. Vergleichen wir mit diesen Ziffern die 2 oder 3 Personen, welche bei unseren Familien dienen, das Mädchen für Alles, oder das Leben gewisser Amerikaner, welche wegen der Unmöglichkeit Dienstboten zu mäßigen Preisen zu mieten, einfach im Hotel wohnen! Daß die Dienstboten so teuer werden, mag für manche Hausfrau schrecklich unangenehm sein, es ist ökonomisch eine recht erfreuliche Erscheinung, weil dadurch die Zahl der privatproduktiven Personen zugunsten der sozialwirtschaftlichen Produktion eingeschränkt wird;

2. arbeitete man auf Bestellung, und von jedem Gegenstand wurde nur ein Exemplar auf einmal angefertigt;

3. machte ein einziger Arbeiter oft das ganze Werk. Durch die heutige Arbeitsteilung wird die Virtuosität des Arbeiters, der immerfort dieselbe Manipulation zu verrichten hat, und folglich seine Produktivität, verzehnfacht;

4. wurden die Artikel aus der Hand gemacht, jetzt werden sehr viele, sei es in ihrem Ganzen oder einzelnen Teilen, von Maschinen hergestellt, wodurch die Produktion noch mehr beschleunigt wird;

5. durch die Konzentration der Unternehmungen entsteht eine große Arbeitsersparnis. „Wenn die Produktion zerstückelt ist, geht viel Zeit verloren. Die Zeit jedes Beschäftigten bleibt oft unverwendet. Wenn 100 Handelshäuser jedes 10 Kontor- oder Ladengehilfen beschäftigen, und man vereinigt diese Häuser zu einem einzelnen, so wird es natürlich nicht nötig sein, um einen ebenso großen Umsatz zu erzielen, all diese Arbeitskräfte zu behalten. Man braucht keine 100 Kassierer oder 100 Buchhalter. Weil jeder Angestellte jetzt fortwährend beschäftigt ist, kann er auch 2- oder 3mal soviel Arbeit tun, folglich 2 oder 3 Personen ersetzen" (Gide, Cours, p. 183).

Es ist hier der Ort nicht, alle Ursachen von Arbeitsersparung zu erwähnen, weil dies zum Gebiet der Produktion gehört. Zwar ist diese Ersparung bei Artikeln von täglichem Gebrauch viel bedeutender als bei Luxusgegenständen, und verschwindet fast ganz bei Kunstgegenständen; hingegen findet hier, wie bei den ersten Beispielen auf S. 109, meistens eine einfache Übertragung von Wert

Die Kunst

statt, da der Künstler oder künstlerische Handwerker mehr nach Maßgabe seines Talentes als nach der Quantität seiner Arbeit oder der Dauer seiner Vorbildung belohnt wird. Ausgaben für Kunst sind also eine der besten Formen des Luxus (wenn nicht etwa Snobbismus eine Rolle mitspielt: man denke an die Schwärmerei für und die Schwindelei mit Antiquitäten!). Es würde vielleicht angebracht sein, wie Gide andeutet, hier den vielen mißlungenen Talenten oder Menschen ohne Talent Rechnung zu tragen, welche sich nach der Künstlerlaufbahn hingezogen fühlen durch die Aureole des Künstlertums oder durch die

Illusion leichter Erfolge, welche es wecken kann, oder auch durch die Illusion der Selbstüberhebung. Aber die Eitelkeit ist vielleicht die größte Verschwenderin der Welt.

Die Zeitersparung ist beim heutigen Luxus auch beträchtlich, weil die Anfertigungsprozesse verkürzt werden, der Transport schneller geht und die Wege besser bekannt und sicherer sind. Es ist also leicht begreiflich, daß trotz der schlechten Verteilung von Gütern, wodurch Pauperismus und Arbeitsmangel entstehen, die heutige Gesellschaft viel wohlhabender ist als die vergangener Zeiten, und auch ihr Luxus ein viel kleineres Opfer repräsentiert.

Kapitel IX.

Zerstörung.

Hier bitten wir den Leser nicht nur an Zerstörung lebloser Gegenstände, sondern auch an Tod und Verstümmelung nützlicher Menschen und Tiere zu denken.

Definition Jeder Wertverlust ist noch keine Zerstörung, denn es gibt wenige Objekte, welche auch beim schonendsten Gebrauch nicht einen Teil ihres Wertes verlieren. Wenn Vergeudung in der rücksichtslosen Benutzung besteht, im Verbrauch ohne Vorsorge für Ersatz und zukünftigen Gebrauch, wodurch das Gleichgewicht zwischen Produktion und Konsumtion gestört wird, so kann man unter Zerstörung jeden Wertverlust verstehen, welchem kein Genuß, keinerlei Befriedigung entspricht.

Andererseits besteht Zerstörung nur aus Verlust an Wert. Denn, so unmöglich es für den Menschen oder für die Naturkräfte ist, ein einziges neues Stoffteilchen zu erschaffen, ebenso unmöglich ist es, ein einziges Stoffteilchen zu vernichten. Zerstörung ist also nichts als nutzlose Veränderung von Werten in Unwerte.

Sie kann entstehen durch Unglücksfälle oder Katastrophen, durch Veränderung von Mode oder Geschmack, durch mangelhafte Arbeit, durch Mangel des Gemeinschaftsgefühls, durch Vandalismus und durch Krieg.

Unglücksfälle 1. Der Verlust durch Unglücksfälle ist der Natur zuzurechnen, er ist aber größer oder kleiner im Verhältnis zu unseren Kenntnissen und unserer Fürsorge. Bevor man die Gefahr des Kurzschlusses kannte, wurde nicht genug dafür gesorgt, die Drähte elektrischer Leitungen gut zu isolieren und weit auseinander zu halten. Beim Erdbeben von San Francisco und Umgebung hat man beobachtet, daß hölzerne Häuser oder solche mit eisernem Gerüst stehen geblieben waren, während Steinbauten, besonders wenn die Teile unzusammenhängend waren, zertrümmert waren. Beim Wiederaufbau der Stadt hat man dieser Erfahrung Rechnung getragen. In Japan, wo Erdbeben sehr häufig sind, baut man Häuser von einem bestimmten Typus, der widerstandsfähig ist, oder besser gesagt, die wogende Bewegung des Bodens mitmacht.

Große Feuersbrünste treten da oft auf, wo viel brennbares oder explosives Material aufgehäuft ist (wie es so oft der Fall war im Antwerpener Hafen), ohne daß für genügende Zwischenräume zwischen den Vorräten oder zwischen diesen und den Wohnhäusern gesorgt wurde (warum sollte man nicht feuerdichte Zwischenwände haben, wie man wasserdichte Schotten hat?). Auch bei Wohnungen wäre es möglich, viel mehr Vorkehrungen zu treffen als man tut, durch Isolierung der Stockwerke mittels unbrennbaren Materiales, Vermeidung von Holztreppen, hölzernen Hauptgesimsen und Balkonen, kurz von jeder Vorrichtung, wodurch das Feuer von einem Hause zum andern übergeleitet wird, oder durch Tränkung dieser Teile mit Stoffen, welche sie unentzündbar machen. Häuser von Stein oder Ziegeln sind schon ein großer Fortschritt gegen die Holzhäuser, welche in einigen Ländern (Rußland, Schweiz, Norwegen) Ursache sein können, daß ein ganzes Dorf abbrennt, wenn ein Haus entflammt. Man soll unter diesen Vorsichtsmaßregeln die Versicherung nicht mitzählen, denn diese verhütet die Unfälle nicht (siehe Kapitel X), in vielen Fällen fordert sie sie heraus oder verschlimmert sie (größere Sorglosigkeit, Brandstiftung, traumatische Neurose). Dagegen verdient hier Erwähnung alles, was Abhilfe schafft: Feuerwehr, Rettungsstationen, Hilfeleistung an Verwundete usw.

Mode

2. Veränderungen in der Mode, im Geschmack oder in der Technik können Ursache sein, daß Gegenstände an Wert verlieren, noch bevor sie gebraucht oder abgenutzt sind. Das ist unvermeidlich, und es ist sogar erfreulich, wenn die Veränderung einen Fortschritt bedeutet, z.B. wenn man veraltete Maschinen durch bessere, ein älteres Handbuch durch ein mehr zeitgemäßes ersetzt; aber leider gibt es viele Änderungen ohne jeglichen vernünftigen Grund, die nur stattfinden, weil es viele Leute gibt, die nichts zu tun haben, und weil die öffentliche Meinung es für elegant hält, solche nachzuahmen und den Einzelnen zwingt, in allem der Herde zu folgen.

Mangelhafte Arbeit

3. Diese ist teils Folge ungenügenden Fachunterrichts (Deutschland soll in bezug auf diesen jetzt allen Ländern Europas voraus sein), teils Folge von dem geringen Interesse des Lohnarbeiters an dem Resultat seiner Arbeit (die Ursachen davon und die Mittel dagegen können erst in einem späteren Abschnitt erörtert werden). In neuester Zeit kommt noch hinzu die sogenannte Sabotage, d. h. das absichtliche Verpfuschen der Arbeit (oder Verderben der Werkzeuge) als ein Kampfmittel im Streit gegen die Arbeitgeber. Die Verluste bestehen in diesen Fällen in schnellerem Abnutzen und Zerfallen der Gegenstände und in der Arbeit, die man auf die wiederholte Ausbesserung oder Erneuerung von dem, was abgenutzt, zersplittert, krummgezogen, losgelöst, zerfallen oder vermodert ist, verwenden muß, wenn man sich nicht größeren Verlusten oder ernstlichen Unfällen aussetzen will.[1]

Sabotage

Mangel an Gemeinschaftsgefühl

4. Der Mangel an Gemeinschaftsgefühl zwischen den Mitgliedern und Klassen der Gesellschaft ist vielleicht jetzt größer als je zuvor. Die heutige Gesellschaft beruht mehr und mehr auf dem Eigennutz, und was schlimmer ist, auf übelverstandenem Eigennutz. So findet eine rücksichtslose Güterzerstörung statt, wenn dadurch

[1]) Teilweise ist das Publikum hier auch schuldig, weil es immer billige Sachen haben will; so wird an Material und Vollendung gespart, wie es bei den Wohnhäusern sich im sogenannten Schwindelbau offenbart.

ein privater oder momentaner Vorteil erreicht wird, z. B. die Ausrodung ganzer Wälder von Industriellen oder Viehmästern, und sogar durch egoistische Fahrlässigkeit, wenn ein bischen Vorsicht das Unheil hätte verhüten können, z. B. das Fortwerfen eines noch brennenden Zündhölzchens oder das Verlassen eines Lagerfeuers, bevor man es gut ausgelöscht hat. Dieser Mangel an Gemeinschaftsgefühl zeigt sich auch im Streit zwischen Kapital und Arbeit — wenn wir uns einen Augenblick dieser albernen Ausdrücke bedienen dürfen, welche alles Kapital auf der einen Seite und alle Arbeit auf der anderen voraussetzen — bei Ausständen und Aussperrungen, welche Verkehrsstockungen hervorrufen, den regelmäßigen Lauf des gesellschaftlichen Räderwerkes beeinträchtigen, auch andere Gruppen von Arbeitern zum Stillsitzen zwingen, machen, daß in Magazinen und Schiffen aufgespeicherte Waren massenhaft verderben, Hilfs- und Widerstandskassen erschöpft werden und bisweilen, bei Ausbrüchen von Volkswut, ansehnliche Werte direkt zerstört werden. Und das oft unter der Losung Solidarität![1]) Heutzutage, wo durch die Verschlungenheit der sozialen Beziehungen und das Verflochtensein der Interessen Verluste oder Gewinne ihre Rückwirkung haben in allen Schichten der Gesellschaft und sogar in fernen Ländern; wo es Perioden von Lebhaftigkeit oder Geschäftsstille gibt, welche über den ganzen Erdboden gefühlt werden, berührt dieser Mangel an Gemeinschaftsgefühl noch mehr denn früher als ein Mißton, und ist in seinen Folgen verhängnisvoller. Ein deutscher Unternehmer mitsamt seinen Arbeitern und seinem weiteren Personal kann von der Maßregel eines amerikanischen, japanischen oder australischen Syndikats getroffen werden; und man wird nicht müde die Losung: Jeder für sich! zu befolgen. Als ob man jetzt noch für sich leben könnte! Gesetzt, daß durch eine andere Güterverteilung — ob sozialistisch, kommunistisch oder individualistisch, das

[1]) Man verstehe mich nicht falsch und lese nichts zwischen den Zeilen. Ich beschreibe Mißverhältnisse, und will gar nicht leugnen, daß diese von selbst erwachsenen Symptome aus tieferliegenden Ursachen stammen, und als solche unvermeidlich sind. Es handelt sich hier nur darum, Tatsachen festzustellen.

lassen wir dahingestellt — man dazu käme, alle Bürger zu Teilberechtigten an den gesamten Gewinnsten und Verlusten und dem gesamten Kapitalzuwachs zu machen, und diese nicht mehr auf den Eigentümer und seine Familie zu beschränken; so wäre jedenfalls so viel gewonnen, daß man einsehen würde, daß jeder Gewinn und jede Ersparung eine Vermehrung des allgemeinen Besitztums bedeutet, und die öffentliche Meinung würde hart urteilen über denjenigen, der durch Willkür, Starrsinn oder Mangel an Mitgefühl in die Speichen greifen würde oder das nationale Vermögen rücksichtslos verschwenden wollte.

Vandalismus

5. Vandalismus und Krieg gehen teilweise aus demselben Gemütszustand hervor: Haß gegen alles Fremde, und daher Neigung es zu zerstören, Roheit und Unwissenheit, Unfähigkeit, Erzeugnisse und Äußerungen einer von der eigenen Kultur verschiedenen zu verstehen und zu würdigen. Für den Krieg kommen dazu noch viele andere Motive. In früheren Zeiten mögen wohl vielfach ethische Momente mitgewirkt haben, besonders beim Unabhängigkeitskrieg, — und dieser Fall ist auch heute noch nicht ausgeschlossen (der Burenkrieg in Süd-Afrika!) —, aber heutzutage treten sie mehr und mehr zurück, und für das Leben der modernen Staaten wird der Krieg mehr als unnötig, er wird gefährlich. Er ist nur zu oft bedingt durch den engherzigen Egoismus seiner Urheber, welche die Interessen eines ganzen Volkes und oft verschiedener Völker den niedrigen Berechnungen ihrer Habgier oder Eitelkeit opfern, durch Fanatismus und Beschränktheit auf Seiten des Volkes, das sich durch große Phrasen über nationale Ehre, Kriegsruhm, Ausdehnung der Einflußsphäre, Handelsinteressen u. dgl. berauschen läßt, und durch das Treiben von Parteiblättern, welche den Krieg als etwas Unvermeidliches, Leichtes, — ja Gewinnbringendes vorstellen![1]) — Die Wahrheit, welche jede neue Expedition immer wieder

Krieg

[1]) Der Transvaalkrieg, der England drei Jahre schwersten Kampfes und so furchtbar viele Opfer gekostet hat — um zu der Selbständigkeit Süd-Afrikas zu führen! — wurde anfangs als eine militärische Promenade nach Pretoria vorgestellt!

bestätigt, ist, daß der Krieg ein Problem ist mit mehreren Unbekannten, ein Sprung ins Dunkle, eine ergiebige Quelle von Verwicklungen und Überraschungen und eine finanzielle Enttäuschung für die Nation. Es gibt keine pénétration pacifique — dieser schöne Ausdruck wurde bei Gelegenheit des französischen Vorgehens in Marokko geschmiedet —, welche nicht besser besorgt würde durch die Bemühungen der Industriellen und Händler, welche ein Absatzgebiet für ihre Produkte suchen. Manchmal aber fühlt sich der europäische Händler den Eingeborenen gegenüber nicht stark genug, oder diese bemerken nach einiger Zeit, daß der Ankömmling, unter dem Scheine friedlich und auf gleichem Fuss mit ihnen Handel zu treiben, ihr Land zu einer leichten Beute machen will, und für sie selbst als minderwertige Rasse eine große Geringschätzung hegend, eine übermächtige Rolle zu spielen gedenkt. Das fordert Reaktion heraus, und dann wird für den europäischen Eindringling gegen die „verräterischen“ Eingeborenen die Hilfe des Mutterlandes angerufen, obgleich vielmehr sie gegen den Fremden beschützt werden sollten. Jedenfalls ist es ihr eigenes Land und haben sie das Recht, Fremden den Zutritt zu verweigern, ein Recht wovon China und Japan Jahrhunderte lang einen weisen Gebrauch machten. Die Fiktion, daß die Regierung überall verpflichtet sei, ihre Angehörigen zu schützen, in welche Wildnisse und unwegsamen Gegenden sie sich auch wagen wollen —, eine Fiktion übrigens, welche nur gegen schwächere Gegner aufrechterhalten wird —, hat verschiedenen Völkern schon zum Vorwand einer Besetzung oder Eroberung gedient, oder ist ihnen zum Fallstrick geworden. Man kann nicht genug betonen, daß die Interessen des Handels im allgemeinen nur durch gute Beziehungen zwischen den Völkern gefördert werden können, sehr selten durch Waffengewalt, wodurch Haß und Ingrimm entstehen. Wieviel der Handel zwischen Deutschland und Frankreich durch den Krieg von 1870—71 und die Annektierung des Reichslandes verloren hat, ist nicht zu berechnen. Die handelsfeindliche Zollpolitik Frankreichs ist unzweifelbar durch die Tatsache, daß die Ostgrenze gegen Deutschland und das dem Dreibund einverleibte Italien gekehrt ist, verschärft worden. Ein Beispiel dafür, wie die ökonomischen Interessen [1]) schon von der Möglichkeit eines Krieges geschädigt werden, bietet die Panik an der Berliner Börse im September 1911. Es ist in den letzten Jahren mehrmals ein Umstand hervorgetreten, der vielleicht in der Zukunft von entscheidender Bedeutung werden kann. In China und in der Türkei hat das Publikum durch einen Boykott von Waren gewisser Herkunft ein paarmal seine Macht gezeigt, und den Gegner sofort zur Änderung seiner Haltung oder wenigstens zur Herabstimmung seiner Forderungen veranlaßt. Die Möglichkeit ist nicht ausgeschlossen, daß dieses erwachende Selbstbewußtsein des Volkes sich im Kriegsfall auch mal gegen leichtfertiges Einschreiten der eigenen Regierung kehrt, wie es in der Pro-boer-Kampagne einiger englischer Blätter tatsächlich schon vorgekommen ist.

Der russische Schriftsteller von Bloch hat in seinem Buche Der Krieg (1899 erschienen) einige Ziffern gegeben, woraus ersichtlich ist, welch' kolossale Summen der bewaffnete Friede Europa jedes Jahr kostet. Man kann behaupten, daß durchschnittlich 25 % des von den Steuerpflichtigen aufgebrachten Gesamtbetrages für militärische Zwecke verwendet werden. Die Totalsumme ist für Europa jährlich 9 bis 10 Milliarden Mark. Die täglichen Kosten eines eventuellen Krieges zwischen dem Dreibund auf der einen Seite und der franco-russischen Allianz auf der andern Seite werden von von Bloch auf mehr als 80 Millionen veranschlagt. Wenn der Krieg ein Jahr dauert, was nach der Meinung der Sachkundigen sehr wahrscheinlich wäre, werden die rein militärischen Ausgaben 40 Milliarden betragen, und in diesen Betrag sind nicht inbegriffen die Verheerungen durch Schlachten usw., der Schaden, den Handel und Industrie erleiden würden und die Summen, die Privatpersonen und Aktiengesellschaften verlieren würden.

Der größte Verlust jedoch, welchen der Krieg bereitet, dürfte wohl der Verlust an menschlichem Kapital sein. Jeder

[1]) Die politische Seite der Frage müssen wir natürlich außer acht lassen.

Soldat repräsentiert mindestens zwanzig Jahre der Aufopferung und Fürsorge, Kosten für Ernährung und Erziehung, welche die erste beste Kugel im Nu vernichten kann. Und man stirbt nicht nur durch Kugeln und Bajonettstiche; man stirbt vor allen Dingen an Krankheiten, an schlecht gepflegten Wunden, Hospitalfieber, Dysenterie, Cholera und Pest. Man sagt, daß der Gesundheitsdienst in der japanischen Armee mustergültig ist, dreimal so gut wie in irgend einem europäischen Heer. Das japanische Volk legt überdies so viel Wert auf Reinlichkeit und Hygiene, daß die Soldaten in der Mandschurei sogar im Felde fast täglich ein warmes Bad nehmen konnten. Und doch muß man nach den Berichten eines internationalen Kongresses für Militärhygiene annehmen, daß in der japanischen Armee vier Mann an Krankheiten gestorben sind gegen einen Gefallenen oder seinen Wunden Erlegenen. Die Anzahl Menschen, welche in dem kurzen chinesisch-japanischen Kriege gefallen sind, von der Schlacht bei A-San bis zur Eroberung der Pescadores, betrug nur 739, aber durch andere Ursachen gestorben waren bis 8. Juni (Besetzung von Formosa) 3148 Mann, davon mehr als die Hälfte an Cholera (Kobé Chronicle). Nachher tötete die Cholera, die mit den heimkehrenden Siegern in ihr Vaterland einzog, noch 30000 Einwohner während der warmen Jahreszeit.

Ein berühmter Mann, der aber in vielen Beziehungen sehr beschränkt war,[1]) sagte einst nach einer Schlacht, welche besonders mordtätig gewesen war: „Une nuit de Paris réparera tout cela". — Vielleicht, aber wie? Dadurch, daß sie an Stelle lebenskräftiger Männer von 20 bis 30 Jahren neu-

---

[1]) Napoleon I. Wenn dieser Mann ein Genie war, bietet er gewiß das einzig dastehende Beispiel eines ideenfeindlichen Genies. Philosophen, Ökonomiker, Erfinder (wie der unpraktische Fulton, welcher ihm das Modell seines Dampfschiffes vorlegen wollte), fertigte er geringschätzend ab mit der allgemeinen Benennung idéologues, was eigentlich im Grunde etwas ganz anderes bedeutet. Seine ökonomischen Maßnahmen, wie das unhaltbare kontinentale System, zeugen von einer gänzlichen Unkenntnis auf diesem Gebiete. Sehr interessant ist das Gespräch über Napoleon I. in Anatole Frances Le Lys Rouge.

geborene Kinder setzt, wofür die nämlichen Kosten und Opfer während so vieler Jahre noch einmal aufzuwenden sind, und dann muß man noch voraussetzen, daß diese Kinder alle lebensfähig sind, was bekanntlich nicht der Fall ist.

Es gibt Menschen, welche behaupten, der Krieg sei notwendig, weil sonst Übervölkerung eintreten würde. Diese Begründung ist ebenso berechtigt wie der Vorschlag wäre, einige Viertel von Berlin niederzubrennen um der Arbeitslosigkeit zu steuern. Was heißt denn Übervölkerung? Es kann nur bedeuten, daß die Hilfsquellen des Landes nicht ausreichen, die Bevölkerung zu erhalten, daß also ein Mißverhältnis vorliegt zwischen Produktion und Konsumtion, m. a. W. daß die Arbeit der Produzenten nicht genügend ist, sie alle mitsamt den Nicht-Produzenten mit Lebensmitteln zu versorgen. Jedermann weiß doch, daß Übervölkerung ein relativer Begriff ist: das eine Land kann eine viel dichtere Bevölkerung ernähren als das andere. Was tut man jetzt im Krieg, um dieses Verhältnis günstiger zu gestalten? Tötet man die Nicht-Produzenten, alle Arbeitsunfähigen, die Krüppel, Greise und schwächlichen Kinder? — Keineswegs, sondern die wehrbaren Männer in der Blüte des Alters. — Schafft der Krieg neue Hilfsquellen? — Im Gegenteil, er vernichtet die bestehenden. Zertretene Ernten, verbrannte Dörfer, unterbrochene Verbindungen, ein erschüttertes Finanzwesen, weggekaperte Transportschiffe, — folglich alle Geschäfte zum Stillstand verurteilt oder großem Risiko ausgesetzt, das sind alles keine Kennzeichen ökonomischen Gedeihens. Einerseits also erschöpft der Krieg die toten Hilfsquellen, Vorräte, welche angesammelt waren in Form des Geldes, auf dem Felde stehender Ernten, fertiger Produkte, andrerseits erschlägt er die Menschen, welche sie vermehren sollten. Drücken wir die Sache ziffermäßig aus. Gesetzt, es seien in einem Lande 40 Millionen Einwohner und hievon seien 30 Millionen Produzenten. Das Verhältnis der Produktion zur Konsumtion wäre also $^{30}/_{40}$. Nehmen wir jetzt an, daß von den wehrbaren Männern 2 Millionen unter die Waffen gerufen werden und die Hälfte davon im Krieg umkommt. Dann wird die

Bevölkerung auf 39 Millionen reduziert sein, und die Anzahl Produzenten auf 29 Millionen, wenn man wenigstens annimmt, daß die Million Soldaten, welche am Leben bleiben, nach ihren Wohnstätten zurückkehren, um ihr früheres Gewerbe wieder aufzunehmen. Das Verhältnis von Produktion zu Konsumtion ist jetzt also $^{29}/_{39}$, was weniger ist als $^{30}/_{40}$, also ist es ungünstiger geworden. Wenn also vor dem Krieg Übervölkerung herrschte, ist sie jetzt verschlimmert. Folglich hat der Krieg vielmehr die Tendenz Übervölkerung hervorzurufen als sie zu beseitigen. Man hat es in Japan sehen können, wo nach dem Krieg mit Rußland Hungersnot ausbrach, während der Krieg das japanische Gebiet gar nicht berührt hatte! Es gibt keinen Aderlaß, welcher für ein Volk schwächender wäre als ein Krieg. Seuchen und Hungersnot raffen zuerst die Schwachen und physisch Minderwertigen weg, Erdbeben und vulkanische Ausbrüche sind örtlich beschränkt, Auswanderung entfernt vorzugsweise Elemente, welche im Mutterlande Mühe hatten ihr Brot zu gewinnen, und welche zur Expansion des Staats oft wesentlich beitragen, der Krieg aber mäht die Elite der Bevölkerung fort.

Und der bewaffnete Friede hat dieselbe Tendenz. Er bindet Tausende von Männern im kräftigsten Lebensalter an ein inproduktives Handwerk. Wenn wir zu unserm Beispiel zurückkehren und annehmen, die Armee von 2 Millionen sei ein stehendes Heer, so ist es klar, daß in diesem Fall je 28 Erzeuger 40 Verbraucher zu ernähren hätten. Wenn infolge einer allgemeinen Abrüstung man diese 2 Millionen Männer der Produktion zurückgeben könnte, würde dieses Verhältnis von $^{28}/_{40}$ oder 0,70 auf $^{30}/_{40}$ oder 0,75 steigen. Die Soldaten in der Kaserne kosten nicht nur ihren Unterhalt, sondern auch alles, was sie sonst hätten produzieren können.[1])

Man könnte hiergegen einwenden, daß nicht alle produktiv oder nützlich tätig sein würden, daß einige entweder von ihren Renten leben oder inproduktiv tätig sein würden.

---

[1]) Siehe contra Prof. R. Steinmetz, Die Philosophie des Krieges, und für eine objektive und mustergültige Darlegung des Problems vom ethischen und juridischen Standpunkt aus Prof. G. del Vecchio, Il Fenomeno della Guerra e l'Idea della Pace.

Das ist wahr; aber viele Produzenten, welche jetzt für Kriegszwecke arbeiten, Kanonengießer, Festungbauer, Panzerplattenfabrikanten usw. würden sich dann anderen Erwerbszweigen widmen können, so daß für den Unterhalt der Bevölkerung auch wieder Kräfte freikämen, welche wir in obigem Exempel nicht mitgezählt haben. Man muß natürlich voraussetzen, daß die Abrüstung allmählich stattfindet und nicht mit einem Schlage, denn die gesellschaftlichen Zustände müssen Zeit haben sich den neuen Verhältnissen anzupassen. Sonst würde eine Krisis entstehen durch übermäßiges Angebot von Arbeitskräften. Zwar würde durch die Aufhebung der Ausgaben für militärische Zwecke auch zugleich viel Kapital freikommen, und dadurch viel Nachfrage nach Arbeit entstehen, aber dieses Kapital muß auch Zeit haben sich ohne große Verluste von den alten Zweigen loszumachen und sich den neuen zuzuwenden.

Kapitel X.

Ersparung.

Ökonomisch oder wirtschaftlich sein heißt etwas anderes als sparsam sein. In Kapitel VII haben wir schon gesehen, daß Wirtschaftlichkeit im r a t i o n e l l e n G e b r a u c h der Dinge besteht, derart, daß man aus denselben das größtmögliche Maß der Befriedigung zieht; das Sparen aber besteht im A u f s c h i e b e n d e s G e b r a u c h s für zukünftige Zwecke. Da dies vernünftig aber auch unvernünftig sein kann, können Ersparungen ökonomisch oder unökonomisch sein.

Ökonomie und Sparsamkeit

Am Schluß des VII. Kapitels haben wir bemerkt, daß künftige Bedürfnisse mit gegenwärtigen in Konflikt kommen können. Aus diesem Konflikt entstehen Ersparungen.[1]) Jemand, der ebensoviel Sorge für die Zukunft wie für die Gegenwart trüge, würde zukünftigen Bedürfnissen genau soviel Bedeutung beilegen wie gegenwärtigen, und seinen Vorrat

[1]) Siehe Note 1 auf S. 125.

eines Artikels (falls dieser sich gut erhalten, aber nicht erneuern läßt) in ebensoviele Portionen verteilen als voraussichtlich Verwendungsgelegenheiten kommen werden. Dies wird man z. B. zu tun suchen bei einem Schiffbruch, indem man die Rationen gleichmäßig über die Tage verteilt, die man voraussichtlich auf Hilfe warten muß. Gewöhnlich aber ist die Zukunft nicht so besorgniserregend, und da unmittelbare Bedürfnisse dringender sind als entfernte, wird ein verhältnismäßig großer Teil von unseren Vorräten für den unmittelbaren Gebrauch bestimmt, und zwar ein um so größerer, je entfernter der Zeitpunkt des zukünftigen Bedarfs ist. Etwas anderes ist es mit der Bedrohung unserer Zukunft durch Alter, Siechtum oder sonstige Ursachen, welche uns hindern können, für unsere Erhaltung zu sorgen; auf diese nimmt man bei einiger Wohlhabenheit normalerweise wohl immer Rücksicht; denn jeder von uns wird alt oder hofft es

---

[1]) Für Leser, welche schon mit der Werttheorie vertraut sind (siehe unsere **Dritte Abteilung**), möge folgendes dienen:

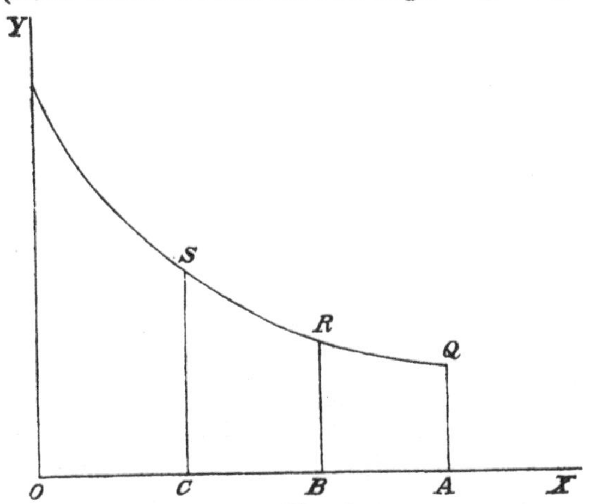

Fig. 1.

Gesetzt, das verfügbare Quantum einer Ware sei OA (Fig. 1), und der Grenznutzen AQ, gesetzt auch, sie könne sich gut aufbewahren lassen, so ist es nicht wahrscheinlich, daß diese Grenze jemals erreicht wird. Denn man wird nicht gleich den ganzen Vorrat aufzehren; man wird etwas erübrigen wollen für zukünftige Bedürfnisse. Eine Person von mittlerer Vorsicht wird etwa bei B aufhören, eine sehr vorsichtige schon bei C. Warum? Weil die Nützlichkeitsgrade der letzten Quantitäten BA oder CA in Zukunft größer sein werden, wenn die Quantitäten OB oder OC nicht mehr da sind. Denn, wenn Bedürfnis und Schwierigkeit der Beschaffung dieselben bleiben, so werden die Quantitäten BA oder CA die Stelle einnehmen von OB oder OC, also in Wert steigen.

zu werden, und da man nicht genau weiß, wie alt man werden kann, greift man sein Kapital nur ausnahmsweise an, auch wenn man keine Kinder hat, und lebt vom Einkommen oder sucht sogar noch davon zu sparen. Wenn die Vorsorglichkeit abnorm entwickelt ist, beim Pessimisten oder beim Geizhals (Geldgier ist nur die Übertreibung der natürlichen Neigung, das Mittel zum Zweck zu erheben, siehe S. 27), so wird die Zukunft sogar auf Kosten der Gegenwart berücksichtigt.

Dasjenige, was unmittelbar unseren Bedürfnissen entspricht (Dienste), kann nicht aufbewahrt werden. Auch bei Personen kann man schwerlich von Ersparung sprechen; man spricht zwar von „seine Kräfte sparen"; das heißt aber mehr sie wirtschaftlich gebrauchen als dem Gebrauch vorläufig entsagen, denn durch den rationellen Gebrauch bleiben sie am besten erhalten. Und davon haben wir schon in den vorhergehenden Kapiteln (besonders Kap. VII) gesprochen. Also hat das Sparen im gewöhnlichen Sinne nur Beziehung auf Güter in natura oder auf Geld.

Vorräte Im ersteren Falle handelt es sich um Ansammlung von Vorräten. Sie ist nur dann unwirtschaftlich, wenn Sachen, welche dem Verderben unterliegen oder ihren Nutzen verlieren, zu lange aufbewahrt werden. Jedermann kennt diese übelangebrachte Sparsamkeit aus Erfahrung: Früchte, welche überreif werden, Kleider, welche aus der Mode kommen oder nicht mehr passen, Bücher, welche durch neuere Auflagen ersetzt oder nicht mehr zeitgemäß sind. Das ist aber Sache der Privatökonomie, und persönliche Erfahrung korrigiert alsbald solche Mißgriffe. Die Sorgen und Manipulationen, welche gewisse Handelsartikel erfordern, um frisch und gut zu bleiben, gehören ins Gebiet der industriellen Ökonomie. Was hier unser Interesse besonders erregt, sind die gesellschaftlichen Folgen des Sparens. Aufbewahrung eines Artikels in großen Quantitäten findet nur statt, um das Produkt zu verbessern (wie Wein und Bier), oder um eine günstigere Gelegenheit für seinen Absatz zu erwarten. In beiden Fällen aber kann sie eigentlich nur als eine Produktion betrachtet werden, wie wir später sehen werden. Die einzig wichtige Esparung in unserer modernen Gesellschaft ist die des Geldes.

Geld

Mit der Einführung des Geldes in die menschliche Wirtschaft sind die Gelegenheiten, den Gebrauch in die Zukunft zu verlegen, fast ins unendliche vermehrt. Denn man bewahrt jetzt nicht mehr die Güter selbst, sondern gleichsam das Recht auf ein gewisses Quantum davon auf. Man braucht nicht einmal vorher eine Wahl zu treffen: man bewahrt einfach einen gewissen Wert im allgemeinen; und daher sind Ersparungen in der heutigen Gesellschaft von so großer Wichtigkeit. Sie machen die Kraft kapitalreicher Länder aus, sie unterstützen die Produktion und halten Erzeugung und Verbrauch im Gleichgewicht. Aber sie können auch mit der wahren Wirtschaftlichkeit in Widerspruch geraten. Besonders kräftig wird dies von Ch. Gide betont: „sobald Ersparungen vom Notwendigen abgezogen werden oder auch nur von den billigen Bedürfnissen des Menschen, sind sie mehr verderblich als nützlich. Es ist ungereimt, das Heute der Zukunft zu opfern, zumal wenn diese Aufopferung der Gegenwart die Zukunft in Gefahr bringen kann. Jede private oder öffentliche Ausgabe, welche die körperliche und geistige Entwicklung des Menschen zur Folge hat, soll ohne Bedenken befürwortet werden, nicht nur als etwas Gutes an sich, sondern auch als allen Ersparungen vorzuziehen. Wie kann der Mensch die Güter besser gebrauchen, als indem er seine Gesundheit stärkt und seinen Geist entwickelt? Gewiß, der übermäßige Gebrauch von Branntwein und Absinth ist abzuraten; aber das also falsch verwendete Geld würde eine bessere Anwendung finden beim Bäcker, beim Metzger, beim Kleiderhändler als in der Sparkasse, denn der Konsum von Branntwein und Tabak wird nicht, wie man meinen möchte, vom Überfluß abgezogen, sondern vom Allernotwendigsten. Stärkende Nahrung, gute Kleider, eine gesunde Wohnung, solide Möbel, bessere medizinische und hygienische Fürsorge, nützliche Bücher, Spaziergänge und sogar Reisen, gewisse Formen des Sports, Konzerte usw. sind nicht nur gestattete, sondern empfehlenswerte Ausgaben. Man kann sogar behaupten, daß sie weniger eine Ausgabe als eine Anlage bilden, und zwar die beste von allen, weil sie den Wert des Menschen und seine Produktionskraft erhöhen" (Cours, p. 815).

Diese Ausführung, welche bezweckt den Armen das Sparen zu widerraten und es den Reichen zu empfehlen,[1]) ist natürlich vollkommen zutreffend für den Fall, daß wirklich dieses Opfer dem Menschen soviel Schaden zufügt, daß es seine Zukunft in Gefahr bringt. Aber, wieviel Wahrheit sie auch enthält, so wird doch in manchen Fällen der Arme ververnünftiger tun, das Geld, das er für ein besseres Möbel oder ein Konzert hätte ausgeben wollen, zurückzulegen, „eine Birne für den Durst" aufzuheben. Die Erwägung soll hier sein: „was tut am meisten not, welches Interesse ist wichtiger, die Bildung einer Reserve für schlechte Zeiten, oder die Befriedigung der Bedürfnisse des Augenblicks? Es können Zeiten kommen, wo auch der beste Arbeiter Gefahr läuft das Nötigste zu verlieren. Und was dann? — Wovon sollen überhaupt Widerstandskassen für Ausstände u.dgl. gebildet werden, wenn nicht von individuellen Ersparungen? Man würde sonst den Einwand machen können, daß Ersparungen den Standard of life herabdrücken und dadurch den Lohn erniedrigen. Doch andrerseits haben sie die Tendenz, den Lohn zu erhöhen, weil sie die Arbeiter unabhängiger machen und einige von ihnen instand setzen, sich als kleine Meister zu etablieren oder sich eine andere Stellung zu verschaffen. Das Sparen hat auch den Vorzug, ein stärkeres Gefühl der Sicherheit zu geben, ein größeres Vertrauen auf die Zukunft, es ist ein Stachel zu erhöhter Tätigkeit, zu schärferer Beobachtung und Ausnützung günstiger Gelegenheiten, denn ein erspartes Sümmchen weckt die Begierde es zu vergrößern, und — was nicht der geringste Vorteil ist — es erleichtert eben die Einschränkung jener schädlichen Genüsse, wie Schnapstrinken, Tabakrauchen, Würfelspiel usw. und trägt also bei zur sittlichen und körperlichen Erhebung des Sparenden. Es wäre allerdings sehr schön, wenn sogleich nützliche Ausgaben an

[1]) Gide macht eine wichtige Ausnahme für kollektive Ersparnisse (Beiträge für Gewerkvereine, kooperative Vereine, Widerstandskassen für Arbeitslosigkeit usw.).

die Stelle dieser verderblichen treten würden, aber solange dazu Kraft und Urteil fehlen, ist es leichter sie durch Ersparungen zu ersetzen. Das Sparen hat also als Erziehungsmittel eine nicht zu unterschätzende Bedeutung.[1])

Das Sparen ist natürlich Die Existenz gewisser Tierarten ist eng gebunden an die (wenn auch instinktive) Fürsorge, welche sie zum Ansammeln und Aufbewahren anreizt (Bienen, Ameisen, Hamster), und trotz der höheren Begabung des Menschen hängt auch seine Existenz davon ab, wenigstens in der kalten und mässigen Zone oder auch in einigen tropischen Gebieten, wo eine durch anhaltende Kälte oder Trockenheit unfruchtbare Jahreszeit mit einer fruchtbaren abwechselt. Wenn die Produkte in Menge vorhanden sind, ist Ersparung nicht schwer. Ebensowenig wenn die Notwendigkeit unmittelbar ins Auge springt. Kein Hirtenvolk wird in Versuchung kommen, alles Vieh zu schlachten, kein ackerbauendes alles Saatkorn in Brot umzusetzen.[2])

Aber wenn das Sparen sich nicht auf Güter in natura beschränkt, sondern sich auch auf Geld richtet, hängt es weniger von der Beschaffenheit der Dinge oder von den Volksgewohnheiten, als vom individuellen Charakter ab. Durch Einführung des Geldes ist zwar das Sparen erleichtert, ebenso aber auch das Ausgeben und unmittelbare Ge-

---

[1]) Überdies ist es das einzige Mittel, diese vernünftigen Ausgaben zu verwirklichen. Denn man spart nicht, um zu sparen, sondern um Ausgaben machen zu können, die der Mühe wert sind. Wie soll man sich eine gesunde Wohnung, solide Möbel und andere Annehmlichkeiten verschaffen, wenn man nichts zurückzulegen weiß?

[2]) Und sogar die Beispiele von Rücksichtslosigkeit und Sorglosigkeit, welche man von einigen Wilden zitiert (eine allgemeine Bezeichnung, welche sehr viele verschiedenen Kulturstufen umfaßt), scheinen mir übertrieben oder schlecht kontrolliert zu sein. Wo das Sparen eine Lebensbedingung ist, sorgen sogar Tiere für die Zukunft. Wo aber die Natur üppig ist und die Bevölkerung spärlich, ist es vielleicht zulässig „de couper l'arbre pour avoir le fruit“, wie Montesquieu es den Eingeborenen Louisianas vorwirft. Die Frucht muß freilich schwer zu erreichen sein, wenn das einfachste Mittel sie zu pflücken ist den Baum umzuhacken. Denn das geht weder mit einem großen Taschenmesser noch mit Einem Axtschlage. Die rücksichtslose Entwaldung Nord-Amerikas datiert übrigens von der Ankunft des „zivilisierten“ Weißen.

Mittel es zu fördern

nießen, und so fällt das Sparen gewissen Naturen recht sauer. Darum hat man Mittel ersonnen es zu fördern und zu erleichtern: für Kinder die Sparbüchse, für Erwachsene die Sparkasse. Zu dem Widerstand, den man überwinden muß, um das einmal zurückgelegte Geld wieder in die Hand zu bekommen, gesellt sich für das Kind der Köder freiwilliger Beiträge der Familienmitglieder an Geburts- und anderen Festtagen und zuletzt die Aussicht auf eine sehr lohnende Ausgabe oder irgend eine Belustigung, für Erwachsene ein gewisser Zins, welcher allmählich das in Verwahrung gegebene Sümmchen anwachsen läßt. Hierdurch grenzt das Sparen schon an die Kapitalanlage, welche meistens eine Produktionsform ist, wie wir später sehen werden,[1]) und die man sorgfältig vom eigentlichen Sparen oder Schätze sammeln unterscheiden soll, wie Gide scharfsinnig ausführt; er bemerkt nämlich, daß, weit entfernt davon, Bedingung des Sparens zu sein, die Gelegenheit zur Anlage es weniger nötig macht. „Man könnte sogar behaupten, sagt er (Cours, p. 821 Anm.), daß, wenn das Anlegen auf Zinsen nicht mehr möglich wäre, das Sparen, anstatt aufzuhören, erst recht nötig würde, denn einer, der sich heute damit begnügt 80000 Mk. zusammenzusparen, weil er von 2500 oder 3000 Mark Einkommen ganz gut leben kann, würde, wenn er nicht mehr vom Einkommen, sondern vom Kapitale selbst leben müßte, noch mehr Interesse daran haben, es soviel wie möglich zu vergrößern." Und diese Bemerkung wird bestätigt durch die Tatsache, daß in Ländern, wo das Kreditwesen schlecht entwickelt ist, oder wo wenig Sicherheit herrscht, das Sammeln von Schätzen sehr üblich ist. Und davon führt Gide ein merkwürdiges Beispiel an. 1907 erwähnte Lord Cromer, Gouverneur von Ägypten, in einem Bericht an die englische Regierung, daß der Scheik eines Dorfes, welcher ein Landgut für £ 25000 gekauft hatte, eine halbe Stunde nach Unterzeichnung des Kaufkontraktes mit einer Reihe von Mauleseln

Sparkassen

Kapitalanlage

---

[1]) Nicht immer, denn man kann auch Schuldverschreibungen eines Staates kaufen (der das Geld größtenteils für improduktive Ausgaben verwendet), Geld auf Hypothek leihen usw.

erschien, welche mit dieser soeben aus seinem Garten ausgegrabenen Summe beladen waren (Cours, p. 832, Anm.).

Man darf aber den mäßigen Zins der Sparkassen (gewöhnlich unter 3 %) mehr als ein Reizmittel zum Sparen denn als ein Einkommen aus Kapitalanlage betrachten; auch können die Summen, welche diesen Anstalten anvertraut sind, nie hoch werden. In Österreich ist die höchste Einlage für die Postsparkasse 2000 Kr., in Italien 2000 Lire, in Frankreich nur 1500 Francs. Ähnlich ist es mit den Depositen in den Banken.

Depositen

Der Zins, den diese auszahlen, ist gewöhnlich sehr niedrig, bisweilen nihil (wie bei der Banque de France und der Bank of England). In beiden Fällen wird ein Deponent, sobald er eine etwas ansehnliche Summe aufgespart hat, sein Geld vorteilhafter anlegen durch Ankauf von Obligationen oder Aktien, oder besser noch es als Arbeitskapital im eigenen Geschäft verwerten.

Kollektive Ersparungen

Aber die Sparkassen und Depositenbanken spielen noch eine andere Rolle: sie verwandeln individuelle Ersparnisse in kollektive, und diese wieder in Kapitalanlagen. All diese kleinen Summen, welche jede für sich nichts einbringen würden, werden durch ihre Vereinigung zu ansehnlichen Kapitalien. — In Frankreich haben die Sparkassen fast 5 Milliarden Francs in Depot. — Es ist klar, daß diese Summen zu Anlagen verwendet werden, sei es in Staatspapieren, sei es auf andere Weise.[1]) Wie könnten sonst die Banken den Einlegern einen Zins zahlen, wenn sie ihn selbst nicht bezögen? Man kann also mit Recht diese Form

Kollektive Anlagen

des Sparens als kollektive Anlage bezeichnen, welche übrigens noch andere Formen annehmen kann. Das Kaufen von Werten einer Aktiengesellschaft ist eigentlich nichts anderes.[2])

[1]) In Italien wird der größte Teil der Sparkassenkapitalien in Form von Bodenkredit oder landwirtschaftlichem Kredit zu produktiven Zwecken verwendet.

[2]) „Die eigentliche Pennsylvania Railway, welche sich nur auf 350 Meilen zwischen Pittsburg und Philadelphia erstreckt, ist heute das Eigentum von 19340 Aktionären, in Aktien von 50 Dollars an ... Die Merrimac Manufacturing Company (für Baumwolle) in Lowell ist das Eigentum von 2500 Aktienbesitzern, von denen 42 %

Kollektive Formen des Sparens sind noch die folgenden:

2. Beiträge für Vereine zur gegenseitigen Unterstützung und Tontinen. Das Sparen geschieht bei letzteren mittels regelmäßiger und zwangsmäßiger Quoten, und nach einiger Zeit wird das gemeinschaftliche Kapital gleichmäßig unter die Überlebenden verteilt.

Kooperation 3. Mitgliedschaft von kooperativen Konsumvereinen. Da die Waren für gemeinsame Rechnung im Großen gekauft werden, profitieren die Mitglieder von der Differenz zwischen Engros- und Detailpreisen, und dieser Gewinn wird ihnen am Schlusse des Jahres nach Maßgabe ihrer Einkäufe ausgezahlt. Das ist eine Art automatischen und unbewußten Sparens.

4. Mitgliedschaft von kooperativen Kreditvereinen, insoferne sie nicht nur Geldsummen ausleihen, sondern sie auch von ihren Mitgliedern gegen Ausgabe von Aktien empfangen.

Widerstandskassen 5. Beiträge für Widerstandskassen, z. B. von Gewerkvereinen, um einen Ausstand oder eine Aussperrung zu überstehen,[1]) an Krankenkassen, Leichenkassen usw.

Lotterien 6. Teilnahme an Lotterien. Obgleich auf den ersten Blick das Spielen in der Lotterie etwas ganz anderes scheint als Sparen, ist es klar, daß es nur eine besondere Form davon ist;[2]) denn die Preise, wie groß auch, stammen nur aus den Beiträgen aller Teilnehmer. Einer, der alle Lose kaufte, würde verlieren, obgleich er alle Preise gewinnen würde, weil mindestens die Administrationskosten vom Betrag abgezogen werden müssen. Durchschnittlich muss jeder, der in der Lotterie spielt, verlieren, und je mehr

---

nur eine Aktie haben, 21 % 2 und 10 % 3 Aktien, und nicht weniger als 38 % des ganzen Kapitals ist in Händen von Verwaltern, Vormündern und Bevollmächtigten von wohltätigen, religiösen, pädagogischen und finanziellen Anstalten" (Carnegie, Results of the labor struggle).

[1]) Während eines Ausstandes von Maschinisten in England zahlte der Gewerkverein verschiedene Monate lang seinen 80000 Mitgliedern 700000 bis 750000 Mark wöchentlich aus. Ein Beispiel, welch mächtige Erfolge das kollektive (und zwangsweise) Sparen haben kann.

[2]) Im moralischen Sinne ist es natürlich etwas ganz Anderes.

Billete er nimmt, desto größer wird die Verlustchance. Sogar wenn ein Los a pari herauskommt, verliert er noch den üblichen Zins. Die Gewinner profitieren von den Ersparungen aller Verlierer.

Versicherung

7. Versicherung. Das Prinzip der Versicherung ist die Abhilfe bei einer eventuellen Notlage, welche aus eventuellen Verlusten hervorgeht.[1]) Das ist genau das Umgekehrte wie bei der Lotterie, welche man eine gegenseitige Versicherung für Glücksfälle nennen könnte. Der große Vorteil und die große Kraft der Versicherung besteht darin, daß das Unglück, gegen welches man sich versichert, nur einen ganz kleinen Teil der Versicherten trifft. Die Erfahrung hat gelehrt, daß 1 % des Wertes eines Hauses gewöhnlich genügt, um den ganzen Wert im Fall von Feuersbrunst zu ersetzen. Ebenso wie die Teilnehmer an einer Lotterie, müssen auch die Versicherten zusammen und jeder durchschnittlich einen gewissen Verlust erleiden, sonst würde die Versicherungsgesellschaft bankerott machen. Darum versichern große Verbände, welche viele Immobilien haben, wie der Staat und einige Eisenbahngesellschaften, ihr Eigentum nicht, denn die jährliche Prämie würde größer sein, als die mittleren Verluste.

Weil die Versicherung heutzutage mehr und mehr vorkommt und die verschiedensten Formen annimmt, verdient sie etwas näher betrachtet zu werden. Man kann nicht nur Sachen versichern, wie Schiffe gegen Seeschaden, allerlei Besitztümer und Wertpapiere gegen Feuer- oder Diebstahl, Ernten gegen Schädigung, Hagelschlag und Frost, sondern auch Personen: gegen Unglücksfälle, Krankheiten, Invalidität, frühzeitigen Tod. In diesem letzten Falle ist es natürlich die Familie oder sind es die Freunde, welchen der Vorteil zufällt. Man versichert sich, oder man wird versichert gegen die Folgen, welche für andere aus seinem Tode hervorgehen können.

---

[1]) Insoweit ist auch die Einzahlung in Kassen von der unter 5. erwähnten Art eine Art Versicherung; denn sie bezweckt, ein Risiko, das für einen Einzelnen oder auf einmal zu schwer zu tragen wäre, auf viele Köpfe und viele Einzahlungen zu verteilen. Aber sie unterscheidet sich davon, indem das Risiko entweder für jeden einmal kommt (Todesfall), oder alle Teilnehmer zugleich trifft (Ausstand).

Die Versicherung verhütet das Unglück nicht, sie kann es sogar hervorrufen, sei es durch Fahrlässigkeit des Versicherten, sei es durch Betrug (zu hohe Wertangaben, Brandstiftung u. dgl.) oder Verbrechen (wie zuweilen bei Versicherungen gegen Tod von Kindern); aber sie hat einen zweifachen Nutzen: 1. den aller Ersparungen, nämlich einen Reservefonds zu bilden, der in demselben Maße anwächst, wie Verbrauch oder Verlust die verfügbare Güterquantität schmälert;[1]) 2. den speziellen Vorteil, daß sie die verhängnisvollen Konsequenzen, welche aus Unfällen oder Katastrophen hervorgehen können, abwendet. Denn das Unglück beschränkt sich nicht nur auf das versunkene Schiff, die zerstörte Ernte, das verbrannte Haus, sondern es ruiniert den betroffenen Arbeitenden, vernichtet seine Energie, oft sogar seinen Ruf als ehrlicher Mann, und hat bisweilen Selbstmord zur Folge. Die Versicherung aber macht, daß der Schaden sich auf das Unheil selbst beschränkt, und die Vorteile scheinen also die Nachteile reichlich aufzuwiegen. Man kann übrigens gegen gewisse Formen des Mißbrauchs Maßregeln treffen. Was die Sorglosigkeit des Versicherten selbst betrifft, so ist diese keine große Gefahr, denn dieselbe Vorsicht, welche bewirkt, daß man sich versichert, bewirkt gewöhnlich auch, daß man noch andere Vorsorgen trifft, um sein Gut und sein Leben zu erhalten, wie feuerfeste Geldschränke, Sicherheitsschlösser, Errichtung einer Feuerwehr, hygienische und sanitäre Maßregeln u. dgl. — Was die zu hohen Angaben betrifft, diesen würde vorzubeugen sein durch eine genaue Taxierung alles versicherten Eigentums. — Allerdings Verbrechen, wie das oben angeführte, können kaum anders verhütet werden, als indem man gewisse Formen der Versicherung einfach verbietet oder zum mindesten sehr erschwert.

[1]) Zwar schafft Sparsamkeit keine neuen Werte, sie sammelt nur und ersetzt sofortige Genüsse durch zukünftige. Aber indirekt wirkt sie wie jedes Opfer, jede Entbehrung, die man sich auferlegt: sie reizt uns an, den Verlust durch mehrere Tätigkeit auszugleichen. Man legt nicht ruhig zurück, was man zuviel hat, sondern man arbeitet und grübelt solange, bis man sowohl für gegenwärtige als für zukünftige Bedürfnisse gesorgt hat.

Dritte Abteilung.

Der Wert.

Kapitel XI.

Die Arbeitstheorie.

Wenn wir die Frage stellen: wodurch hat etwas Wert? so wird wohl der erste Gedanke, welcher in einem unbefangenen Geiste aufkommt, der sein: die Sachen haben Wert, weil und insofern sie Nutzen haben. Aber nach kurzer Überlegung entsinnen wir, daß es einerseits zahlreiche Sachen gibt, die sehr nützlich und wenig wert sind, und andererseits eine Menge Artikel, für die man viel Geld bezahlt und die dabei sehr schädlich sind, z. B. eine Flasche Champagner für einen, der schon zu viel getrunken hat, eine Gänseleberpastete für jemanden, der das Zipperlein hat. Einige Güter, wie Luft und reines Wasser, sind von der allergrößten Notwendigkeit, aber kosten gewöhnlich nichts. Steinkohlen sind unzweifelbar nützlicher als Diamanten, aber diese haben einen viel höheren Wert.

Derartige Erwägungen haben die Anhänger der sogenannten Manchesterschule dazu veranlaßt, die Nützlichkeit als Erklärungsprinzip gänzlich fallen zu lassen. Der Nutzen, so führten sie aus, würde den Wert zwar bestimmen, wenn es keinen Tauschverkehr gäbe, wenn jeder für sich erzeugte, was er nötig hat, wie ein Bauer, der mit seiner Familie von den Feldfrüchten seines Grundstückes lebt; aber durch den Tauschverkehr gewinnt die Sache ein ganz anderes Ansehen. Jeder Händler, jeder Produzent hat von allem, was er in Feldscheune, Fabrik oder Magazin hat, zu viel, als daß diese Sachen für ihn einen hohen *Gebrauchswert* haben könnten,

Gebrauchs- und Tauschwert

sie haben aber einen gewissen *Tauschwert* (diese Unterscheidung findet sich schon bei *Adam Smith*). Einem Kolonialwarenhändler würde es nie einfallen, so viele Feigen zu kaufen und um den Preis, den er dafür bezahlt, wenn er sie alle selbst verzehren sollte. Vielleicht ißt er selbst gar keine. Wenn der Besitzer eines großen Konfektionsgeschäftes selber mit seiner Familie alle Röcke, Hosen und Westen tragen müßte, welche er auf Lager hat, würden diese Gegenstände für ihn nur einen sehr geringen Wert haben. Es wäre sogar manches Stück dabei, das er sofort als unbrauchbar wegwerfen könnte, und das für ihn jetzt nur Wert hat, weil er es seinen Kunden verkaufen kann. Erst durch die Nachfrage der Kunden, die Geld dafür geben, erhält die Ware einen gewissen Wert.

Angebot und Nachfrage

Der Tauschwert eines Artikels — der einzige, um den die soziale Wissenschaft sich zu kümmern hat[1]) — hängt also von der Nachfrage danach ab. Doch nicht von der Nachfrage allein, sondern auch von der vorhandenen Menge des Artikels. Ist die Ernte schlecht ausgefallen, so wird ein Scheffel Weizen viel kosten, ist sie ergiebig, so wird der Preis fallen. Und so mit allen Dingen, welche man sich denken kann. Wir nennen diese vorhandene Menge das Angebot, weil ihr Einfluß auf den Markt sich erst zeigt, wenn sie angeboten wird, oder wenn man vorhersieht, daß sie angeboten werden wird! Sind viele Käufer auf dem Markt und wenige Verkäufer, so sind diese im Vorteil und machen hohe Preise für ihre Ware. Sind wenige Käufer da und viele Verkäufer (vorausgesetzt, daß der Vorrat, den jeder hat und das Quantum, das jeder Käufer verlangt, sich gleichbleiben), so haben erstere den Vorteil und können die Preise drücken, denn die Verkäufer reißen sich um die Kunden und werden einander zu unterbieten suchen. Der Wert ist also abhängig von dem Verhältnis zwischen Angebot und Nachfrage.

Und jetzt wird uns auf einmal klar, warum ein Diamant einen höheren Wert als ein Stück Steinkohle hat: das Angebot von Diamanten ist durch ihre Seltenheit äußerst beschränkt, während Steinkohlen in großer Menge vorhanden sind.

---

[1]) Die Ökonomiker, deren Theorie wir hier auseinandersetzen, leugneten die Bedeutung des Gebrauchswertes nicht, sie betrachteten ihn aber als etwas, das nur die Privatwirtschaft angeht.

Man hat aber bemerkt, daß es eine Grenze gibt für Preiserniedrigung wie für Preiserhöhung. Derjenige, welcher eine Ware anbietet, kann in normalen Umständen nicht unter dem Selbstkostenpreise verkaufen. Nur wenn er zu große Quantitäten davon hat oder wenn die Ware verdorben oder beschädigt ist, wird er, um seinen Vorrat los zu werden, mit einem kleinen Verlust vorlieb nehmen, es ist aber klar, daß er das auf die Dauer nicht durchführen kann. Bleiben die Umstände ihm ungünstig, so wird er sich zurückziehen; er ist nicht mehr konkurrenzfähig. Und so verringert sich das Angebot von selbst. — Was wird nun die Folge davon sein? Daß der Preis etwas steigt — wenn nämlich die Nachfrage dieselbe geblieben ist —, aber er wird sich nicht mehr bis auf das Niveau erheben, auf dem der Ausgeschiedene sich wieder an dem Verkauf beteiligen könnte. Denn es genügt nicht, daß der Unternehmer oder Kaufmann ohne Verlust operiert, er muß auch einen Gewinn machen, der ihn instand setzt mit seiner Familie zu leben, sein Kapital zu erneuern, den üblichen Zins für die geborgten Summen zu bezahlen, usw.

Produktionskosten

Wenn wir das alles die Produktionskosten nennen (nach dieser Schule ist eben auch der Unterhalt des Produzenten mit einbegriffen), so können wir sagen: der Wert wird auf die Dauer nicht unter die Produktionskosten herabsinken können.

Kann er beträchtlich höher steigen? Ja, antwortet man, für einzelne Güter, welche Gegenstand eines Monopols bilden, wie Weine gewisser berühmter Gewächse, oder die Tarife einer Eisenbahngesellschaft, welche für eine Strecke den alleinigen Betrieb hat. Aber für die große Mehrzahl der Artikel, d. h. solcher, die beliebig vermehrt werden können, ist es unmöglich, wenigstens auf die Dauer und unter dem System der freien Konkurrenz. Denn, sobald man in einem Zweig von Industrie oder Handel größere Gewinne erzielt als in anderen, wird der Wettbewerb in dieser Branche zunehmen, und das Angebot wird dadurch so groß werden, daß die Preise alsbald wieder auf die normale Höhe zurückgeführt sind. Also kann man sagen, daß der Wert immer um die Produktionskosten schwingt wie ein Pendel um den

Gleichgewichtszustand, m. a. W. der Wert wird durch die Produktionskosten bedingt.

Theorie von Ricardo Diese Theorie, welche zuerst von Ricardo entwickelt wurde, trägt den Namen ihres Urhebers. Man kann jetzt noch einen Schritt weiter gehen und die Produktionskosten selber zerlegen. Auch diese Analyse ist von Ricardo ausgeführt worden. Die Produktionskosten, sagt er, bestehen aus zwei Elementen, Kapital und Arbeit. Aber das Kapital wird auch durch Arbeit erzeugt, sein Wert ist auch von seinen Produktionskosten abhängig, so daß zuletzt der Wert sich ganz und gar auf Arbeit zurückführen läßt. „Wenn wir z. B. den Tauschwert von Strümpfen bestimmen wollen, sagt er in seinen Principles of Economy and Taxation, werden wir finden, daß dieser Wert, mit dem anderer Gegenstände verglichen, abhängig ist von der gesamten Quantität Arbeit, welche nötig ist, um sie herzustellen und auf den Markt zu bringen. Da ist 1. die Arbeit, die erfordert wurde um den Boden zu bestellen, worauf die rohe Baumwolle wächst; 2. die Arbeit, die nötig ist um diese Baumwolle nach dem Lande zu befördern, wo die Strümpfe gewoben werden, und diese Arbeit schließt wieder einen Teil derjenigen in sich, welche verwendet wurde zum Bauen des für die Überführung benutzten Schiffes (womit in den Frachtpreisen gerechnet ist); 3. die Arbeit der Spinner und Weber; 4. ein Teil der Arbeit des Mechanikers, des Schmiedes und des Zimmermanns, welche die Gebäude und Werkzeuge gemacht haben, mit deren Hilfe sie angefertigt werden; 5. die Arbeit des Strumpfwarenhändlers, der sie verkauft, und noch viele andere Arten Arbeit, die es unnötig ist ins einzelne zu verfolgen. Der Gesamtbetrag dieser verschiedenen Arbeitsquantitäten wird die Quantität anderer Gegenstände bestimmen, gegen welche die Strümpfe eingetauscht werden können, sowie eine ähnliche Abschätzung der verschiedenen Quantitäten Arbeit, die auf diese anderen Gegenstände verwendet wurde, den Teil davon bestimmen wird, der gegen die Strümpfe eingetauscht werden kann."

Kritik dieser Theorie.

Die Ricardosche Werttheorie ist ein schlagender Beweis dafür, wie täuschend in der Volkswirtschaftslehre der erste Schein der Evidenz ist; Beweisführungen, welche uns kristallhell vorkommen, werden später als durchaus fehlerhaft erkannt.

Während mehr als eines halben Jahrhunderts hat die Ricardosche Werttheorie als unanfechtbar gegolten und der ganzen ökonomischen Wissenschaft als Grundlage gedient. Stuart Mill sagt in seinen Principles of political economy: „Glücklicherweise gibt es in den Gesetzen des Wertes nichts mehr aufzuklären, weder für die Gegenwart noch für die Zukunft: die Theorie ist vollständig". — Der Kollektivismus stützt sich auf die Ricardosche Theorie wie auf ein Axiom, die feingesponnene Argumentation Karl Marx', das berühmte „eherne Lohngesetz" Lassalles haben keine andere Basis. — Und doch zeigt sich im Lichte der neueren Untersuchungen über den Wert, welche besonders Stanley Jevons in England und Carl Menger in Österreich zu verdanken sind, wie ungenau und ungenügend sie ist.

Die Theorie ist ungenau:

1. weil sie Ursache und Wirkung verwechselt. Der Wert hängt nämlich nicht von den Produktionskosten ab, sondern diese werden bedingt durch den Produktwert. Die Theorie, welche das Gegenteil zu beweisen sucht, führt uns zu einem Zirkelschluß. Diese reductio ad absurdum zeigt sich sehr deutlich bei Lassalle, obgleich dieser es selbst nicht bemerkt hat. Er sucht nämlich zu ermitteln, was der Wert der Arbeit selbst ist. Was sind Produktionskosten? fragt er. — Alles, was man an Grundstoffen, Maschinen und Geräten, Gebäuden, Unterhalt, Reparatur, Arbeitslohn und Kapitalzins zahlen muß. Das alles hat einen gewissen, durch Nachfrage und Angebot bestimmten Tauschwert. Aber in letzter Instanz ist dieser überall auf Arbeitslohn zurückzuführen. — Sehr gut, meint Lassalle, aber auch die Arbeitslöhne werden durch Angebot und Nachfrage bestimmt, und in letzter Linie durch die Produktionskosten der Arbeit, d. h. durch alles, was nötig ist den Arbeiter mitsamt seiner Familie zu unterhalten, eine gewisse Quantität Nahrung, Wohnung, Kleidung usw.

Also wird der Arbeitswert wieder auf den Wert gewisser Produkte zurückgeführt. Diese Produkte haben natürlich wieder Arbeit gekostet, der Wert dieser Arbeit kann wieder auf den anderer Produkte zurückgeführt werden und so bis ins unendliche.

Der Fehler ist hier, daß man die Erklärung des Wertes der Produkte und der Faktoren der Produktion in ihrer Vergangenheit anstatt in ihrer Zukunft gesucht hat.[1]) Diese ganze Auffassung der Arbeit als Grundlage des Wertes kann mit einem einfachen Erfahrungssatz umgeworfen werden: die Menschen legen den Sachen keinen Wert bei, weil es viel Mühe gekostet hat, sie zu erzeugen (dies könnte höchstens nur für eigene Erzeugnisse gelten), sondern sie geben sich Mühe sie zu erzeugen weil sie ihnen Wert beilegen.

Der Arbeitstheorie hat es nicht an schwer zu erklärenden Fällen gefehlt, und dazu gehört der Fall der Zueignung von Naturprodukten. Diese, sagte man, haben an sich keinen Wert, erst die Arbeit, welche man auf sie verwendet, verleiht ihnen Wert, und sei es nur die Arbeit, sich ihrer zu bemächtigen. — Aber warum sich ihrer bemächtigen, wenn sie keinen Wert haben, und warum überhaupt lieber dieses Gut als jenes erbeuten? — Und warum ist der Wert, welchen die in Besitz genommenen Sachen schließlich haben, nicht der darauf verwendeten Arbeit proportional? Die Mühe einen Goldklumpen oder einen rohen Diamanten aufzuheben ist nicht größer als die Mühe einen wertlosen Stein aufzuheben, die Arbeit ein wehrloses Tier zu töten, das ein prächtiges Fell oder schmackhaftes Fleisch hat, ist viel leichter als einen Bären zu erlegen. Der kanadische Trapper aber, welcher

[1]) Es steckt in den Ausführungen der Ricardianischen Schule noch ein anderer Fehler. Löhne und Zins sind zwar Kosten vom Standpunkte des privaten Unternehmers aus, aber für die Gesellschaft sind es Einkünfte, welche einen Anteil am Erzeugnisse darstellen. Ob sie im voraus oder nach Beendigung der Produktion ausgezahlt werden, verändert an ihrer Natur nichts. Ein Meiereipächter, der einen Teil seiner Ernte als Lohn bekommt, also nach Abschluß der Produktion aus dem Produkt bezahlt wird, ist darum nicht weniger Lohnarbeiter. Und wie könnte sein Lohn, d. h. sein Anteil am Produkt, den Wert dieses Produkts erklären?

beides getan hat, wird darum das Bärenfell doch nicht teurer verkaufen. Und für Grundstücke hat ja Ricardo selbst in seiner Grundrententheorie eine sehr wichtige Ausnahme gemacht.

Was die anderen Elemente der Produktion betrifft, die Rohstoffe, so gilt dafür dasselbe. Diese Stoffe entlehnen ihren Wert nur dem Nutzen der Artikel, welche man aus ihnen anfertigen kann. (Wie der Schein des Umgekehrten fast unüberwindlich sich aufdrängt, wird sich bei der Preistheorie zeigen). Ein Stoff, woraus man nichts machen kann, hat eben deshalb keinen Wert.

2. Weil sie es versäumt, zu erforschen, welche die Ursachen und Bedingungen der Nachfrage sind, warum die Menschen den einen Artikel lieber kaufen als den anderen. Tun sie das nicht wegen des wirklichen oder vermeinten größeren Nutzens, den er für sie haben kann? Es ist eigentümlich, daß eine Theorie, welche von der Wechselwirkung von Angebot und Nachfrage ausgeht, nur die Elemente des Angebotes analysiert, und sich keinen Augenblick fragt, welche Faktoren wohl die Nachfrage bestimmen.[1])

3. Weil sie der Tatsache, daß das Angebot selbst durch die Nachfrage bedingt oder wenigstens beeinflußt wird, keine Rechnung trägt. Man produziert überhaupt nur, weil es Abnehmer gibt, weil sich ein Bedürfnis geltend macht, sonst würde die Produktion bald stillstehen. Folglich, wenn die Nachfrage durch Brauchbarkeit oder Nützlichkeit bedingt wird, wird auch die Produktion dadurch mitbestimmt. Diese arme Nützlichkeit, welche zur Vordertüre hinausgejagt wurde, kommt durch die Hintertüre wieder herein und macht ihre Rechte als Herrin des Hauses geltend.

Die Theorie ist ungenügend:

1. Weil sie Ausnahmen zuläßt. Sie besagt ausdrücklich, daß der Wert von Sachgütern, welche Gegenstand eines natürlichen oder künstlichen Monopols sind, nicht von den Erzeugungskosten abhängt, folglich auch nicht von der Quan-

---

[1]) Doch auch bezeichnend für eine Ökonomik, der eine gute Gebrauchs- und Genußtheorie ganz abgeht.

tität Arbeit, welche auf sie verwendet wurde. Aber wovon denn? Eine Werttheorie, welche nicht von allen Abweichungen Rechenschaft gibt, ist unzulänglich.

Man könnte einwenden, daß Seltenheit sich oft auf eine große Schwierigkeit der Beschaffung zurückführen läßt, z. B. für große Kunstwerke. Und sogar bei Artikeln, deren Seltenheit absolut scheint, wie Diamanten und Gold, könnte man behaupten, daß das Leben so vieler unglücklicher Sucher, so viele mißlungene Anstrengungen um sie zu entdecken, auch Arbeit repräsentieren und im Preis mitzählen müssen (obgleich es unbegreiflich bleibt, daß derjenige, der unvermutet einen großen Diamanten oder einen Goldklumpen findet, und derjenige, der ihn kauft, sich bei ihrer Wertschätzung durch Umstände beeinflussen lassen sollen, welche sie gar nichts angehen. Nicht die große Mühe ist hier Ursache der Seltenheit, sondern diese ist Ursache der Schwierigkeit des Auffindens). Wie wird man aber nach diesem Prinzip erklären, daß Platin, das früher weniger wert war als Gold, jetzt den doppelten Wert hat? Wie erklären, daß große Diamanten, welche an derselben Stelle wie die kleinen gefunden werden, unvergleichlich kostbarer sind? Daß Kupfer teurer ist als Eisen, Gold als Silber? Ist die Metallurgie der seltenen Metalle in genau dem Grade schwieriger, als sie seltener sind?

Dies führt uns von selbst zu der Frage: wie weit geht das Monopol? Alles was nicht unentgeltlich ist, wie Wasser und Luft, ist relativ selten, und der eine Rohstoff ist seltener als der andere. Somit ist das Monopol Regel und keine Ausnahme; es besteht in verschiedenem Maße für alle Waren. Die Faktoren, welche das Angebot einschränken, existieren nicht nur für feine Weine und Edelsteine, sondern für alles, was überhaupt Tauschwert hat. Kein einziger Ricardianer kann uns sagen, wo das Monopol anfängt und wo es aufhört.

Ein wissenschaftliches Gesetz darf keine Ausnahmen zulassen. Man hat kein Gesetz formuliert, bevor man die scheinbaren Abweichungen darauf zurückgeführt hat. Vilfredo Pareto sagt sehr prägnant: „une loi (scientifique) n'est rien autre que la constatation de l'*uniformité* de certains faits. Une loi, donc, de par sa définition même, ne peut pas avoir d'exceptions, car, si elle en avait, ce serait une uniformité *non-uniforme*, ce qui n'a pas de sens. Ce qu'on nomme vulgairement des exceptions aux lois scientifiques est simplement l'entre-croisement des effets d'autres lois. Ces entrecroisements existent pour tous les phénomènes de la nature, aussi bien pour les phénomènes chimiques et physiques que pour les phénomènes économiques ou sociaux.“ (*Les Systèmes socialistes*, II, p. 76). So würde eine gute Preistheorie z. B. auch die Preise unter dem System der beschränkten Konkurrenz (Kartelle und Trusts) erklären müssen. Die Arbeitstheorie verzichtet darauf, indem sie nur einen Faktor der Seltenheit berücksichtigt, die Produktionskosten, und den andern, die natürliche oder künstliche Beschränktheit der Quantität, vernachlässigt.

2. Weil sie den *Mechanismus* von Angebot und Nachfrage nicht studiert, weder ihre gegenseitige Wechselwirkung, noch die Wirkung der Preise auf beide Faktoren des Tausches. Denn Angebot und Nachfrage sind doch eigentlich ganz unbestimmte Ausdrücke: bei einem gewissen Preis wird viel mehr angeboten und viel weniger nachgefragt als bei einem anderen oder umgekehrt. Auch ist es nicht wahr, daß der Preis von dem *Verhältnis* zwischen Angebot und Nachfrage abhängig sei. Wenn die verfügbare Menge Weizen um die Hälfte geschmälert wird, verdoppelt sich der Preis des Weizens nicht, er steigt wohl um das Fünffache. Für andere Artikel, wie Tabak, ist das Umgekehrte wahr. Eben indem die späteren Theoretiker den Mechanismus des Marktes studierten, haben sie neue und wichtige Gesetze entdeckt.

3. Gibt es eine Güterklasse, deren Wert von der Ricardoschen Theorie nicht erklärt wird und werden kann, weil sie Wert und Tauschwert identifiziert. Gute Landstraßen, ein Kanal, ein Hafendamm, ein Eisenbahntunnel, ein öffentliches Museum, haben gar keinen Tauschwert, denn sie sind kein Objekt des Tausches, aber ihr Gebrauchswert ist sehr hoch. Sie können sogar viel mehr eintragen, als nach ihren Produktionskosten je vorherzusehen war. Ch. Gide bemerkt hierüber:

„wie ansehnlich die Arbeit ihrer Herstellung auch war, und wie niedrig man auch die Arbeit veranschlagt, welche jährlich durch ihre Mitwirkung erspart wird, es muß notwendig früher oder später ein Augenblick kommen, wo die ersparte Arbeit der aufgewandten Arbeit gleichkommt. Von diesem Augenblick an ist das Kapital, um den üblichen Ausdruck zu gebrauchen, „abgeschrieben“, d. h. künftighin ist die ersparte Arbeit ein Reingewinn für die Gesellschaft. Von diesem Tage an und für die ganze Zeit, die das Kapital noch dauern wird, werden die Dienste, welche es erweist, gratis erwiesen sein“ (Cours, p. 135).[1]) — Wenn dem so ist, zeigt es sich, daß der Wert dieser Kapitalien ihre Produktionskosten bei weitem übertrifft. Woher stammt denn dieser Wertüberschuß? Ja, woher stammt der Wertzuwachs irgend eines Produktes? Ein Haus, ein Baum, ein Faß Wein, das heute einen gewissen Tauschwert hat, der vielleicht genau den Produktionskosten gleichkommt, sind über einige Jahre doppelt soviel wert. Und es ist doch keine Arbeit mehr darauf verwendet. Wir werden bald zeigen, daß dies kein Ausnahmefall ist, daß es sogar der normale Fall ist: der Wert kann wirtschaftlicherweise nicht genau gleich den Produktionskosten sein, er muß sie, wenigstens in der Erwartung des Produzenten, immer übersteigen. Denn wenn die Produktionskosten überhaupt oder der Wert der verwendeten Arbeit insbesondere dem Wert des Produktes identisch wären, würde man gar keinen Grund haben, diese Arbeit zu unternehmen. Wenn zwischen Opfer und Ergebnis keine Differenz ist, so gibt es Gleichgewicht,

---

[1]) Es scheint mir, daß Gide in diesem Passus unter dem Einfluß einer Modifikation der Arbeitstheorie steht, nach welcher der Wert nicht so sehr in der aufgewendeten Arbeit als vielmehr in der ersparten Arbeit bestehen soll. Aber wie soll man diese messen? Bei der heutigen Einrichtung der Gesellschaft ist fast niemand imstande, sich durch eigene Anstrengung den geringsten Artikel, den er kauft, selbst anzufertigen, eine Schachtel Zündhölzer z. B. oder eine Metallfeder. Und wenn ich einen Roman kaufe, welche Mühe erspart mir dieser? Hätte ich ihn etwa selbst erdenken können? — Die Bemerkung Gides ist dennoch richtig, nur daß er mit dem Ausdruck „ersparte Arbeit“ den Wert des erwiesenen Kapitaldienstes meint; der ist unzweifelhaft beträchtlich, denn durch ihn wird viele Arbeit überhaupt erst möglich.

und Gleichgewicht verursacht keine Bewegung, sondern Stillstand.[1])

4. Die Theorie ist nicht nur unfähig, von den Erscheinungen, welche sie als Ausnahmen betrachtet, Rechenschaft zu geben, sie ist auch unzureichend, die normalen Variationen zu erklären, die unaufhörlichen Schwankungen des Marktpreises über und unter die Produktionskosten. Der Wert, sagt die Theorie, hat die Tendenz mit den Produktionskosten zusammenzufallen. Wenn er nur die Tendenz hat, so ist es klar, daß er nicht genau damit zusammenfällt, daß es andere Einflüsse gibt, welche machen, daß er fortwährend davon abweicht. Es fragt sich: welche sind diese Einflüsse?

5. Der Begriff: Quantität der Arbeit ist von Ricardo nicht definiert worden. Er scheint zu meinen, daß er an sich deutlich und einfach sei. Bei genauer Betrachtung zeigt sich aber, daß er wechselnd und unbestimmt ist. Soll man vornehmlich die Arbeitsdauer in Betracht ziehen? Aber der eine arbeitet schneller als der andere. Soll man die Quantität der Arbeit nach Unlust bemessen oder nach Intensität der Anstrengung? Aber für den einen ist eine Arbeit unangenehm, die für den andern genußreich ist; die Schwierigkeit ist auch individuell sehr verschieden, weil es verschiedene Grade der Geschicklichkeit und Gewandtheit gibt. Und alle diese Wertschätzungen würden uns doch nur zu einem Ergebnis führen, das mit aller Erfahrung in direktem Widerstreit ist: nämlich dazu, der Arbeit des untauglichsten, schwächsten und ungeschicktesten Arbeiters oder desjenigen,

---

[1]) Diese Verwechslung von Wert und Kosten in der Ricardoschen Theorie ist schon von Malthus bemerkt worden: „Wir können zwar, sagt er, die Arbeit, welche verwendet wurde, um einen Artikel zu erzeugen, seinen wirklichen Wert nennen, aber wenn wir das tun, gebrauchen wir die Worte in einer Bedeutung, die ganz von der gewöhnlichen abweicht; wir verwischen zu gleicher Zeit die sehr wichtige Unterscheidung zwischen Kosten und Wert; und es wird fast unmöglich, die hauptsächlichste Anregung zur Erzeugung alles Reichtums, welche gerade von dieser Differenz abhängig ist, deutlich hervorzuheben." — Ricardo zitiert diesen Einwand, begreift gar nicht seine Tragweite und erklärt gelassen, daß Malthus ihn nicht verstanden habe.

der seine Arbeit mit Widerwillen verrichtet, den größten Wert beizulegen.

G. Tarde bemerkt in dieser Hinsicht: „Le travail joyeux du créateur, du producteur véritable, n'en est pas un, à vrai dire . . . Et c'est sa joie, non sa peine, qu'on lui paye. Et sa joie, bien plus que sa peine, pourrait servir à mesurer la valeur sociale de son invention.“ — Richtig, eben weil der Wert nach dem sozialen Nutzen bemessen wird. Man könnte hier einwenden, daß der Denker oder Erfinder oft Jahre mit vergeblichen Versuchen hingebracht hat, bevor er auf den rechten Weg gekommen ist, und daß die Gesellschaft, wenn sie ihm den Preis seiner Erfindung bezahlt, ihm alles vergelten soll, all dieses Leiden und diese lange Vorbereitung. — Wir müssen gestehen, daß in diesem Falle die Gesellschaft sehr ungerecht ist, und den Wert gar nicht nach der Mühe abschätzt, denn sie bezahlt oft mit Gold einen glücklichen Einfall, und belohnt sehr karg manche lange und schwere Arbeit. Gehen wir weiter: wenn die Arbeit von Jahren und Jahren auf ein Mißlingen hinausläuft, wo ist dann der Wert? Hängt er nicht ganz und gar vom Erfolg ab, also von etwas ganz anderem als Unlust und Mühe? Es ist das Gelingen, nicht das Fehlschlagen oder die Enttäuschung, welche den Wert schafft. Wenn man alle Ängste und Sorgen vergüten wollte, so würde auch das Temperament des Erfinders bei der Wertbestimmung seiner Erfindung eine wichtige Rolle spielen. Wer hat jemals derartiges berücksichtigt, und ist alle Erfahrung nicht damit in Widerstreit?

Karl Marx weicht mit seiner gesellschaftlich notwendigen Arbeitszeit, d. h. der unter den „gesellschaftlich normalen Produktionsbedingungen“ durchschnittlich erforderten Stundenzahl, einigen von diesen Schwierigkeiten, doch nicht allen, aus. Nach ihm kommt es also nicht darauf an, wieviel individuelle Arbeit auf ein Produkt verwendet wurde, sondern was seine normalen Produktionskosten sind. — Aber insoweit dies eine Berichtigung ist (die Herleitung des Tauschwertes aus den Verhältnissen des Marktes läßt vermuten, daß es auch die innerste Meinung Ricardos schon war), steht sie erstens in grellstem Widerspruch zu seiner eigenen Behauptung, daß der Wert nichts anderes sei als „kristallisierte Arbeit“, und zweitens ist sie ein Zugeständnis an die Nützlichkeitstheorie, weil jetzt nicht mehr die individuelle Anstrengung den Ausschlag gibt, sondern die gesellschaftlich verwendbare Anstrengung.

Kapitel XII.

Die Nützlichkeitstheorie.

Wir haben im Kapitel V gesehen, daß jede Befriedigung unserer Bedürfnisse in einem Dienste besteht, welchen Personen oder Sachen [1]) uns erweisen können, und daß die Personen und Sachen diesen ihren Dienstleistungen sogar all ihre ökonomische Bedeutung verdanken. Diese ökonomische Bedeutung ist aber nichts anderes als der Wert.

Der Wertbegriff

Er ist also von Natur aus eine Eigenschaft der Dienstleistungen, und erst mittelbar der Personen und Güter.

Darf er überhaupt als eine Eigenschaft betrachtet werden? — Nein, eigentlich ist er nichts anderes als ein Verhältnis zwischen einem Bedürfnis und einem Dienst. Es ist möglich, daß das Bedürfnis dringend ist, es kann auch ein unbedeutender Wunsch und seine Erfüllung fast gleichgültig sein; die Dienstleistung kann in beiden Fällen vortrefflich oder dürftig sein. Der Wert des Dienstes ist also von diesen zwei Faktoren abhängig: der Wichtigkeit des Bedürfnisses und der Zweckmäßigkeit der Dienstleistung. Wasser hat einen größeren Wert, wenn man durstig ist; reines und frisches Wasser hat mehr Wert als schmutziges, laues Wasser; Bier oder Tee unter Umständen noch mehr. Und nach der Bedeutung des Dienstes wird die Bedeutung jeder Person oder jedes Gutes, ja sogar jeder ihrer Eigenschaften bemessen, welche für eine spezielle Dienstleistung erforderlich ist. So

---

[1]) Obgleich wir den Güterbegriff sehr weit gezogen haben, ist es noch deutlicher, hier von Sachen zu reden, weil auch ein Institut, eine Maßregel u. dgl. m. uns Dienste erweisen können.

redet man vom Nahrungswert einer Speise, vom wissenschaftlichen Wert einer Untersuchung, vom sittlichen Wert einer Person oder einer Maßregel usw.

Negativer Wert Es gibt auch Gegenstände und Personen, welche negativen Wert haben, z. B. Heuschrecken, die eine Ernte vernichten, Wasser, das Äcker und Felder überschwemmt, Landstreicher und Verbrecher. Diese alle erweisen uns Undienste (siehe auch S. 6).

Objektiv betrachtet, sollte man Gegenständen und Personen, welche künstliche oder schädliche Bedürfnisse befriedigen, auch einen negativen Wert beilegen. Aber, wie schon früher ausgeführt, ist dies eine moralische Unterscheidung. Ökonomisch gesprochen, hat der Dienst, welcher einem subjektiven Bedürfnis entspricht, immer positiven Wert, wenn nicht ausdrücklich die entfernteren Folgen schädlicher Genüsse mit in Betracht gezogen werden, wie z. B. in einer Studie über den Alkoholismus (und in manchen der vorhergehenden Betrachtungen).

Indem nun der Wert eine Beziehung ist zwischen einem Bedürfnis und gewissen Eigenschaften der Dinge, welche sie dazu befähigen, Dienste zu erweisen, ist er keine feste und innerliche Qualität, denn er hängt ganz und gar von unserer Wertschätzung ab, welche ihrerseits von unseren Kenntnissen, Wünschen, Neigungen bedingt ist. So kann eine Sache, die gar keinen Wert hatte, plötzlich einen beträchtlichen Wert erlangen, wie die Abfälle einer Gasanstalt, der Kohlenteer z. B., womit man erst nichts anfangen konnte, und der jetzt die schönsten Anilinfarben und noch zahlreiche andere Produkte liefert. Oder wie die Pechblende, woraus man das kostbare Radium absondert.

Andere Artikel, welche ansehnlichen Wert hatten, können ihn plötzlich verlieren, z. B. durch einen Modewechsel, eine Veränderung der Ansicht oder des Geschmackes, wie Kunstgegenstände, oder weil sie durch etwas Besseres ersetzt werden, oder auch weil sie, ursprünglich selten, jetzt reichlich vorhanden sind. Für das einzelne Individuum sind die Veränderungen, die der Wert der Dinge erleidet, noch ansehnlicher: für einen Ausgehungerten kann ein Stück trocknes

Brot einen hohen Wert haben; für jemand, der eben ein reichliches Mahl genossen hat, haben die feinsten Gerichte keinen Reiz mehr. Mitten in der Wüste kann ein Krug Wasser wertvoller sein als ein mit Diamanten gefüllter Krug.

Wenn wir aber vom größeren oder geringeren Wert der Dinge reden, haben wir in unserem Geist eine Art Skala, nach welcher sie in Rangordnung ihrer Wichtigkeit in bezug auf unsere Bedürfnisse notiert sind. Aber diese Bedürfnisse selbst sind so schwankend, daß es scheint, als ob der Wert sich jeder Gesetzmäßigkeit entzieht. Das hat unzweifelhaft die klassische Schule dazu veranlaßt, auf die Erforschung des Gebrauchswertes ganz zu verzichten, um ausschließlich dem Handelswert der Dinge auf den Leib zu rücken, auch hierin ihrem kommerziellen und industriellen Standpunkte getreu.

Die gesellschaftlichen Erscheinungen sind zu kompliziert, um es wünschenswert erscheinen zu lassen, sie sogleich in ihrer ganzen Verwicklung zu betrachten. Man muß hier, wie in allen Wissenschaften, vom Einfachen zum Komplizierten aufsteigen. Um die Werterscheinungen zu studieren, ist es erwünscht, nicht gleich den ganzen Tauschverkehr, die Preisbildung mitten im Gewühl des Marktes in Augenschein zu nehmen, sondern uns erst auf ein alleinstehendes Individuum, das für sich selbst sorgt, zu beschränken.

Man hat bisweilen gelächelt über die Robinsonaden der ökonomischen Wissenschaft. Aber, wenn die direkte Experimentierung, die in den Geistes- und Sozialwissenschaften ihre Schwierigkeiten hat,[1]) uns versagt ist, wird wohl die

Das vorgestellte Experiment

zuverlässigste Untersuchungsmethode das vorgestellte Experiment sein, und es gibt keinen einzigen Ökonomiker, der sich dessen nicht fortwährend bediente. Denn was ist experimentieren? Es ist nichts anderes als gewisse Faktoren eliminieren, deren Einfluß die Wirkung des einen Faktors, den man beobachten will, verbergen könnte. Aber man kann oft, durch Vereinfachung der Daten eines geistigen Problems, ein ähnliches

---

[1]) In der Psychologie ist das Experiment schon ein geschätztes Hilfsmittel, aber in den ethischen und sozialen Disziplinen wird es wohl noch auf längere Zeit unanwendbar sein.

Resultat erreichen; man kann oft mit Gewißheit sagen, was ein Mensch tun würde, der nur durch dieses oder jenes Motiv beherrscht würde, und dann die Folgen berechnen. Die Gefahr ist nur, daß man, in Ermangelung eines handgreiflichen Unterschiedes, für den komplizierten Fall bewiesen zu haben glaubt, was man nur für den einfachen Fall bewiesen hat. Aber dieser Mißbrauch nimmt nichts von dem wissenschaftlichen Wert des Verfahrens selbst ab. Auch ist vielfach eine große Wahrscheinlichkeit vorhanden, daß zufällige Ursachen, die in einem einzelnen Fall das Resultat trüben, sich gegenseitig aufheben, wenn man eine große Anzahl Menschen betrachtet, und daß der Durchschnitt sehr gut die allgemeine Tendenz eines Gesetzes wiedergibt; so daß Generalisierungen nicht immer unerlaubt sind. Wenn man sich über den homo œconomicus der Volkswirtschaftler lustig macht, warum denn nicht das Gleiche tun mit dem „schweren Punkt", der von den Physikern an einem Faden ohne Gewicht und ohne Torsion in einem widerstandslosen Medium aufgehängt wird? Und doch macht uns dieses imaginäre Pendel die Bewegungen des wirklichen Pendels verständlich.

Wir werden uns also zuerst fragen, von welchen Umständen der Wert abhängig ist für eine Person, welche für die Versorgung ihres Bedarfs nur auf sich selbst angewiesen ist, Robinson wenn man will, oder einen Einsiedler im Walde. Es ist klar, daß er seine Habe und seine Arbeit nur nach der Bedeutung der Dienste abschätzen wird, welche sie ihm leisten. Man könnte sagen: nach ihrem Nutzen, wenn man darunter nur den subjektiven Nutzen versteht, die Fähigkeit, irgend einem Bedürfnis zu entsprechen, ohne einen ethischen Maßstab anzulegen. (So definiert J.-B. Say den Begriff utilité: „la faculté de pouvoir servir à l'homme, de quelque manière que ce soit.") Und wenn er sich in der Abwägung des unmittelbaren und zukünftigen Genusses irrt, so ist das ein Fehler in seiner Wertschätzung, aber nichtsdestoweniger beherrscht diese seine ganze ökonomische Tätigkeit. Er wird vielleicht mehr Wert legen auf einen bunten Kieselstein oder ein Paar schöne Federn als

Nutzen

auf einen Haufen Steinkohlen, wenn er für seinen unmittelbaren Bedarf genug Holz zum Heizen hat.

Lust und Unlust

Die Größe des Dienstes, folglich der Nutzen, wird von ihm bemessen nach der Quantität Lust, welche er gewährt, oder der Unlust, welche er abwenden hilft. „The object of economy, sagt Jevons, is to maximise happiness by purchasing pleasure, as it were, at the lowest cost of pain." Dieses Prinzip, woraus wir im Kapitel über Wirtschaftlichkeit und Verschwendung schon allerlei Schlußfolgerungen abgeleitet haben, werden wir jetzt quantitativ zu bestimmen suchen. Es ist zuerst wichtig, die Motive kennen zu lernen, die unsere Wertschätzung beeinflussen, denn unser Betragen hängt nicht von dem wirklichen Vergnügen oder Mißvergnügen ab, welches eine Handlung uns bereitet, sondern von der vorgestellten Lust oder Unlust.

Bei der Abschätzung dieser Gefühle ziehen wir also folgende Umstände in Betracht:[1])

1. ihre Intensität;
2. ihre Dauer;
3. ihre Gewißheit oder Ungewißheit;
4. ihre Nähe oder Entfernung;
5. ihre Fruchtbarkeit, d. h. die Wahrscheinlichkeit, daß sie von anderen gleichartigen Gefühlen gefolgt werden, d. h. von Lustgefühlen, wenn es sich um eine Lust handelt, von Unlustgefühlen, wenn es sich um eine Unlust handelt;
6. ihre Reinheit, d. h. die Wahrscheinlichkeit, daß sie nicht von entgegengesetzten Gefühlen gefolgt werden;[2])

---

[1]) Diese feine Analyse findet sich bei J. Bentham, Principles of Morals and Legislation.

[2]) Oder begleitet, könnte man sagen. Denn obgleich Gefühle der Lust und Unlust nicht zu gleicher Zeit anwesend sein können, ohne einander (teilweise) aufzuheben, können sie in rascher Abwechslung oder Oscillation auf uns einwirken. Für eine interessante Kategorie von Fällen, in deren einem ich die Lösung des Problems des Tragischen erblicke, siehe meine Problèmes, p. 71—80 (Le Problème du Tragique). Zugleich möge man daraus ersehen, daß hier keine einfache Addition und Subtraktion vorliegt, sondern noch manche Kontrast- und Wechselwirkungen zu berücksichtigen sind.

7. ihre Ausdehnung, d.h. die Anzahl Personen, welche an ihnen beteiligt sind oder von ihnen berührt werden.

Dieses letzte Motiv gilt nur für eine Gruppe von Menschen zusammen, wie Bentham ausdrücklich bemerkt. Bei der individuellen Beurteilung ist dieser Faktor schon in die andern einbegriffen, denn wenn es die Frage ist, ob ich jemand ein Vergnügen machen oder einen Verdruß ersparen soll, so muß ich selbst Lust daran empfinden, wenn ich es tue oder Unlust, wenn ich es nicht tue. Und boshafte oder rachsüchtige Menschen werden sich umgekehrt verhalten. Wenn ich in diesem Falle die Wahl habe zwischen verschiedenen Personen, und keine Vorliebe, werde ich mich richten nach der Anzahl, die von meiner Handlung Vorteil ziehen oder darunter leiden. So wird für den Gesetzgeber die Anzahl Menschen, welche bei einer Maßregel interessiert sind oder davon betroffen werden, gewiß einen Punkt der Erwägung ausmachen. Jevons hat unrecht, wenn er behauptet, daß nur die ersten vier Umstände in ökonomischer Hinsicht von Bedeutung seien, denn eine ökonomische Handlung wird ganz entschieden mitbestimmt durch die Vor- und Nachteile ihrer Folgen. Wenn ein Student ein Buch kaufen kann und weiß, daß es nicht nur unterhaltend in der Lektüre ist, sondern auch sehr wichtig für sein Studium, wird er es sich eher anschaffen, als wenn das Vergnügen weiterhin unfruchtbar geblieben wäre. Es kann auch vorkommen, daß die Lektüre eines Studienbuches sehr langweilig oder mühsam ist, und daß man es doch kauft und liest; warum? Weil es nicht reine Unlust ist, die das Lesen kostet. Und ist es so nicht mit jeder Arbeit? Es gibt doch nur wenige Arbeitsleistungen, welche einen ungetrübten Genuß gewähren; und in diesem Falle kann man kaum von Arbeit reden. Bei weitem die meisten werden unternommen wegen der Folgen, welche sie für unsere Wohlfahrt haben. Und auch beim Genuß sollen vom Genießer oder vom Konsument die Folgen seines Vergnügens (z. B. beim Alkoholgebrauch) mit berücksichtigt werden; davon hängt ja die ganze Frage nach der Berechtigung des Genusses ab, auch im ökonomischen Sinne. Es ist fast unbegreiflich, daß ein scharfsinniger Theoretiker wie

Jevons einen so wichtigen Faktor vernachlässigen will. Es hat ihm vielleicht zu viel daran gelegen, das Problem zu vereinfachen (eine Gefahr der mathematischen Methode!). Und auch der letzte Faktor, die Ausdehnung, muß hier in Betracht kommen. Denn oft — und besonders für den Gesetzgeber, wenn es sich um politisch-ökonomische Maßregeln handelt — wird die Anzahl der Personen, welche Vor- oder Nachteil davon haben, einen Punkt der Erwägung ausmachen.

Jedes Gefühl kann als zweidimensional betrachtet werden: es dauert kürzer oder länger und dabei hat es größere oder geringere Intensität. Gewisse Menschen werden bei ihrer Abschätzung mehr auf die Intensität als auf die Dauer eines Genusses oder Schmerzes achten, andere gerade umgekehrt; aber wenn von zwei Gefühlen gleicher Dauer das eine intensiver ist als das andere, wird das die größere Motivkraft haben; und ebenso wenn von zwei Gefühlen von gleicher Intensität das eine länger dauert als das andere. Hier haben wir also einen Maßstab, wonach gewisse Quantitäten Lust und Unlust miteinander verglichen werden können.[1])

Wenn Lust oder Unlust eine ansehnliche Dauer haben, verändert sich ihre Intensität, und gewöhnlich nimmt sie ab, es tritt Abstumpfung ein. Dies würde man durch eine Kurve darstellen können, wie in Fig. 2. Die Grundlinie stellt die Zeit dar, und die vertikalen Linien die Intensität in einem bestimmten Augenblick. Die Quantität Lust oder Unlust während einer gewissen Zeitdauer werden dann dargestellt durch den Inhalt einer der viereckigen Figuren (oder durch das Produkt von Zeitraum und einer gewissen mittleren Intensität während dieses Zeitraums). Diese Verhältnisse werden durch Nebenumstände, wie die oben erwähnten, nicht prinzipiell geändert. Ist das

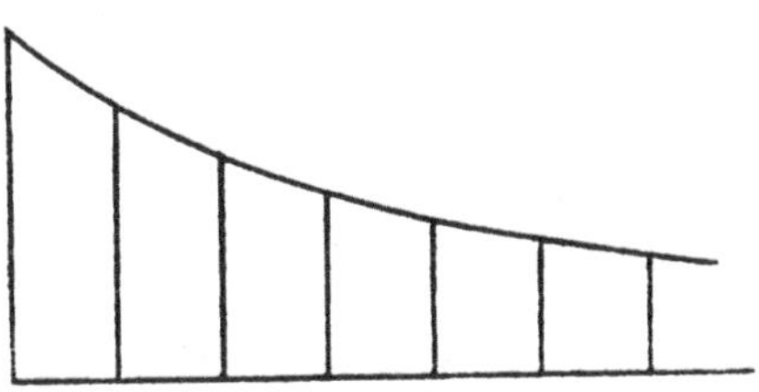

Fig. 2.

[1]) Ich glaube nicht, daß für einen unbefangenen Geist das Edle oder Unedle des Genusses Einfluß auf die Wertschätzung hat, wenn durch diese Qualität die Summe der Lust nicht vermehrt oder ver-

erwartete Ereignis z. B. weniger gewiß, so wird das Lust- oder Unlustquantum einfach mit einem Koëffizient, welcher die Wahrscheinlichkeit andeutet (z. B. $^3/_4$) multipliziert. Ist es mehr oder weniger entfernt, so kann es auf analoge Weise reduziert werden usw.[1])

Lust oder Unlust können einander aufwiegen. Die nämliche Handlung kann z. B. Vor- und Nachteile für mich haben; wenn die ersteren überwiegen, wird ein Saldo Genuß bleiben, und die Wage senkt sich auf der positiven Seite. Wenn die Unlustmomente zu groß sind, werde ich dagegen vom Handeln abgehalten werden oder sogar etwas Entgegengesetztes tun.

Selbstverständlich wird bei all diesem stillschweigend vorausgesetzt, daß der Mensch sich irren kann, und daß er sich bei seinen Wertschätzungen und Urteilen nicht von

---

ringert wird; und dann ist dieser Fall auf die Regel zurückzuführen. In weitaus den meisten Fällen kann sogar das „höhere" Bedürfnis (z. B. Musik zu treiben) nicht wohl befriedigt werden, bevor „niedrigere" und dringendere (z. B. Hunger und Durst) befriedigt sind.

[1]) Hierüber gibt Jevons in seiner Theory of political economy interessante Ausführungen, und speziell das folgende: Zwischen den Quantitäten des antizipierten und des wirklich empfundenen Gefühls wird ein natürliches Verhältnis bestehen müssen, das gewiß stark wechselt, je nach der geistigen Bildungsstufe der Rasse oder dem individuellen Charakter, aber doch einem allgemeinen Gesetze der Variation unterworfen ist. Die Intensität des gegenwärtigen Gefühls muß, um einen mathematischen Ausdruck zu gebrauchen, eine Funktion des zukünftigen Gefühls sein, und wachsen, je mehr wir uns dem Augenblick der Verwirklichung nähern. Die Variation wird überdies desto langsamer vor sich gehen, je ferner wir diesem Augenblick sind, und desto rascher, je näher er kommt. Eine Begebenheit, welche über ein Jahr stattfinden soll, wird uns durchschnittlich den einen Tag ebensoviel oder ebensowenig berühren als den anderen, aber etwas Wichtiges, daß sich nach drei Tagen ereignen soll, wird uns an jedem der zwischenliegenden Tage wieder lebhafter beschäftigen als den vorigen Tag." — Ob, wie Jevons irgendwo sagt, die Erwartung einer Lust oder Unlust nichts weiter ist als dieses Gefühl selbst, nur abgeschwächt, kann bezweifelt werden; aber diese Frage hat auf die obige Beweisführung keinen Einfluß, denn immerhin ist es doch diese Erwartung, welche die Triebfeder unserer Handlungen bleibt, und sie wechselt je nach dem Maße des Erwarteten.

seinem wirklichen, sondern von seinem vermeinten Vor- und Nachteil leiten läßt.

Wir wissen jetzt, was wir unter Quantität der Lust und Unlust zu verstehen haben, und haben damit ein tieferes Verständnis der Jevonsschen Definition der Wirtschaftlichkeit gewonnen (siehe S. 151): „Wirtschaftlichkeit, sagt er, besteht darin, ein Maximum des Glückes zu erreichen, durch Erkaufung von Lust mit einem Minimum Unlust.“ Diese Definition kommt uns besser zu statten als die Saysche des Nutzens (ibid.), weil letztere keine quantitative Bestimmung enthält. Wir können dieselbe aber in dieser Beziehung ergänzen, indem wir sagen: Ein Dienst wird desto nützlicher sein, um so größer die Quantität der Lust ist, die er verschafft, oder der Unlust, die er beseitigt. Diese Quantitäten werden vom wirtschaftlichen Subjekt allemal verglichen, wenn es den Nutzen seiner verschiedenen Produkte oder Besitzungen abschätzt.

Es wird bald inne werden, daß in dieser Hinsicht verschiedene Arten von Gütern da sind. Es gibt Gegenstände, die nur einen Dienst erweisen können, bevor sie verbraucht oder in etwas Anderes verwandelt sind; es gibt deren, welche eine ganze Reihe gleichartiger Dienste erweisen können, bevor sie aufgebraucht sind; es gibt auch deren, welche verschiedenartige Dienste erweisen können, zugleich oder nacheinander. Auch kann der Gegenstand ökonomisch unteilbar oder teilbar sein. Im letzteren Falle können wieder die Teile gleichartige oder verschiedenartige Dienste erweisen. Ein Glas Milch, ein Bonbon können nur einen Genuß abgeben; wenn sie verzehrt sind, ist der Nutzen erschöpft. Ein Federhalter, ein Klavier, ein Kalender, ein Ofen, leisten eine lange Reihe Dienste, alle derselben Art. Ein Tisch kann der Reihe nach für verschiedene Zwecke dienen. Ein Hut, ein goldener Haken können ihre eigentliche Rolle erfüllen und zugleich Schmucksachen sein. Der Gebrauchswert oder Nutzen hängt von all diesen Diensten ab. Schließlich kann von derselben Quantität Nahrung oder Getränk unser Leben abhängig sein oder eine sehr geringe Befriedigung, je nach Umständen.

Gesamtwert und Wert der Einheit Und hier müssen wir gleich eine wichtige Unterscheidung machen, welche von den meisten Ökonomikern vernachlässigt worden ist, nämlich zwischen Gesamtwert und Wert einer bestimmten Teilquantität. Wenn man sagt: „Diamanten sind wertvoller als Steinkohlen", drückt man sich sehr ungenau, ja unrichtig aus. Man könnte ebensogut das entgegengesetzte behaupten. Man will aber sagen, daß z. B. ein Kilo Diamanten mehr Wert hat als ein Kilo Steinkohlen. Wenn man sagt, daß Luft gar keinen Wert hat, will man sagen, daß ein Kubikmeter oder eine andere bestimmte Qualität wertlos ist, weil ein Kubikmeter, der verloren geht (z. B. durch Verbrennung), sofort und gleichsam automatisch durch einen anderen ersetzt wird. Nichtsdestoweniger ist der Wert der ganzen Atmosphäre ungeheuer, ja unberechenbar groß. Wenn durch einen Zyklon oder irgend ein anderes gewaltiges Naturereignis alle Luft aus einer Gegend nur für einige Minuten aufgesaugt würde, wie das beim Zyklon für ein Paar Sekunden geschieht, so würde dieser große Wert sich bald fühlbar machen. Wenn ein Zimmer so gut verschlossen wäre, oder die Luft darin durch irgend einen chemischen Prozeß so schnell verbraucht würde, daß Sauerstoff von außen nicht schnell genug hinzutreten könnte, würde auch der Wert dieser wenigen Kubikmeter sich bald genug zeigen. Und wenn ein Wassertrunk noch gerade im entscheidenden Augenblick einem vor Durst Verschmachtenden gereicht wird, um seinen Tod zu verhindern, dann hat auch diese Teilquantität einen unschätzbaren Wert, denn jede andere an ihrer Stelle würde zu spät kommen. Indem man aber in die Wissenschaft die losen Redewendungen der Umgangssprache ohne weiteres übernahm, und z. B. sagte: Salz hat weniger Wert als Kaffee, während man meinte: in normalen Umständen, wenn man sich beide leicht verschaffen kann, hat ein Pfund Salz weniger Wert als ein Pfund Kaffee, haben die Ökonomiker sich in allerhand Rätsel verstrickt und auf Umwegen gesucht, was bei genauer Ausdrucksweise ganz nahe lag. So hat J.-B. Say ein große Schwierigkeit in folgendem Dilemma gesehen: „Reichtum ist Überfluß, und doch haben in Überfluß vorhandene Sachen wenig Wert, seltene dagegen einen hohen Wert." Er betrachtet diese Frage als die verwickeltste der ökonomischen Wissenschaft und sagt wörtlich: „La richesse étant composée de la valeur des choses possédées, comment se fait-il qu'une nation soit d'autant plus riche que les choses y sont à plus bas prix?" Und Proudhon geht in seinen Contradictions économiques noch weiter: „Je somme tout économiste sérieux, sagt er, de me dire autrement qu'en traduisant ou répétant la question, par quelle cause la valeur décroît, à mesure que la production augmente, et réciproquement qu'est-ce qui fait grandir cette même valeur à mesure que le produit diminue", und etwas weiter: „il n'y a pas, sur la contradiction inhérente à la notion de la valeur, de cause assignable, ni d'explication possible."

Man sieht, daß durch die Unterscheidung von Gesamtwert und Teilwert die Sache ganz einfach wird, und der verneinende Dünkel Proudhons ebenso übel angebracht ist wie der bejahende Stolz Stuart Mills (siehe S. 139). Wenn man auch unter gewöhnlichen Umständen dem Sprachgebrauch folgen darf, der unter Wert den Preis oder Tauschwert einer gewissen Einheit versteht, sobald prinzipielle Fragen erörtert werden, muß man sich mit der größten Sorgfalt ausdrücken.[1])

Um alle Erschleichungen und Trugschlüsse zu vermeiden, werden wir vorläufig den Terminus Wert ganz beiseite lassen, und nur vom Nutzen oder von Brauchbarkeit reden, bis wir diesen Begriff genügend klargelegt haben. Die Theorie des Nutzens ist besonders von Jevons und Menger meister-

---

[1]) Karl Menger und nach ihm von Böhm-Bawerk, der scharfsinnige Verfasser von Kapital und Kapitalzins, heben den scheinbaren Widerspruch in diesen Fällen dadurch auf, daß sie einen Unterschied machen zwischen Nutzen und Wert. Der letztere sagt: „Alle Güter haben Nützlichkeit, aber nicht alle Güter haben Wert" (Kap. etc. II, S. 143; siehe auch daselbst S. 146). Er läßt die Zweideutigkeit also bestehen, denn auch in einer Gegend, wo das Wasser reichlich vorhanden ist, kann man sagen: das Wasser hat viel Wert (z. B. für die Schiffahrt, für die Fruchtbarkeit des Bodens usw.). Nach der so klaren Auseinandersetzung Jevons' (obgleich den obigen Unterschied nur ganz kurz erwähnend) sollte diese Verwechslung nicht mehr vorkommen. Sie verführt auch von Wieser (Der natürliche Wert) zu allerlei Unklarheit und Spitzfindigkeiten.

haft erörtert. Wir folgen der Darstellung des ersteren in ihren Hauptzügen.

Der gesamte Nutzen der Nahrung, die wir zu uns nehmen, besteht erstens darin, das Leben zu erhalten, und kann also als unendlich groß betrachtet werden; aber wenn wir von dem, was wir jeden Tag essen, ein Zehntel abnehmen, wird der Verlust nur gering sein. Es ist sogar fraglich, ob wir überhaupt einen Nachteil davon empfinden würden. Wenn aber ein zweites Zehntel davon abgezogen wird, werden wir den Mangel schon deutlich fühlen; der Abzug eines weiteren Zehntels wird großen Schaden bringen; mit jeder Einschränkung um ein Zehntel werden unsere Entbehrungen immer schmerzlicher werden, und schließlich werden wir vor Hunger sterben müssen. Es geht aus diesen Tatsachen hervor, daß jede Teilquantität, um die unser Vorrat vergrößert wird, weniger nötig oder nützlich ist als die vorhergehende. Um diese Abstufung des Nutzens auszudrücken, dient uns folgende Figur (Fig. 3).

Wenn die Linie OX durch ihre Länge die Quantität Nahrung darstellt, über die wir verfügen können, so können wir sie in 10 gleiche Teile verteilen, von denen jeder eine der obengenannten Portionen darstellt. Auf diesen Teilen als Basis stehen Rechtecke, deren Inhalt aufgefaßt werden kann als Ausdruck des Nutzens derjenigen Teilquantität, die jeweils mit ihrer Basis übereinstimmt. So ist der Nutzen der letzten Portion sehr klein; er wird durch das kleine Rechteck auf 10 dargestellt.

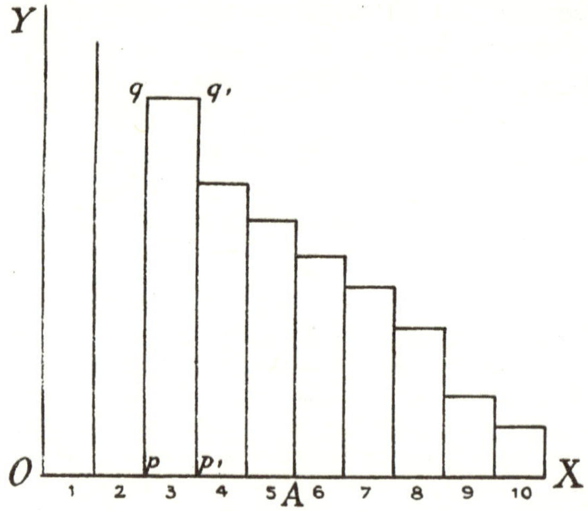

Fig. 3.

Indem wir uns aber O nähern, trägt jede Portion ein größeres Rechteck, und das auf 3 ist das größte geschlossene Rechteck. Die auf 2 und 1 gehen ins unendliche über, denn der Nutzen der zweiten und der ersten Portion ist unbestimmt groß, weil diese Portionen für das Leben unentbehrlich sind, und folglich auch ihr Nutzen unendlich groß ist.

Wir können uns jetzt ein deutliches Bild des Nutzens aller Nahrung machen oder eines willkürlichen Teiles davon; denn wir haben nur die Rechtecke, welche mit diesem Teil übereinstimmen, zu addieren. Die Nützlichkeit der ersten Hälfte der Nahrung wird der Summe der Rechtecke auf der Linie OA gleich sein, die der zweiten Hälfte der Summe der Rechtecke auf AX. Der Gesamtnutzen wird durch die Summe aller Rechtecke dargestellt werden und unendlich groß sein.

Aber, was wir besonders beachten müssen, ist der Nützlichkeits*grad* jedes Teiles. Der Nutzen kann als eine Größe von zwei Dimensionen aufgefaßt werden,[1]) wovon die eine die Quantität des Artikels und die andere die Intensität der Befriedigung für den Gebraucher ist. Die Quantität nun läßt sich messen durch die Länge der horizontalen Linie OX, und der Nützlichkeitsgrad durch die Länge der vertikalen Linien oder Ordinaten, wie man sie in der Mathematik nennt. Der Nützlichkeitsgrad der dritten Portion wird also durch pq oder p,q, gemessen, und sein Nutzen ist das Produkt der Anzahl Einheiten in pp, mit denen in pq multipliziert.

---

[1]) *Jevons* sagt „von mindestens zwei Dimensionen". Hüten wir uns vor einer buchstäblichen Auffassung dessen, was nur bildlich oder als Hilfsvorstellung gemeint ist. Wenn 2 Umstände auf einen Entschluß von Einfluß sind, so kann ihre Resultante mathematisch durch ein Produkt xy dargestellt werden. Wenn 3 Faktoren da sind, durch xyz usw. Die geometrische Figur, welche weniger abstrakt und anschaulicher ist als die algebraische Formel, kann uns vielfach noch besser dazu helfen, diese Größen zu vergleichen, weil die Verhältnisse, die für das Produkt gelten, auch für Linien und Inhalt der Figur zutreffen. Man soll sich aber hüten, die graphische Darstellung als Wirklichkeit aufzufassen und zu reden von abstrakten Größen „mit zwei, drei oder mehr Dimensionen". Ja, etwas, das mehr als drei Dimensionen hat, ist überhaupt durch eine Figur nicht zu veranschaulichen, weil wir uns eine vierte Dimension nicht vorstellen können.

Diese Aufteilung der Nahrungsmittel in 10 Teile ist aber ganz willkürlich. Wenn wir 20 oder 100 oder mehr Teile genommen hätten, würde das gleiche Prinzip gelten, d. h. jedes folgende Quantum wäre weniger nützlich oder nötig als das vorige. Dieses Gesetz kann also als theoretisch gültig betrachtet werden, wie klein auch immer die Teile genommen werden, und wir werden zuletzt eine Figur bekommen, welche von einer fließenden Kurve nicht viel abweicht.

Die Nützlichkeitsveränderung der Nahrungsmittel kann also durch die Kurve ABC (Fig. 4) dargestellt werden, und die senkrechte Höhe jedes Punktes dieser Kurve über der Linie OX stellt den Nützlichkeitsgrad des Artikels in dem Augenblicke dar, wo eine gewisse Quantität, die mit der Entfernung von O bis zum Fuß der Senkrechte übereinstimmt, schon genossen ist.

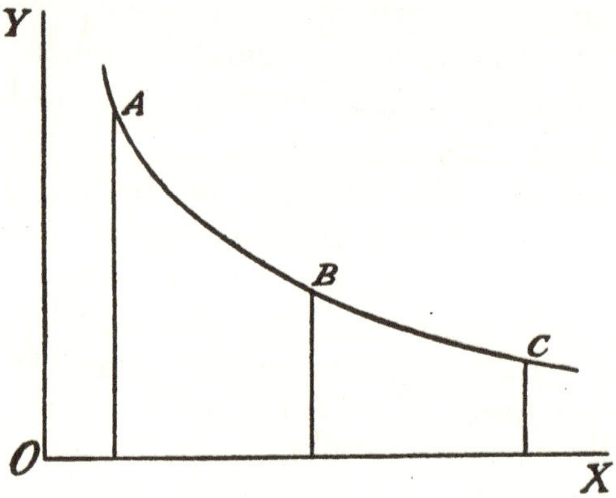

Fig. 4.

Gewöhnlich gehen uns die höheren Nutzgrade nichts an, aber jedenfalls ist das Wichtigste für uns der Nützlichkeitsgrad der letzten Teilquantität, über die wir noch verfügen können, wie wir bald aus den Beispielen ersehen werden. Diesen Nutzgrad nennt Jevons final oder terminal utility, und die österreichische Schule hat dafür die Bezeichnung Grenznutzen erfunden.

Grenznutzen

Kapitel XIII.

Nutzen und Wert.

Wir können die Nutzwerttheorie am besten weiter entwickeln, wenn wir das bisher Gesagte auf die verschiedenen auf S. 155 genannten Fälle anwenden. Und jetzt, wo wir den Begriff des Nutzens erörtert haben, können wir den Wertbegriff weiter feststellen und sehen, wie er sich zum Nutzen verhält.

Betrachten wir zuerst einen Stoff, der bis ins Unendliche teilbar ist und sehr verschiedene Dienste erweisen kann, wie das Wasser. Denken wir uns einen Mann, der allein mitten in einem Walde wohnt; er schöpft täglich Wasser aus einem Brunnen, der entweder so weit entfernt oder so wenig ergiebig ist, daß er davon nur 6 Eimer pro Tag holen kann. Er hat die Eimer numeriert, weil er in allen Dingen die Ordnung liebt; das Wasser ist aber von gleicher Qualität und Reinheit. Eimer Nr. 1 enthält Wasser zum Trinken oder um seinen Tee zu bereiten; das Wasser aus Nr. 2 dient dazu, seine Speisen zu waschen und zu kochen; Nr. 3 für seine Toilette; Nr. 4 dazu, seine Tiere zu tränken; Nr. 5 dazu, den Garten zu begießen; Nr. 6 dazu, den Hausboden zu reinigen. — Jetzt wird man sogleich einsehen, daß der Wert jedes Eimers vom Nutzen des letzten abhängig ist. Denn wenn der Mann zum Unglück den ersten umwirft, wird er sich diesen Tag nicht des Trinkens enthalten, ebensowenig als er seine Tiere wird dursten lassen; ja, sogar seine Pflanzen braucht er nicht verdürren zu lassen; er wird lieber den Boden einen Tag schmutzig lassen. Und so wird der Wert eines homogenen, teilbaren Gutes immer gleich dem Wert der letzten verfügbaren Teilquantität sein, die für einen gewissen Zweck noch ausreicht, m. a. W. seinem Grenznutzen. Und so erklärt es sich, daß Wasser wenig geschätzt wird, wenn es reichlich vorhanden ist, denn dann fällt sein Grenznutzen bald auf Null. Er kann sogar unter Null sinken, d. h. negativ werden, z. B. bei Überschwemmungen, in sumpfigem Land oder bei allzu heftigen Regengüssen.[1])

[1]) Auch mit Hilfe der Grenznutzentheorie kann das Dilemma von J.-B. Say und Proudhon leicht gelöst werden. Denn wenn großer

Wir sehen hier auch, daß Wert und Nutzen keine Begriffe sind, die sich decken; auch wenn von der Einheit die Rede ist, kann der Nutzen groß sein und der Wert gering; denn der Nutzen ist die Bedeutung des Dienstes, der gerade von einer bestimmten Einheit erwiesen wird; der Wert ist die Bedeutung der Einheit im allgemeinen, und diese ist gleich dem Grenznutzen.[1])

Die meisten Güter erreichen nicht so leicht, auch nicht bei größter Knappheit, einen Grenznutzen, der den höchsten

---

Reichtum und Überfluß herrscht, so ist der Wert jeder Sache gering, weil ihr Grenznutzen niedrig ist, und der in Geld geschätzte Wert sich nach dem Grenznutzen der Einheit richtet. Man darf aber dabei nicht vergessen, daß, wie niedrig auch der Preis sei (und wäre er auch nihil), der Gesamtwert dieses Überflusses größer ist als der Wert einer kleinen Güterquantität (und wäre das Gut auch teuer). Diese wichtige Unterscheidung zwischen Gesamtwert und Teilwert wird ganz unbeachtet gelassen von von Wieser (Der natürliche Wert, § 9), wenn er sagt: „Wenn aber jedes der beiden Stücke den Wert des zweiten Nutzgrades hat, so haben beide zusammen diesen Wert zweimal, und 3 Stücke haben den Wert des dritten Grades dreimal, und 4 Stücke haben den Wert des vierten Grades viermal, und ein Vorrat überhaupt hat einen Wert der gleichkommt dem Produkte der Stückanzahl (oder der Anzahl von Teilmengen) mit dem jeweiligen Grenznutzen". Dieses gilt sogar vom Handelswert nicht unbedingt. Denn wenn ein Gut sehr billig ist, kann man zwar kleine Quantitäten davon zu dem niedrigen Preise erlangen, es wird aber, wenn es nur einigermaßen aufbewahrt werden kann, von den Spekulanten zurückgehalten, bis der Vorrat sich wieder verringert hat und die höheren Nutzgrade wieder erreicht werden. Und warum sollte man z. B. teure Irrigationswerke oder Wasserleitungen anlegen, wenn der Wert des Wassers $n \times o = o$ wäre? Siehe auch S. 166.

[1]) Wenn wir der Sache auf den Grund gehen wollen, müssen wir gestehen, daß hier eigentlich ein Tauschwert vorliegt, und daß Nutzen und Gebrauchswert vollkommen dasselbe bedeuten. Der (abstrakte) Wert jedes Eimers ist dem des letzten Eimers gleich, weil die Eimer vertauschbar sind, und der Grenznutzen hat nur deshalb und insoweit Einfluß auf den Wert im allgemeinen. Der konkrete Wert jedes Eimers ist sein Nutzen und hängt von seinem Gebrauch ab. Die charakteristische Rolle des Tausches zwischen verschiedenen Personen ist ja gerade die, daß er dem Einfluß des Grenznutzens über die Schranken der Einzelwirtschaft hinaus Geltung verschafft. Es kommt im allgemeinen eigentlich mehr au die Sachen, die vertauscht werden, als auf die tauschenden Personen an.

Nützlichkeitsgraden gleichkommt. Denn sobald die Seltenheit und als deren Zeichen die Teuerung eine gewisse Höhe erreicht, ersetzt man sie wohl oft durch etwas anderes, weniger Wertvolles zwar, aber so gut wie es geht dem nämlichen Bedürfnis Entsprechendes. Seide wird durch Leinen oder Baumwolle ersetzt, Marmor durch gemaltes Holz, Edelsteine durch Straß oder Glas, und sogar Weizen durch Roggen, Gerste oder Mais. So findet eine gewisse Nivellierung des Grenznutzens statt, indem die Limite für die ersteren Artikel etwas fällt und für die letzteren etwas steigt.

Wenn ein Gut zwei oder mehr Dienste erweisen kann, deren Nutzen verschieden ist, und der Gebraucher muß dazwischen eine Wahl treffen, so wird er natürlich denjenigen Gebrauch wählen, der mit dem höchsten Nutzen verknüpft ist. In diesem Falle ist also der Grenznutzen nicht dem kleinsten, sondern dem größten Nutzen gleich. Wenn unser Waldbewohner nur drei Eimer hätte, würde er vielleicht zaudern zwischen dem Bedürfnis sich zu waschen und dem seine Tiere zu tränken. Oder er macht die Teilquantitäten kleiner und jedes Bedürfnis wird nur halb befriedigt; er wird den letzten Eimer mit den Tieren teilen. Hat er nur einen Eimer übrig, weil er z. B. einen Brand hat löschen müssen, so wird er diesen als etwas sehr wertvolles betrachten, und ihn als Trinkwasser schätzen. So wird auch ein Grundstück, das sich für zwei Kulturen eignet, seinen Nutzen der vorteilhaftesten Verwendung entlehnen.

Im Grunde ist dieser Fall aber keine Ausnahme von der obigen Regel. Wir haben dort angenommen, daß der Mann soviel Wasser hat, daß all seine Bedürfnisse gerade noch gedeckt sind. Wenn aber, wie es bei den meisten Gütern der Fall ist, der Bedarf nicht vollkommen gedeckt ist, so wird immer der Grenznutzen dem höchst möglichen Nutzen gleichkommen, der sich am Ende noch erreichen läßt. Es sind dann immer bei der letzten Quantität zwei (oder mehr) Verwendungsarten möglich, und die wertvollste wird gewählt. Hätte der Mann z. B. täglich nur über 5 Eimer zu verfügen, und numerieren wir die Bedürfnisse wie die Eimer, so ist es klar, daß er für den letzten Eimer zwischen Bedürfnis 5 und 6 zu wählen hat, und naturgemäß Nr. 5 vorziehen wird (oder von 3 Tagen zweimal 5 wählt und einmal 6, weil wir schon wissen, daß ein Bedürfnis mit der Befriedigung abnimmt und mit der Nichtbefriedigung wächst). Der kleinste Nutzen, der Grenznutzen, ist also zugleich der größte, der zuletzt noch erzielt werden kann (dies geht aus dem Prinzip der Wirtschaftlichkeit hervor).

Betrachten wir jetzt den Fall, daß ein Gut ökonomisch nicht teilbar ist. Es kann, wie schon erwähnt, in diesem Falle entweder einen Dienst oder viele erweisen. Ein Zündholz wird nur einmal verwendet, eine Kerze oder ein Wachslicht kann verschiedene Male gelöscht und wieder angezündet werden. Ihr Wert ist um so größer, je länger die Reihe Dienste ist, die sie leisten können. Ebenso mit allen Gebrauchsartikeln, welche lange dauern können. Ihre letzten Dienste werden gewöhnlich etwas weniger geschätzt als die ersten, denn die entfernte Zukunft macht weniger Eindruck auf uns als die nächste Zukunft. So werden 2 Kerzen oder 2 Wachslichter nicht genau für zweimal so nützlich gehalten werden als 1 Stück, und ein ganzes Lager von Kerzen wird nicht genau soviel mehr Wert haben als es Kerzen mehr enthält (von der Möglichkeit des Verkaufs wird vorläufig abgesehen. Es gilt hier nur der Gebrauchswert).

Dies wird noch deutlicher, wenn es sich handelt um Dinge, die nützlich sind, ohne geradezu verbraucht zu werden: zwei Paar Handschuhe, zwei Überzieher, zwei Fahrräder, zwei Klaviere. Ihr Wert wird natürlich abhängig sein von der Summe aller Dienste, welche man von ihnen erwartet, wobei noch in Betracht kommt, daß entfernte Dienste hier aus zweifacher Ursache weniger geschätzt werden; erstens weil sie an sich weniger wertvoll sind, als wenn der Gegenstand noch neu ist, zweitens weil sie entfernt sind. Also muß man sie mit einem Bruchteil multiplizieren, der ziemlich schnell abnimmt (siehe S. 154, Anm.).

Ebenso wird es sich verhalten mit Gegenständen, welche zugleich oder nacheinander verschiedene Dienste erweisen können, wie ein Tisch, ein Arbeitspferd, ein Vereinslokal. Ihr Wert wird auch abhängig sein (mit oben erwähnter

Korrektur) von der Summe der (verschiedenartigen) Dienste, welche sie zu leisten imstande sind.

Von gewissen Gütern nimmt beim Wachsen der Quantität der Nutzen allmählich und langsam ab, von anderen schnell und sprungweise. Für einen Menschen, der allein lebt, ist ein Bett sehr nützlich, ein zweites ist fast ganz überflüssig, ein drittes wird im Wege stehen. Aber er wird schon besser mehr als einen Anzug gebrauchen können, mehrere Stühle, mehrere Schränke.[1]) Ebenso geht es mit persönlichen Diensten: es gibt Menschen, die Jahre hindurch Klavier- oder Sprachstunden nehmen, den meisten aber genügt eine Aufführung einer Oper oder eines Schauspieles. Nur für die erste Kategorie von Gegenständen wird die Linie der Wertschätzungsveränderung eine Kurve bilden, für die zweite wird es eine gebrochene Linie sein.

Fig. 5 stelle z. B. die Nützlichkeitsveränderung für Fahrräder dar. Rechteck OP bezeichnet den Nutzen des ersten Fahrrades, Rechteck BQ den Nutzen des zweiten Fahrrades (immer von der Möglichkeit des Verkaufes oder Tausches abgesehen). Dann wird die Linie DPAQC die Veränderung in der Wertschätzung des Eigentümers bezeichnen.

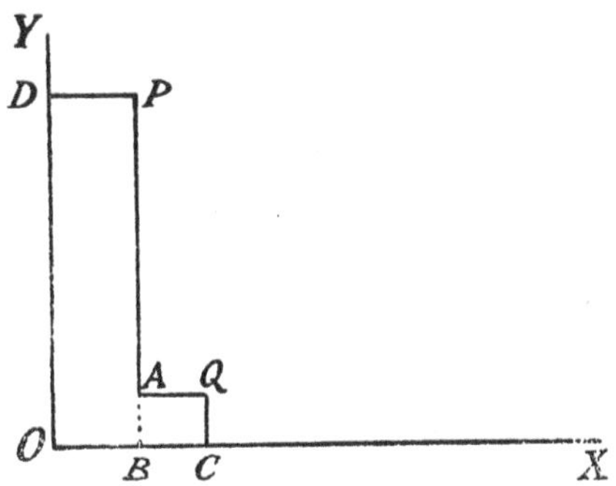

Fig. 5.

Wert immaterieller Güter Wenn wir immaterielle Güter betrachten, Kenntnisse, Ideen, persönliche Eigenschaften, Institutionen, Gewohnheiten usw., so werden wir sehen, daß ihr Wert ganz von denselben Prinzipien abhängig ist. Mietet

[1]) Obgleich hier nur vom Gebrauchswert und nicht vom Tauschwert die Rede ist, ist es doch klar, daß auch dieser im großen und ganzen von denselben Erscheinungen abhängig ist, denn ein Volk hat Bedürfnisse wie ein einziges Individuum, und einige dieser sind dringender als andere; einige sind auch elastischer als andere, so daß der Markt sich bei Preiserniedrigung für gewisse Artikel schnell, für andere langsam ausbreiten wird, und bei Preiserhöhung schneller oder

man einen Diener, so wird der Wert seiner Arbeit genau nach der Summe seiner Leistungen bemessen, und der Grenznutzen seines Lohnes (als Untergrenze, sei es in Geld, sei es in Nahrung, Kleidung usw.) wird mit dem Grenznutzen seiner Arbeit (als Obergrenze) verglichen. Gleiche Dienste (z. B. wenn man mehrere Diener hat) werden gleich honoriert werden, aber immer nach dem Wert des letzten Dienstes, den man noch nötig hat oder den man noch erkaufen kann, während der Gesamtwert (z. B. beim Kauf eines Sklaven, beim Spenden eines Beitrages für eine Stiftung u. dgl.) nach dem gesamten Nutzen geschätzt wird, d. h. nach der Summe der Dienste, also viel höher als man es durch einfache Multiplizierung des letzten Dienstes (Grenzdienstes) berechnen würde.[1])

Gewisse Gegenstände, ebenso wie Personen, Einrichtungen, Ideen haben negativen Wert.[2]) Verbrecher, schlechte Steuern, Vorurteile und falsche Berechnungen hemmen die ökonomische Entwicklung der Gesellschaft ebensogut wie Insekten, Überschwemmungen, Fäulnis und Schutt die Produktion hemmen. Um den negativen Wert zu verbildlichen, muß man die Diagramme dahin modifizieren, daß die Linie OQ (Fig. 6), die die Wertveränderung einer Person oder Sache veranschaulicht, unter OX verläuft. Wir haben dann

langsamer einschränken. Diesem Umstande muß also jede Werttheorie Rechnung tragen. Wir haben schon (bei der Kritik der Ricardoschen Theorie) mit einem Wort die Nachfrage nach Getreide und Tabak mit einander verglichen. Es versteht sich, daß auch für andere Artikel sagen wir Lokomotiven, das Bedürfnis nur langsam ausdehnbar ist.

[1]) Obgleich der Wert von Personen, Einrichtungen usw. nicht auf dieselbe Art wie der Güterwert berechnet wird, weil selten die ganze Person oder das Institut Gegenstand eines Kaufes ist, sondern jeder Dienst (oder Reihe von Diensten, wie beim Arbeitslohn) einzeln, ist es doch bezeichnend, daß die Sprache hier schon eine Vergleichung macht (im deutschen wert und teuer, im englischen dear, im romanischen cher, caro usw.).

[2]) Jevons sagt disutility. Warum nicht damage (für das Resultat) oder noxiousness (für die Eigenschaft)? Der negative Nutzen wird in der Wirtschaft ebenso häufig berücksichtigt als der positive und heißt Schaden.

das Gegenstück zu Fig. 4. Der Schaden einer gewissen Quantität ist hier dem Grenzundienst proportional, und dieser ist nicht der kleinste, sondern der größte verursachte Schaden (weil mit der Zunahme der Quantität das Übel wächst anstatt abzunehmen), und der gesamte Schaden ist gleich der Summe aller Undienste (die Figur O A Q). Ein anderer Artikel (z. B. Wasser), der erst nützlich

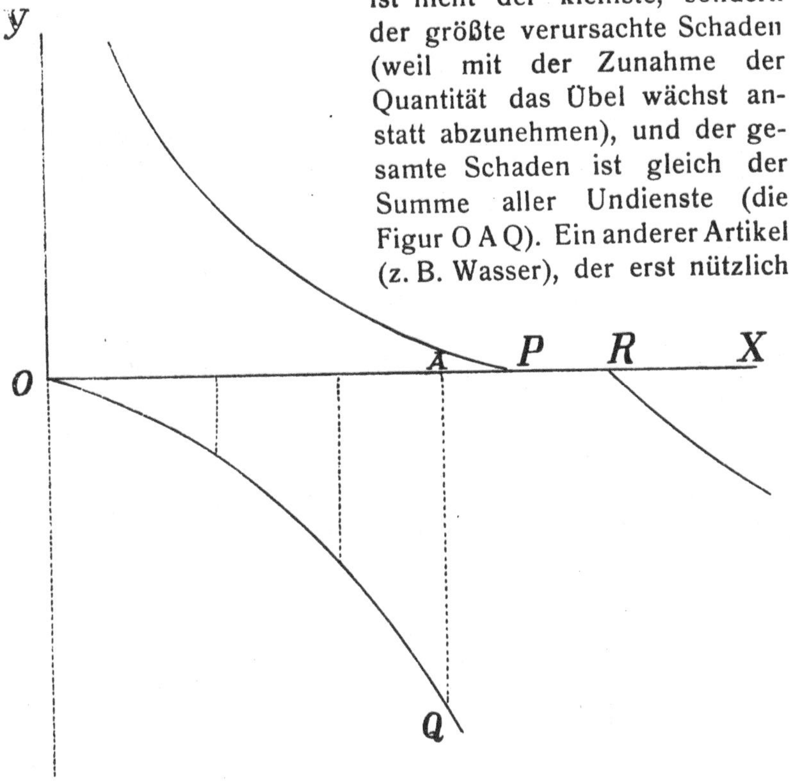

Fig. 6.

war, bis P etwa, und dann von P bis R überflüssig ist, wird später schädlich (von R an).

Auch dieser negative Wert spielt in der Gesellschaft eine große Rolle. Zahlreiche Einrichtungen und Vorkehrungen, welche oft ungeheure Summen verschlingen, dienen nur dazu, noch größere Opfer zu verhüten. Wir haben in den Kapiteln über Zerstörung und Ersparung einige von diesen Einrichtungen erwähnt. Man würde hierzu auch alle Maßregeln gegen Überschwemmung, Hagelschlag, Lawinen, Brand, Einbruch zählen können, sowie die Kosten für Polizei und Justiz, medizinische Hülfe usw. Auf diesem Gebiete bleibt noch viel zu tun übrig, denn nur langsam dringt das Bewußtsein durch, daß „prévenir vaut mieux que guérir", und die meisten dieser Maßregeln sind noch repressiv, erst in der letzten Zeit fängt man an, auch präventiv vorzugehen (Sorge für vernachlässigte Kinder, damit sie nicht zu Bettlern oder Verbrechern aufwachsen, hygienische Maßnahmen, wie gegen die Malaria und das gelbe Fieber, wobei die Brutstätten der Träger der Krankheitskeime aufgesucht werden usw.).[1]

[1]) Das Wort Nutzen hat in der Ökonomik einen Sinn, der von dem üblichen Gebrauch etwas abweicht. Wenn man sagt: „das Nützliche mit dem Angenehmen verbinden", so wird das Nützliche nur als das indirekt Angenehme aufgefaßt; wir haben aber auf S. 155 den Nutzen so definiert, daß er auch das direkt Angenehme einschließt. Vielfach wird auch das Nützliche als das Materiell-Notwendige im Gegensatz zum Schönen, Lustigen, Erbaulichen, Sittlich-fördernden usw. genommen, während es in der Ökonomik das alles einschließt, insofern überhaupt eine Befriedigung vorhanden ist. Daß nicht alle Schriftsteller diesen Unterschied verstanden haben, beweist G. Tarde. Er unterscheidet (in seiner Psychologie Economique) drei Arten des Wertes: valeur-vérité, valeur-utilité und valeur-beauté. Wenn aber der Nutzen darin besteht, uns einen Dienst zu erweisen, auf welche Weise auch immer (S. 150), so ist es klar, daß auch Wahrheit und Schönheit nützlich sein können. Es gibt Gegenstände, deren Nutzen (und folglich deren Wert) ausschließlich in ihrer Wahrheit oder Schönheit besteht, z. B. ein wissenschaftliches Werk oder ein griechisches Götterbild, und es gibt auch Wahrheit und Schönheit, die gar keinen Wert haben oder sogar einen negativen Wert. Eine Banalität in wichtigem Tone vorgetragen, eine wahre Mitteilung, welche für einen schwer Erkrankten gefährlich ist, und Schönheit, die unbemerkt bleibt (wie früher die großartige Szenerie der Hochalpen) oder einen zum Verbrechen verführt, sind wertlos oder schädlich. Wenn also die Wahrheit und die Schönheit nur, weil sie nützlich sind, und nur, im Falle sie nützlich sind, Wert haben, ist es leicht ersichtlich, welchen Wert diese Unterscheidung Tardes hat.

Warum ist die Ökonomik so gleichgültig gegen Wahrheit und Schönheit? Weil sie sich mit keinem Bedürfnis an sich und keinem speziellen Nutzen beschäftigt, ebensowenig mit der Schönheit als mit Farbe oder Wohlgeschmack der Dinge, sondern nur mit der wirtschaftlichen und sozialen Seite der Bedürfnisse, d. h. mit der Tätigkeit des Menschen, sie so gut wie möglich zu befriedigen und den gesellschaftlichen Beziehungen, welche sich daraus ergeben. Und darum muß sie alle speziellen Werte auf allgemeine Werte zurückführen, sie gleichsam

Kapitel XIV.

Der Wertüberschuß.

Wir haben schon auf S. 145 die unrichtige und vielverbreitete Meinung bestritten, daß es immer Gleichwertigkeit geben müßte zwischen demjenigen, was man hergibt, und

---

unter einen gemeinschaftlichen Nenner bringen. Dann erst kann sie ihre relativen Größen und Verhältnisse bestimmen.

Daß man in der Ethik und Hygiene zu anderen Auffassungen von Wert und Nutzen kommen kann, wollen wir nicht bestreiten. Der ökonomische Wert ist aber ebensowenig an eine bestimmte Norm des objektiv Wünschenswerten als an eine bestimmte Verwendungsart der Güter gebunden. Daß auch in dieser letzten Beziehung noch manche Unklarheit herrschen kann, beweist wieder Tarde an einer anderen Stelle oben genannten Werkes (im Kap. La Valeur et les Sciences sociales, worin durchweg eine große Unklarheit herrscht, die eben auf dem Nicht-Unterscheiden von Gesamt- und Teilwert beruht). Er spricht hier von der valeur documentaire und sagt: „Cette valeur documentaire est destinée à survivre à toutes les autres. Elle se dégage avec netteté et se renforce, quand, dans un tombeau antique, on decouvre un vase, une épée, un utensile quelconque qui ne vaut plus rien pour l'usage auquel il était primitivement destiné, mais dont l'intérêt documentaire est immense", und weiter sagt er im Kap. Les Prix (Psych. Econ. II, p. 20): „On est surpris, dans les enchères publiques des villages, de l'ardeur des personnes indigentes à se disputer certains meubles que leur goût préfère à d'autres et dont les personnes riches ne voudraient à aucun prix. Inutile d'ajouter que ces meubles ont beau être utiles et même rares parfois, la combinaison de leur rareté avec leur utilité ne parvient jamais à en élever le prix bien haut, pas plus que l'inutilité de certains meubles de luxe, pour des causes précisément opposées, ne les empêche de se vendre à des prix exorbitants." Tarde scheint der Meinung zu sein, daß Nützlichkeit immer an eine praktische Verwendung gebunden ist. Es kommt aber gar nicht darauf an, wie man das Gut verwerten will, und warum man es haben will. Ein Sammler wird ein Buch kaufen und teuer bezahlen, das er gar nicht lesen wird, nur um es anzuschauen, oder um es in seinem Bücherschatz seiner Seltenheit wegen unterzubringen. Ein anderer wird einen Pokal kaufen, nicht um daraus zu trinken, sondern um sich an seiner antiken Form zu erfreuen. Und der „Nutzen" dieser Verwendung ist größer als der des praktischen Gebrauchs, sonst würde der Mann ihn ja nicht „unbenützt" lassen! Alles, was einem Bedürfnis entspricht, hat Nutzen im ökonomischen Sinne, und beruht dieser auch auf Eitelkeit oder Einbildung. Weil Tarde die ökonomischen Theorien nur halb verstanden hat, glaubt er sie so leicht widerlegen zu können.

demjenigen, was man empfängt,[1]) oder zwischen Anstrengung und Resultat, so daß das Resultat an der Anstrengung gemessen werden könnte. Auch wurde schon auf die Tatsache hingewiesen, daß vollkommene Gleichwertigkeit Gleichgewicht zustande bringt, während jede ökonomische Handlung Unterbrechung dieses Gleichgewichtes ist. Zwischen Opfer und Resultat gibt es nie anders Gleichheit als aus Versehen.[2])

[1]) Daher der Irrtum, daß, wenn eine der Parteien vom Kauf oder Tausch Vorteil zieht, die andere einen Verlust erleiden müßte. Ein holländisches Sprichwort sagt: „wenn zwei tauschen, muß einer weinen", und diese Meinung wurde früher auch auf den internationalen Handel angewendet, wobei, wie man glaubte, immer eine Nation verlieren mußte.

[2]) Ch. Gide sagt in seinem Cours d'économie politique (p. 63): „Si le Basouto donne dix bœufs pour avoir une femme, n'est-on pas en droit d'affirmer que pour lui cette femme est dix fois plus désirable qu'un bœuf?" — Nein, die Frau muß wenigstens um eine Kleinigkeit mehr als zehnmal so begehrenswert wie ein Ochse sein, sonst hätte der Basuto keine Ursache, die Ochsen seinem Schwiegervater herzugeben. Nur die Untergrenze ist hier bekannt. Wenn die Weiber seltener werden, wird er vielleicht zwanzig Ochsen geben, um ein Weib zu erwerben. Ist das ein Zeichen, daß die Frauen jetzt den doppelten Nutzen haben, oder die Ochsen die Hälfte ihres Nutzens eingebüßt haben? Mit nichten. Es beweist nur, daß der Wertüberschuß an Genuß oder Vorteil für den Basuto, als er sein erstes Weib für zehn Ochsen erstand, schon mehr als zehn Ochsen betrug. Und im allgemeinen: wenn zwei Gegenstände gegeneinander ausgetauscht werden, kann man nur mit Gewißheit sagen, daß für beide Parteien ein Gewinn vorliegt, aber wie groß er ist, davon kann man nichts sagen. Es ist möglich, daß ich für 10 Pfennig ein Buch erhalte, wofür ich nötigenfalls 10 Mark gegeben hätte. — Etwas weiter sagt Gide noch: „C'est comme dans une pesée: quand la balance est en équilibre, vous pouvez dire que les poids des objets sont en raison inverse des quantités pesées. S'il a fallu mettre 10 moutons dans un des plateaux pour faire équilibre à un seul bœuf dans l'autre, c'est que le poids du mouton n'est que le $1/10$ du poids du bœuf." — Sehr gut, um Gleichgewicht zu machen; wenn es aber einen Tausch gibt, so gibt es kein Gleichgewicht mehr, die Wage schlägt aus; es muß ein Übergewicht vorhanden sein. Wie groß aber das Übergewicht ist, davon können wir durch die einfache Tatsache des Ausschlagens nichts erfahren.

Dieselbe vermeintliche Gleichung dient auch Marx als Basis seiner ganzen Beweisführung (siehe v. Böhm-Bawerk, Zum Abschluß des Marxschen Systems. Es ist nur befremdlich, daß dieser scharf-

Damit ich arbeite oder damit ich kaufe, muß das neue Gut, das ich mir verschaffen will, mindestens einen kleinen Vorteil abwerfen, ein wenig wertvoller sein als das Geopferte. Für den Verkäufer muß das Geld, das er empfängt, etwas mehr Wert haben als der Artikel, sogar wenn er mit Verlust verkauft — denn was wäre sonst beim Verkauf sein Beweggrund? —. Für den Käufer dagegen muß der Artikel etwas mehr Wert haben als das Geld, das er zahlt, für den Besoldeten muß sein Lohn oder Gehalt mehr Wert haben als seine Mühe, und für den Arbeitgeber dagegen die Dienste seines Personals mehr als der bezahlte Lohn. So hat auch in der Einzelwirtschaft das Ergebnis der Arbeit höheren Wert als die Arbeit selbst.

Um ein Gut zu erlangen oder einen Dienst zu empfangen, braucht man sogar nicht immer selbst ein Opfer zu bringen.

Gratisdienste

Die vorzüglichsten Dienste, welche uns Personen und Sachen erweisen, werden uns umsonst gegeben. Die Mutter, die ihr Kind säugt und es mit Liebe in den ersten Lebensjahren versorgt, die Eltern, die unseren Unterhalt und unsere Erziehung bis zum 21. Lebensjahre und oft noch länger auf sich nehmen, die Erde, die uns trägt und durch die Schwerkraft unsere Bewegungen regelt, die Luft, die wir einatmen, die Sonne, die uns Licht und Wärme spendet, die Gelehrten und Künstler, die oft ihr ganzes Leben dafür opfern, die schönsten Entdeckungen und Erfindungen der Nachwelt zu überliefern, die alle erweisen uns ihre unschätzbaren Dienste ohne jegliche Vergütung, oft ohne jede Mühe unserseits. Was würde aus der armen Menschheit werden ohne diese unentgeltlichen Dienste? Sie könnte keinen Schritt tun, ohne in tausend Gefahren zu geraten. Dies beweist genug, welchen W e r t sie haben, trotz ihrer Unentgeltlichkeit. Und wieviel Hilfe wird auch im geselligen Verkehr uneigennützig geleistet! Die Wissenschaft, welche das wirtschaftliche Leben der Gesellschaft studiert und die Faktoren ihrer Wohlfahrt erforscht, darf diese Tatsachen nicht

---

sinnige Kritiker, der so klar den Fehler Marx' erkannt hat, selbst in seiner Kapitalzinstheorie in dieselbe Schlinge fällt. Doch darüber später).

unbeachtet lassen und alle Dienste als Gegenstand eines Kaufes oder Verkaufes ansehen. Berühmte Ökonomiker haben behauptet, die Volkswirtschaftslehre gehe ganz im Tauschverkehr auf und außerhalb dieses gebe es keine ökonomischen Gesetze.[1]) Diese enge Auffassung zeigt sich auch in der in Deutschland üblichen Bezeichnung wirtschaftliche Güter für diejenigen Güter, welche etwas kosten, während die andern freie Güter genannt werden. Wie gebräuchlich diese Benennungen auch sind, so müssen wir dagegen Einspruch erheben. Erstens sind die sogenannten freien Güter eigentlich im höchsten Grade wirtschaftlich, weil sie nichts kosten, und daher die größtmögliche Ökonomie verwirklichen. Zweitens ist der Gegensatz zu freien Gütern eigentlich: in Besitz genommene Güter, denn ein freies Gut ist ein herrenloses Gut. Es gibt freie Güter, die nicht in Besitz genommen werden, nicht weil sie wertlos und unerschöpflich sind, sondern weil die Besitzergreifung nicht möglich ist, oder weil man sie nicht ansammeln kann. Welche Einnahmsquelle wäre sonst demjenigen erschlossen, welcher im Sommer die Sonnenwärme auffangen könnte, um sie im Winter wieder zu verkaufen! So geht es auch mit dem Wert einer herrlichen Aussicht oder eines schönen Sonnenunterganges, witziger Einfälle, die Gemeingut werden, eines milden Regens usw. Die Auffassung, daß die kostenlosen Güter für die Wirtschaft keine Bedeutung hätten, ist noch eine Nachwirkung der alten Werttheorie, welche den Wert aus den Kosten herleitet.

Für diese Güter ist also ihr ganzer Wert Wertüberschuß, für Güter, die in beschränktem Maße vorhanden sind, besteht der Überschuß im Mehrbetrage des Nutzens über den Aufwand; also tragen die ersten Quantitäten den

---

[1]) z. B. N. G. Pierson. Er sagt von der Volkswirtschaftslehre: „Ihre Aufgabe ist es nicht, alle Regeln, deren Befolgung der materiellen Wohlfahrt förderlich ist, zu erörtern, sondern über diese Regeln das Licht zu verbreiten, welches das Studium des Tauschverkehrs verschaffen kann" — und: „Alle ökonomischen Gesetze beziehen sich auf kommerzielle Handlungen." (Leerboek der Staathuishoudkunde, I, S. 18 und 19).

größten Wertüberschuß, weil diese gewöhnlich einerseits den höchsten Nutzen haben und andererseits nicht mehr oder weniger Arbeit und sonstige Opfer kosten als die letzten. Der (Tausch)wert aller Teilquantitäten wird durch den Grenznutzen bestimmt (siehe Anm. S. 162), also bleibt für alle Einheiten außer der letzten ein Nutzgewinn. Und wenn nicht nur die Ermüdung oder der Überdruß des Produzenten sich steigern, sondern, wie es oft der Fall ist, auch noch die Natur bei progressiver Inanspruchnahme weniger freigebig wird, bewegen sich die Faktoren Kosten und Wert in entgegengesetzter Richtung: die Kosten steigen, während der Wert sinkt. Dies dürfte uns vollends an der Meßbarkeit des Wertes durch die Kosten zweifeln lassen, denn wenn zwei Größen so ganz anderen Gesetzen gehorchen, kann ein derartiges Verhältnis zwischen ihnen nicht bestehen.

Kapitel XV.

Nutzen und Opfer.

Können Nutzen und Opfer überhaupt verglichen werden? Haben sie ein gemeinsames Maß? — Ja, denn jedes Opfer kostet Unlust und jeder Nutzen verschafft Lust; Lust und Unlust aber können einander aufwiegen, und als positive und negative Größen miteinander verglichen werden. Zwei Fälle sind hier möglich. Wir bringen ein Opfer:

1. um einen Gewinn an Lust zu erzielen. Wenn der Genuß p ist, das Opfer $^1/_2$ p, so bleibt ein Lustgewinn $^1/_2$ p übrig;

2. um eine Unlust zu ersparen. Wenn z. B. voraussichtlich eine Überschwemmung den Schaden p verursachen wird, und die Arbeit, einen Damm aufzuwerfen, wodurch das Unheil verhütet wird, ist $^1/_2$ p, so bleibt uns die Unlust $^1/_2$ p erspart.

In beiden Fällen ist also der Gewinn gleich groß, und wenn dieser genügend scheint, wird die Arbeit unternommen. Es ist also nicht der Nutzen überhaupt, der uns zur Tätigkeit antreibt, sondern der Nutzgewinn, der Wertüberschuß. Ist dieser nihil, oder wird er als ungenügend betrachtet, so wird die Arbeit nicht angefangen, oder die einmal angefangene Arbeit wird eingestellt. Wäre z. B. die Arbeit so mühevoll, daß sie $^{19}/_{20}$ p betrüge, so würde man sich wegen des Wertüberschusses $^{1}/_{20}$ p der schweren Arbeit vielleicht nicht unterziehen, geschweige denn in dem Falle; daß die Arbeit dem abgewendeten Schaden gleichkäme.

Die verschiedenen Individuen können mit Wagen verschiedener Empfindlichkeit verglichen werden. Für die eine ist, um die Schale zum Sinken zu bringen, ein größeres Übergewicht als für den anderen nötig. Aber ein Übergewicht ist immer nötig. Veranschaulichen wir dies durch eine Figur.

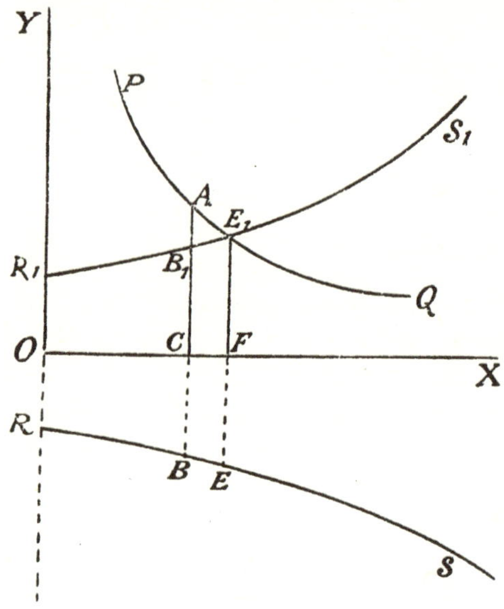

Fig. 7.

Gesetzt, die Linie PQ stelle die Veränderung des Nutzens eines Artikels **a** dar (z.B. Mohrrüben), und die Linie RS die Variation der Erzeugungsmühe. Letztere muß unterhalb OX verlaufen, da das Opfer als solches negativen Nutzen hat, Unlust darstellt. Aber um uns die Vergleichung beider Größen zu erleichtern, können wir die untere Hälfte der Figur um die Linie OX umschlagen, so daß RS auf R_1S_1 fällt und die Linie PQ in E_1 schneidet ($E_1F = EF$). Dann bezeichnet E_1 den Augenblick, wo der Nutzen dem Opfer genau gleichkommt. Der Wertüberschuß ist hier $= 0$. Aber für einen Gewinn $= 0$ wird ein guter Wirt nicht arbeiten. Soweit geht man also nicht, und irgendwo vor E_1 wird die Arbeit eingestellt, sagen wir bei B_1, wo der Nutzen noch AC ist, und also ein Wertüberschuß $AC - B_1C = AB_1$ übrigbleibt.

Dieser Wert A C ist also der Grenznutzen, und der Gewinn AB_1 derjenige, der dem Arbeiter noch gerade genügend vorkommt, um seine letzte Anstrengung (B C oder B_1C) zu entlohnen, nach der er entweder ausruhen oder an etwas Lohnenderes gehen wird. Nehmen wir an, daß er den folgenden Tag einen Artikel b (z. B. Kartoffeln) anbaut, dessen Nützlichkeitskurve P_2Q_2 (Fig. 8) sei, während R_2S_2 die Kurve der Erzeugungsmühe sei. Und nehmen wir an, daß er hier bei B_2 mit der Arbeit aufhöre, und sei dann A_2B_2 genau die Hälfte von AB_1 der Fig. 7. Dann können wir schließen, daß auch $B_2C_2 = \frac{1}{2} B_1C$ sein muß; denn wenn er bei dem Kartoffelbau für seine letzte Mühe nur halb soviel gewinnt wie bei den Mohrrüben, so kann man schließen, daß er mit seiner Arbeit nicht so weit gehen würde, wenn nicht auch die Mühe zweimal so gering wäre. Sonst wäre es vorteilhafter, mehr Rüben oder etwas Drittes anzubauen.

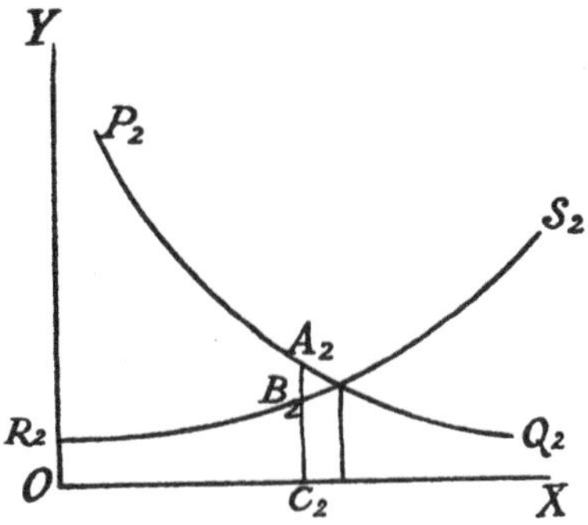

Fig. 8.

Wir könnten diese Beispiele noch um viele vermehren, aber immer würden wir sehen, daß die Einheit des Grenzopfers immer dieselbe Einheit des Wertüberschusses eintragen muß. Weil aber Grenznutzen = Grenzopfer + Grenzwertüberschuß (AC = AB + BC), so ist das Grenzopfer auch dem Grenznutzen proportional. Wir haben aber früher gefunden, daß der Einheitswert eines Artikels (kurz gesagt sein Wert) mit seinem Grenznutzen übereinstimmt. Also ist das Grenzopfer auch dem Wert des Artikels proportional. Und so entsteht die optische Täuschung,[1]) daß der Wert von Mühe oder Kosten abhängig sei. Denn unwillkürlich nimmt man das Vorhergehende gern als die Ursache an.

Grenzopfer und Grenznutzen

[1]) Die noch verstärkt wird durch einen Umstand, den wir später bei der Preistheorie kennen lernen werden.

In Wahrheit ist das Opfer oder sind die Kosten vom erwarteten Wert abhängig; ein guter Ökonom wird seine Kräfte so verteilen, daß er mit demselben Grenzopfer noch überall denselben Wertgewinn, d. h. Wertüberschuß erzielt, und der Punkt, wo er jedesmal aufhört, ist wie wir sahen derjenige, wo die Erzeugungsmühe oder die Ausgaben mit dem Grenznutzen proportional sind.

Dieser Punkt ist aber natürlich nicht einer, wo der Grenznutzen überall der gleiche ist, wie aus den letzten zwei Diagrammen genügend hervorgeht. Doch wird es oft so formuliert. So auch Jevons: „Wenn die Arbeit endgültig verteilt ist, müssen die letzten Nutzquoten für die verschiedenen Beschäftigungen gleich sein" (Theory, 2. Aufl. p. 200); und für das Geldopfer: „die Theorie drückt also sehr gut die Tatsache aus, daß eine Person ihre Einkünfte so verteilt, daß der Nutzen der letzten Teilquantität für alle verbrauchten Artikel gleich ist" (ibid., p. 151). — Wir wollen nicht fragen, ob denn die letzte Flasche Champagner oder das letzte Automobil noch gleichen Nutzen mit dem letzten Pfund grüner Seife haben soll, wir fragen bloß, ob denn ein Pfund Zucker für die betreffende Person denselben Nutzen haben wird wie ein Pfund Butter? — Warum würde man dann die Butter teurer bezahlen? Es ist klar, daß der Grenznutzen nicht überall gleich, sondern dem Preise (oder der Mühe) proportional sein muß. Wenn u_1 und u_2 zwei Nutzquoten sind, und s_1 und s_2 die Grenzopfer, um sie zu erlangen, so wird $\frac{u_1}{s_1} = \frac{u_2}{s_2}$ sein müssen, d. h. das Verhältnis zwischen Nutzen und Opfer wird hier gleich sein müssen.

Es sei der Preis des Zuckers z. B. 50 Pfennig das Kilo, und die Butter koste 1 Mark das Kilo, beide in Fig. 9 von den Linien $\frac{1}{2}$**a** und **a** dargestellt. Die Kurve SP soll die Veränderung des Nutzens für Butter, BQ die des Zuckernutzens darstellen. Nun ist es einleuchtend, daß der Konsument sich mit einer Quantität Butter zufrieden stellen wird, die OR_1 nicht übersteigt und einer Quantität Zucker, die OT_1 nicht übersteigt, denn sonst würde der Preis den Nutzen übertreffen. Er wird also mehr Zucker als Butter kaufen.

Nur wenn seine Hilfsquellen im Verhältnis zu den geringfügigen Quantitäten, die er für seinen Haushalt braucht, praktisch unbegrenzt sind, wird er einfach nach Bedarf einkaufen, wie dies wohl der Fall bei allen Wohlhabenden ist.

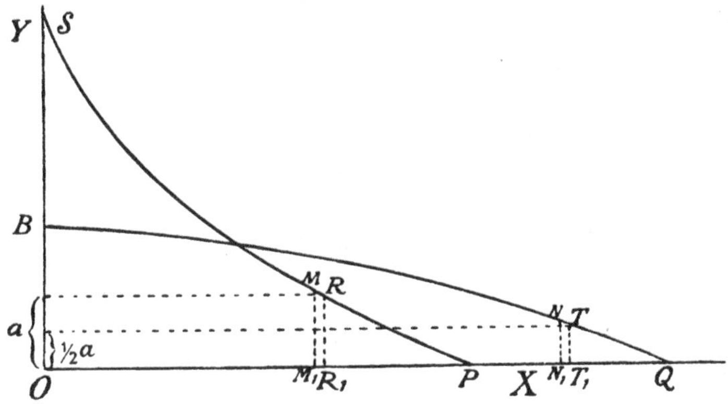

Fig. 9.

Sodann wird das Opfer **a** sehr klein, $\frac{1}{2}$**a** natürlich auch, und die erkauften Quantitäten nähern sich OP und OQ (d. h. es wird bis zur Erschöpfung ihres Wertes angeschafft). Für jede andere Voraussetzung ist die letzte Teilquantität Butter zweimal so nützlich und wertvoll wie die gleiche Quantität Zucker, denn die erstere wird gemessen durch das Rechteckchen MR, die letztere durch das Rechteckchen NT, daß annähernd nur den halben Inhalt des ersten hat. Die wahre Meinung Jevons' scheint auch dahin zu gehen, wie aus den algebraischen Formeln ersichtlich ist, welche die zwei zitierten Stellen begleiten. Weil aber der gewöhnliche Leser mit mathematischen Formeln nicht vertraut ist, und weil auch die kleinste Unklarheit auf diesem Gebiete oft schlimme Folgen hat, würde man durch die ungenaue oder kurzgefaßte Ausdrucksweise zu verkehrten Anschauungen geführt werden. Es schien uns daher diese Erörterung nicht überflüssig.

Die Einheit des Opfers wird also schließlich den gleichen Grad der Befriedigung geben müssen, z. B. die letzte Mark, oder für einen ärmeren Menschen das letzte Zehnpfennigstück, werden überall einen gleichen Nutzen bringen müssen, sowie für den alleinstehenden Wirt sein letztes Viertelstündchen intensiver Arbeit. Diese Gleichheit aber besteht nur für die letzten Teilquantitäten. Zu behaupten, daß die Erzeugungsmühe oder das Geldopfer für den gesamten Vorrat mit dem Wert proportional sei, wie oft behauptet wird, wäre ein Irrtum, denn die Erzeugungsmühe steigt für den einen Artikel viel schneller als für den andern. Wirtschaftlicherweise wird man sich zuerst diejenigen Güter zu verschaffen suchen, deren Gesamtwert das Opfer am weitesten übersteigt, welche m. a. W. den größten Wertüberschuß bieten; daß man sich hierin nicht vom Tauschwert beirren läßt, erhellt wohl aus der bekannten Tatsache, daß man zu allererst für Trinkwasser und die anderen Lebensmittel sorgt, und mögen sie auch noch so billig sein oder noch so viel Geld kosten.

Noch weniger könnte man behaupten, daß der Wert jeder erworbenen Menge mit der Erzeugungsmühe proportional sei, denn die Differenz zwischen Nutzen und Opfer wird mit dem Fortschreiten der Arbeit kleiner, sei es, daß es sich um verschiedene Produktionen handelt, oder um verschiedene Teilmengen ein und derselben Produktion, um die Arbeit eines Tages oder mehrerer aufeinanderfolgenden Tage. Denn immer werden die dringendsten Bedürfnisse zuerst versorgt, so daß die Obergrenze des Wertüberschusses stets sinkt, während die Untergrenze, die Mühe und der Überdruß, gewöhnlich steigt. Im Laufe eines Tages wird es die zunehmende Ermüdung sein, welche das Opfer erschwert, bis die Arbeit eingestellt wird, bei einer Produktion längerer Dauer sind drei Fälle möglich: die Erzeugungsmühe bleibt konstant, sie nimmt zu oder sie nimmt ab. Bei gewissen Fabrikartikeln wird die Erzeugungsmühe zeitweilig mit der Quantität abnehmen können, weil hier Massenproduktion eigentümliche Vorteile bietet; obgleich es auch hier gewisse Grenzen gibt. Auch durch neue Erfindungen kann die Erzeugung eines Artikels erleichtert werden. In diesen Fällen kann aber der Vorrat so groß werden, daß das Sinken des Grenznutzens allein schon genügt, um ein Halt zu gebieten. Die Produktionsmühe nimmt zu, wenn die natürlichen Hilfsquellen versagen, z. B. der Boden erschöpft wird, die Mine ärmer an Erz wird usw. Hierauf bezieht sich das Diagramm

Fig. 7. Bleibt die Erzeugungsmühe konstant, so muß RS mit OX parallel gezeichnet werden und der Durchschnittspunkt E liegt bei Q. Nimmt sie ab, so wird der Durchschnittspunkt von PQ und R_1S_1 noch tiefer liegen, und die produzierte Quantität wird noch größer sein.

All dies gilt nur für Artikel, deren Nutzen allmählich bei Zunahme der Quantität abnimmt. Für ökonomisch unteilbare Güter, wie Klaviere, Pferde, Häuser, Bücher, deren Nutzen für den Gebraucher sprungweise abnimmt, und für seltene Artikel, wovon nur die ersten Nützlichkeitsgrade bekannt sind, kann natürlich das Grenzopfer nicht oder nur sehr ungefähr dem Grenznutzen proportional sein. Denn es gibt hier zufällige Wertüberschüsse, die sich jeder Berechnung entziehen.

Betrachten wir das Opfer noch etwas näher. Es besteht, wie gesagt, immer in einem Quantum Unlust, aber diese kann sehr verschiedene Ursachen haben:

1. die Anstrengung und Ermüdung, die mit einer Arbeit verbunden ist;

2. die Erniedrigung oder das Ekelhafte, das mit einer Arbeit verbunden ist;

3. die Gefahr oder das Risiko eines Unternehmens;

4. den Verlust eines Gutes, das man im Tausch hergibt, z. B. einer Summe Geld;

5. den eines Gutes, das bei der Erzeugung oder Erlangung einer Sache verloren geht, z. B. Rohstoffe, Abnutzung von Werkzeugen, Schaden an Gebäuden usw.;

6. Zeitverlust (das ist eigentlich ein Opfer des Genusses, dem man sich in derselben Zeit hätte hingeben können oder des Resultates einer anderen fruchtbringenden Beschäftigung);

7. Verlust der Freiheit (wie bei Gefangenschaft und Sklaverei);

8. Verlust des Lebens.

Man könnte fragen, ob in den letzten zwei Fällen auch noch ein Wertüberschuß vorhanden sei. Diese Frage braucht aber wohl kaum gestellt zu werden, denn die tatsächlich vorkommende Aufopferung der Freiheit und des Lebens (zu häufig, um immer als eine falsche Berechnung gedeutet zu werden) beweist eben, daß es Sachen gibt, die für den Menschen höheren Wert haben können; oder daß es schlimmeres Unglück gibt als Gefangenschaft und Tod. Das Ziel braucht nicht einmal immer ein ideales zu sein, man kann auch den Tod Schande, qualvollen Marterungen oder einer langjährigen Krankheit vorziehen.

Wir haben nicht die Arbeit als solche unter den Opfern genannt, denn sie ist nicht immer mit Unlust verknüpft. Wie schon aus unsern einleitenden Bemerkungen über die Bedürfnisse hervorgeht, kann die Betätigung unserer Kraft sogar Selbstzweck sein; und so kann auch eine damit verbundene Gefahr etwas Anziehendes haben. Bei fast keiner Arbeit dürfte das Lustelement durchaus fehlen. Jevons gibt hier folgendes interessante Diagramm (Fig. 10), worin die Linie ABCD die Gefühlskurve der Arbeit darstellt. Im Augenblick, wo man anfängt, gibt es eine ziemlich unangenehme Anstrengung, einen gewissen Widerstand zu überwinden: die Kurve liegt dann unterhalb der Linie OX, und die Unlust wird durch OA gemessen. Aber wenn man einmal gut im Zuge ist, mindert sich die Unlust, und zwischen B und C macht die Arbeit sogar ein gewisses Vergnügen.

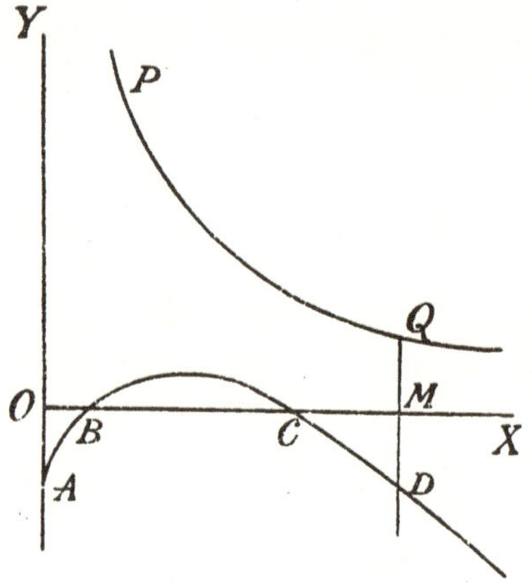

Fig. 10.

Nach C erschlafft die Schaffenslust wieder, und bei D ist das Opfer MD gleich dem Nutzen MQ. Jevons meint, daß hier die Arbeit eingestellt wird, aber wie schon ausgeführt, wird sie schon etwas früher abgebrochen. Um das gesamte Opfer zu kennen, muß man die Arbeitseinheiten unterhalb OX addieren und davon die mit Lust verbundenen Arbeitsquanta oberhalb OX in Abzug bringen. Also werden wir zu dem Ergebnis gezwungen, daß, weit entfernt davon, die Quelle oder sogar die Kompensation des Wertes zu sein, die Arbeit nicht immer ganz ein Opfer ist, also nicht ganz unter den eigentlichen Kosten der Produktion zählt![1])

Der Nutzen und somit der Gebrauchswert ist etwas vom Opfer oder von den Kosten gänzlich Unabhängiges. Es kann sein, daß, infolge einer falschen Berechnung, das Opfer zu groß war — dann ist der Wertüberschuß negativ — oder das Resultat deckt die Kosten genau; das ändert aber am Werte nichts. Dieser braucht auch nicht immer auf dem unmittelbaren Nutzen zu beruhen.

Aktueller und potentieller Nutzen

Der Nutzen kann aktuell oder potentiell sein. Ein Buch, das ich eben lese, hat aktuellen Nutzen. Das Buch beim Buchhändler, das Gold in der Mine, die Steinkohlen im Lager, der Wein im Keller, die Arbeit eines noch unbekannten Schriftstellers sind Beispiele von potentiellem Nutzen. Inwieweit aber bedingt dieser den Wert? — Aus Erfahrung wissen wir schon, daß vieles von diesen Sachen Wert hat, z. B. der Wein im Keller; aber mit dem unbekannten Schriftsteller ist es weniger klar; und wenn das Buch unverkauft bleibt, wenn das Gold in der Mine zu spärlich ist oder zu tief liegt, wenn die Steinkohlen billiger werden, ist auch von diesen Sachen der Wert nicht fest. Ich glaube, man wird nicht weit fehlen, wenn man sagt, der Wert sei der voraus berechnete Nutzen. Und weil eben die Arbeit eines unbekannten Schriftstellers noch nicht nach seinem Erfolg berechnet werden kann, hat sie einen geringen Wert.

Direkter oder indirekter Nutzen

Ein Gut kann auch direkt oder indirekt nützlich sein. Es hat für den Besitzer nur indirekten Nutzen, wenn es ihm nur ein Mittel ist, sich, entweder auf dem Wege des Tausches oder auf dem der Produktion, andere Nutzquoten, sei es mittelbare oder unmittelbare, zu verschaffen. Für den Buchhändler ist das Buch, das er verkauft, indirekt nützlich, für den Leser ist es meistens direkt nützlich. Es kann aber auch ihm indirekt nützlich sein, wenn er es zur Vorbereitung eines Examens braucht, zum Über-

[1]) Insofern die Arbeit wirkliches Opfer ist, kann sie auch wohl der Preis des Erfolges genannt werden.

setzen, oder um es beim Unterricht zu benützen. Es gibt Gegenstände, die nur indirekten Nutzen haben, wie das Geld und alle Produktivgüter.

Der Wert ist, soweit diese Arten des Nutzens erkannt werden und ihre Größe sich berechnen läßt, ebensogut vom indirekten wie vom direkten Nutzen abhängig, aber in erster Linie vom Ergebnis, erst dadurch wird auch dem Kostengut (Tausch- oder Produktivgut) Wert verliehen, insofern es keinen eigenen Nutzen hat. Es wäre also ebenso töricht zu behaupten, daß der Wert von den Produktionskosten abhängig sei, wie etwa zu sagen, er hänge beim Kaufe von dem ausgegebenen Gelde ab. Jedermann sieht im letzteren Falle sogleich, daß man hier Ursache und Folge verwechseln würde. Aber ebensogut, wie wir das Geld für eine Sache ausgeben, weil sie in unseren Augen wertvoll ist, so bringen wir auch nur dafür das Opfer an Mühe und Kosten.

Arbeitsopfer und Geldopfer

Wenn das Opfer ein Geldopfer ist, nennt Prof. Marshall den Wertüberschuß consumer's surplus. Er sagt, daß dieses surplus gemessen wird durch die Differenz zwischen der Geldsumme, welche man lieber bezahlen möchte als auf die Ware zu verzichten und der Summe, die man wirklich bezahlt. Die Fälle von surplus sind aber viel zahlreicher, wie schon im Anfang unseres Kap. XIV hervorgehoben wurde; nicht nur der Genießer, sondern auch der Lohnarbeiter, der Kaufmann, der Unternehmer, der Landwirt haben einen Wertgewinn, sonst wäre ihre Arbeit eine Sisyphusaufgabe. Es wäre nur die fortwährende Umgestaltung derselben Werte. Ja, eigentlich ist der Wertüberschuß als solcher zuerst bei der Landwirtschaft entdeckt worden, wo man ihn Bodenrente genannt hat, wie es denn auch natürlich ist, daß man ihn zunächst da bemerkt, wo man durch Beschränktheit der Quantität die höheren Nutzgrade erreicht; er ist aber eine sehr allgemeine Erscheinung, ob er sich auch unter dem Namen Unternehmergewinn, Zins, Wertzuwachs usw. versteckt. Auch wenn er minimal ist, ist er gleichsam die Reizschwelle,[1]) welche man über-

Wertüberschuß als Reizschwelle

[1]) Man nennt Reizschwelle in der Psychologie den kleinsten Reiz, der noch wahrgenommen wird.

schreiten muß, um das Bewußtsein in Tätigkeit zu bringen, casu quo die menschliche Arbeitskraft anzuregen. Diese Reizschwelle muß natürlich um so größer sein, je weniger empfindlich das Individuum ist, für den Faulpelz muß sie größer sein als für den tüchtig Schaffenden. Aber Null kann sie nicht werden. Es ist also unrichtig, mit Jevons zu sagen: „he will cease to labour just at the point when the pain becomes equal to the corresponding pleasure gained“ (Theory, p. 191), denn das widerstreitet seiner eigenen Definition von economy: „to purchase happiness at the lowest cost of pain“. Man könnte einwenden, daß, weil die Anstrengung für den Trägen ein größeres Opfer darstellt als für den Fleißigen, die Gleichheit doch schließlich hergestellt wird, und daß, wenn man annimmt, daß Arbeit und Produktionskosten mit unendlich kleinen Quantitäten zunehmen, die Gleichheit zwischen Opfer und Nutzen die natürliche Limite jeder Arbeit ist, der Wertgewinn also am Ende die Tendenz hat zu verschwinden. Man würde dann vergessen, daß, wie oben festgestellt wurde, Grenzopfer und Grenzwertüberschuß proportional sind. Wird also für den Faulenzer das letzte Opfer größer, so muß auch der letzte Wertüberschuß in demselben Maße größer sein. Die Faulheit besteht eben darin, daß man einen stärkeren Stachel braucht, um an die Arbeit zu gehen, oder um bei der Arbeit zu bleiben. Das ist besonders deutlich da, wo das Ziel der Mühe ein Vermeiden von Unlust ist (siehe den zweiten Fall auf S. 173). Träge Menschen werden, in Ermangelung einer rechtzeitigen Anstrengung, sehr lange unangenehme Zustände vertragen, bis sie sich oft eine viel größere Mühe oder ein größeres Opfer müssen gefallen lassen als der entschlossene Mensch, der bei einem kleinen Übelstand schon eingreift.

Aber auch für arbeitsame Naturen bleibt noch Spielraum genug übrig:

1. steigt für sie die Obergrenze des Wertes. Denn energische Menschen und Völker haben mehr Bedürfnisse, und dabei veranlaßt sie ihre rege Phantasie dazu, zukünftige Bedürfnisse fast ebenso stark wie gegenwärtige zu fühlen. Niedrige Rassen und Individuen haben wenig Bedürfnisse und denken

kaum an mehr entfernte Genüsse; sie arbeiten auch nur entweder unter dem Sporn des unmittelbaren Gewinnes oder Lohns, wie geringfügig er auch scheine, oder durch Zwang dazu veranlaßt. Daher das paradoxe Ergebnis, daß sie von den höheren Rassen ausgebeutet werden, und, obgleich träger von Natur, jetzt die schwerere Arbeit leisten müssen;

2. sinkt die Untergrenze. Die Arbeit selbst gewinnt viel leichter etwas Anziehendes, also verringert das Opfer sich, ja für manche Gelehrten, Künstler und Männer der Praxis wird sie schließlich zur höchsten Befriedigung.

Anhang I.

Der Selbsterhaltungstrieb.

„On dit communément que le penchant le plus élémentaire est l'instinct ou le désir de la conservation. Ce qu'il y a de vague dans cette notion voile admirablement l'erreur qu'elle contient:

1. Le désir de la conservation présuppose une connaissance ou du moins un pressentiment de la mort, connaissance qu'on ne peut attribuer aux animaux inférieurs;[1])

2. Il semble plus logique de supposer que l'impulsion qui nécessite l'action soit chaque fois une sensation de plaisir ou de peine. (Ceci s'applique aussi à la peine et au plaisir anticipés, puisqu'ils ne sont que la sensation affaiblie). Car il faut que chaque action ait sa cause. Une tendance ou un instinct ne peut être la cause collective d'un certain nombre d'actions: c'est plutôt une abstraction tirée de l'observation des actions elles-mêmes;[2])

[1]) Denn um etwas zu vermeiden, muß irgend eine Vorstellung desjenigen, was zu vermeiden ist, vorhanden sein. (Auch bei ganz jungen Kindern ist dies bezüglich des Todes schwerlich anzunehmen).

[2]) Es sei denn, daß der Trieb so elementar ist, wie z. B. das Vermeiden von Unlust selbst, aber es ist im allgemeinen unphilosophisch

3. Les goûts vont souvent à l'encontre de la tendance à conserver la vie. Un médecin morphiniste sait fort bien — si son intelligence n'est pas déjà affaiblie par le poison — qu'il ruine sa constitution, mais la tentation de se faire une piqûre est la plus forte. Et si une mère mange son enfant ou si des naufragés se dévorent entre eux, ne serait-ce pas plutôt pour assouvir la rage de la faim que pour prolonger la vie? Quelle mère n'aimerait pas mieux perdre la vie que de tuer son enfant, si le désir insensé de manger n'etouffait tout sentiment? Quant aux animaux, j'ai vu une grosse mouche se jeter dans la flamme d'une bougie, et retomber les ailes brûlées. L'instant d'après, elle remonta lentement la bougie, et, à la vue de la flamme, elle s'y jeta de nouveau et périt misérablement. M. Berthelot, dans un article de la Revue des deux Mondes du 15 juin 1890, constate que certains insectes, notamment des fourmis, sont attirés invinciblement vers certains arbres, quoiqu'on les massacre par centaines de milliers, les nouveaux arrivants passant sur les corps écrasés de ceux qui les ont précédés."[1]) (Problèmes d'esthétique et de morale, p. 109—111).

Anhang II.

Die Gesetze gegen den Luxus im alten Japan.

„Die Luxusgesetze im alten Japan übertrafen wahrscheinlich in Anzahl und Ausführlichkeit alles, was von dieser Art in der abendländischen Geschichte erzählt wird. So strenge wie der Totenkult in der Familie das Verhalten im Hause vorschrieb, so strikte wie die Gemeinde ihren Maßstab gesellschaftlicher Verpflichtungen anlegte, — ebenso streng und

---

einen Trieb, d. h. etwas Unbewußtes, mit einem Zweckbewußtsein oder einem Vorstellungsinhalt zu verbinden.

[1]) Auch wären Selbstaufopferung und Selbstmord fast unlösliche Probleme, wenn man nicht annehmen dürfte, daß Lust und Unlust stärkere Motive sein können als die Erhaltung des Lebens.

peinlich befahlen die Obersten des Volkes, wie das Individuum — Mann, Weib oder Kind — sich kleiden, gehen, sitzen, sprechen, arbeiten, essen und trinken mußte. Vergnügen waren nicht weniger unerbittlich geregelt als die Arbeit.

Jede Klasse des japanischen Volkes fiel unter die Luxusgesetze, — nur der Grad der Reglementierung hat sich von Jahrhundert zu Jahrhundert geändert —, und diese Art Gesetzgebung scheint in einer sehr frühen Vergangenheit eingeführt zu sein. Man findet, daß im Jahre 681 Kaiser Temmu die Kleidertracht für alle Stände ordnete — „von den Prinzen aus dem Fürstenhause bis aufs gemeine Volk, — und das Tragen von Haarputz und Gürtel, sowie aller Art gefärbter Stoffe — alles nach Ordnung und Regelmaß.“ . . . Es geschah aber unter den Herrschern des Hauses Tokugawa, etwa 1000 Jahre später, daß die Gesetze gegen den Luxus ihre merkwürdigste Ausdehnung erhielten, und ihre Eigenart wird am besten gekennzeichnet durch die den Bauernstand betreffenden Anordnungen. Jeder Bruchteil des Lebens eines Bauern war durch das Gesetz bestimmt, — von Größe, Form und Kosten seiner Wohnung bis zu so geringfügigen Einzelheiten wie Anzahl und Qualität der Gerichte, die er bei seinen Mahlzeiten einnehmen durfte. Ein Pächter mit einem Einkommen von 100 Koku Reis (1800 bis 2000 Mk.) durfte ein Haus bauen von 60 Fuß Länge, aber nicht länger; er konnte darin kein Zimmer mit Alkoven anbringen; und es war ihm nicht gestattet — wenn nicht durch besondere Erlaubnis — es mit Ziegeln zu decken. Kein Mitglied der Familie durfte Seide tragen, und im Fall, daß die Tochter einen Mann heiratete, dem es nach dem Gesetz erlaubt war, Seide zu tragen, so wurde der Bräutigam gebeten, dies bei der Hochzeit zu unterlassen. Drei Sorten von Speisen durften nur aufgetischt werden bei der Hochzeit von Sohn oder Tochter solch eines Bauern, und die Qualität und die Quantität von Suppe, Fisch und Gebäck, die den Gästen vorgesetzt wurden, waren gesetzlich bestimmt. So auch die Anzahl der Geschenke; sogar, wieviel der Reiswein (Saké) und der getrocknete Fisch kosten durfte, war festgestellt, und die Qualität des einzigen Fächers, welcher der Braut gereicht werden durfte. Nie durfte ein Pächter seinen Freunden kostbare Geschenke machen. Bei einem Begräbnis konnte er den Gästen gewisse Arten einfacher Nahrung vorsetzen; aber wenn Reiswein getrunken wurde, durfte dieser nicht aus Weingläsern, sondern nur aus Bouillontassen genossen werden!

Wurde ein Kind geboren, so war es den Großeltern nur erlaubt vier Geschenke zu geben (nach Brauch) — mit Einbegriff eines baumwollenen Kinderkleidchens, und der Wert der Geschenke war festgesetzt. Feierte ein Knabe seinen Geburtstag, so waren die Geschenke, die das Kind von der ganzen Familie bekommen konnte, die Großeltern mit eingerechnet, laut Gesetz auf eine papierne Flagge und 2 Speere zum Spielen beschränkt.

Ein Pächter, dessen Besitz auf 50 Koku geschätzt wurde, konnte kein längeres Haus als von 45 Fuß Länge bauen. Bei der Hochzeit seiner Tochter durfte der Gürtel, den sie geschenkt bekam, nicht mehr als 50 *sen* wert sein, und es war verboten, mehr als eine Art Suppe bei der Hochzeit aufzutischen.

Ein für einen Besitz von 20 Koku veranschlagter Bauer durfte kein Haus von mehr als 36 Fuß Länge bauen, oder bessere Holzsorten anwenden als *keyaki* oder *hinoki*. Das Dach seines Hauses mußte aus Bambus oder Stroh sein, und die Bequemlichkeit Fußmatten zu haben war ihm strengstens untersagt. Bei Gelegenheit der Hochzeit seiner Tochter durfte kein Fisch oder gebratene Speise beim Festmahle eingenommen werden. Die Frauen seiner Familie durften keine ledernen Sandalen tragen; sie konnten nur Strohsandalen oder Holzschuhe tragen, und die Bänder dieser Strohsandalen oder Holzschuhe mußten von Baumwolle sein. Auch war es diesen Frauen verboten, Haarbänder von Seide oder Haarschmuck von Schildpatt zu tragen; hölzerne und beinerne Kämme waren ihnen gestattet, kein Elfenbein. Die Männer durften keine Strümpfe tragen, und ihre Sandalen mußten aus Bambusgras sein. Der Gebrauch von Sonnenschirmen und papiernen Regenschirmen war ihnen auch untersagt.

Ein Bauer, der für 10 Koku veranschlagt war, durfte kein Haus bauen von mehr als 30 Fuß Länge. Die Frauen seiner Familie wurden dahin angehalten, Sandalen zu tragen, die mit Bändern von Bambusgras zugeschnürt wurden. Bei der Hochzeit seiner Söhne oder Töchter war nur ein Geschenk zugelassen: ein Koffer für Bettzeug. Bei der Geburt eines Kindes konnte nur ein Geschenk gegeben werden: ein Speer zum Spielen, wenn es ein Knabe war, eine papierne Puppe oder ein Püppchen von Lehm, wenn es ein Mädchen war.

Was die noch unglücklichere Klasse von Bauern anbelangt, die gar kein Land besassen, und offiziell Mizonumi, d. h. Wassertrinker genannt werden, so ist es kaum nötig zu bemerken, daß sie in bezug auf Nahrung, Schmuck usw. noch mehr beschränkt waren." (Lafcadio Hearn, Japan, au attempt at interpretation, p. 181 u. f.).

www.ingramcontent.com/pod-product-compliance
Lightning Source LLC
LaVergne TN
LVHW042242300926
849161LV00003B/435
9783112637470

www.ingramcontent.com/pod-product-compliance
Lightning Source LLC
LaVergne TN
LVHW042242300926
849161LV00003B/435
* 9 7 8 3 1 1 2 6 3 7 4 7 0 *